SAGESSES MÉDIÉVALES

*Collection dirigée*

*par*

*Aymon de Lestrange*

# L'HORLOGE DE LA SAGESSE

# DANS LA MÊME COLLECTION

Thomas d'Aquin, *Commentaire du* Traité de l'interprétation *d'Aristote*, par Bruno et Maylis Couillaud.

*Théologie et cosmologie au XIIe siècle. L'École de Chartres* (Bernard de Chartres, Guillaume de Conches, Thierry de Chartres, Guillaume de Saint-Thierry), par Michel Lemoine.

*De la théologie aux mathématiques. L'Infini au XIVe siècle.* Textes choisis sous la direction de Joël Biard et Jean Celeyrette.

*Être-Essence-Contingence* (Henri de Gand, Gilles de Rome, Godefroid de Fontaines), par Catherine König-Pralon.

Thomas d'Aquin, *L'Astrologie – Les Opérations cachées de la nature – Les Sorts*, par Bruno Couillaud.

Jean Duns Scot, *La Cause du vouloir* suivi de *L'Objet de la jouissance*, par François Loiret.

Thomas Bradwardine, *Traité des rapports entre les rapidités et les mouvements,* suivi de Nicole Oresme, *Sur les rapports de rapports*, par Sabine Rommevaux.

Aristote, *Les Métaphysiques,* traduction analytique par André de Muralt.

Gilles de Rome, *Théorèmes sur l'être et l'essence,* par Stéphane Mercier.

Abū Naṣr Al-Fārābī, *Épître sur l'intellect (Risāla fī l-'aql)*, par Philippe Vallat.

Abū Naṣr Al-Fārābī, *Le Livre du régime politique,* par Philippe Vallat.

Albert le Grand, *Le traité du flux. Tractatus de fluxu causatorum a causa prima et causarum ordine*, par Sébastien Milazzo.

Guillaume d'Ockham, *Traité sur la quantité et traité sur le corps du christ*, par Magali Roques.

Al-Mawardi, *De l'éthique du Prince et du gouvernement de l'État*, par Makram Abbès.

Maître Eckhart, *Commentaire du Livre de la Sagesse*, par Jean-Claude Lagarrigue, Jean Devriendt et Marie-Anne Vannier.

Maître Eckhart, *Livre des Paraboles de la Genèse*, par Jean-Claude Lagarrigue, Marie-Anne Vannier et Maxime Mauriège.

Nicolas de Cues, *La Chasse de la sagesse et autres œuvres de philosophie tardive*, par Jocelyne Sfez.

Thomas d'Aquin, *Les Substances séparées*, par Nicolas Blanc.

HENRI SUSO

# L'HORLOGE DE LA SAGESSE

*Traduction*
*de Jean-Claude Lagarrigue*

*Introduction*
*de Marie-Anne Vannier*

*Choix iconographique*
*par Monique Gruber*

PARIS
LES BELLES LETTRES
2017

*Ouvrage publié*
*avec le concours*
*de la MSH Lorraine*
*USR 3261*

www.lesbelleslettres.com
Retrouvez Les Belles Lettres sur Facebook et Twitter.


95, bd Raspail, 75006 Paris.

ISBN : 978-2-251-44761-2

# INTRODUCTION

Depuis de nombreuses années, *L'Horloge de la Sagesse* d'Henri Suso est quasiment inaccessible en français. C'est, il est vrai, une des seules œuvres latines de ce Dominicain, disciple de Maître Eckhart : elle ne se trouve donc pas dans l'édition de ses *Œuvres complètes* réalisée par Jeanne Ancelet-Hustache, édition qui, en dépit de son titre, se limite à ses œuvres allemandes[1]. Or, *L'Horloge de la Sagesse* avait été traduite par Benoît Lavaud[2], qui n'avait pu bénéficier de l'édition critique de Pius Künzle[3]. Cette traduction est aujourd'hui épuisée. C'est pourquoi, Jean-Claude Lagarrigue la reprend, en tenant compte de l'édition de Künzle, afin d'en donner une nouvelle version française[4].

Cet oubli actuel de *L'Horloge de la Sagesse* en France est d'autant plus étonnant que ce fut l'ouvrage d'Henri Suso le plus diffusé, puisqu'on conserve de lui quelque quatre cent manuscrits (dont un en lorrain, réalisé à Neufchâteau). Ce fut aussi le plus traduit dans les différentes langues de la fin de moyen âge. Il a connu un succès équivalent à l'*Imitation de Jésus-Christ*[5]. Il a rencontré en tout cas des lecteurs bien au-delà de la vallée rhénane et a préparé la voie à la *Devotio moderna*.

1. Paris, Seuil, 1997.

2. *L'Œuvre mystique d'Henri Suso,* t. 5, Paris, Egloff, 1946.

3. P. Künzle, *Heinrich Seuses Horlogium Sapientiae. Erste kritische Ausgabe unter Benützung der Vorarbeiten von Dominikus Planzer*, Fribourg, Éditions Universitaires, 1977.

4. Une édition allemande a été réalisée assez récemment par Sandra Fenten : Heinrich Seuse, *Stundenbuch der Weisheit, Das 'Horologium Sapientiae'*, Würzburg, Königshausen et Neumann, 2007.

5. P. Künzle, *op. cit.*, p. VII.

## Un ouvrage original

Dès le Prologue, Henri Suso fait ressortir le caractère original de l'ouvrage qui lui a, en quelque sorte, été dicté à travers ses visions et qui tend à une double réhabilitation : celle de la Sagesse qui a été oubliée à son époque et la sienne propre, lui qui a été pris dans la tourmente du procès de Maître Eckhart.

On comprend dès lors pourquoi il écrit l'ouvrage en latin. C'est en effet un écrit officiel qu'il dédie au nouveau Maître de l'Ordre, Hugues de Vaucemain, qui le lui a peut-être demandé amicalement, en vue de lui donner l'occasion de se justifier, après l'avoir rétabli dans sa fonction de lecteur[6]. Quelque temps plus tard, devenu prieur du Couvent de Constance[7], Suso lui envoie donc *L'Horloge de la Sagesse*. Le choix du latin tient peut-être aussi à ce qu'il s'adresse à ses Frères dominicains qu'il veut aider dans leur prédication, comme en témoignent les conseils qu'il leur donne à la fin du livre.

Henri Suso explique le point de départ de l'ouvrage en ces termes : « Il faut savoir que ce colloque entre la Sagesse et le disciple eut le commencement et l'occasion que voici : une fois, après matines, ce même disciple, selon sa coutume, venait de terminer d'imiter cette marche très amère que fit le Christ condamné, quand on le conduisit au lieu de la Passion[8] ; il était debout dans la chaire devant le crucifix et, l'âme dolente, se plaignait au Crucifié de n'avoir pas, de n'avoir jamais eu encore pour sa Passion un sentiment aussi fervent qu'elle le mérite ; aussitôt, comme ravi en extase, il est éclairé d'une lumière céleste, et cent méditations ou considérations de la Passion sont montrées aux yeux de son âme[9]. Et il lui est dit que « chaque jour, il doit parcourir ces cent sujets dans une pieuse méditation, en faisant cent prostrations, ajouter autant de

6. M. Enders, « Suso », *in* : M.-A. Vannier, W. Euler, K. Reinhardt, H. Schwaetzer, *Encyclopédie des mystiques rhénans*, Paris, Cerf, 2011, p. 1124.

7. P. Künzle, *op. cit.*, p. 5-6.

8. Voir le chemin de la croix, tel qu'il est décrit au chap. XIII de la *Vie*.

9. Les cent points de méditation ont tous été indiqués dans la première partie du *Petit livre de la Sagesse éternelle*, et sont ensuite résumés et classés par séries de dix ou de cinq dans la troisième.

demandes, et, autant que possible, se conformer spirituellement, en ces mêmes choses, au Christ qui a souffert » (p. 43-44). C'est un chemin spirituel qui lui est proposé pour vivre la conformation au Christ. Ce chemin spirituel, il va le reprendre et le faire partager aux autres dans *L'Horloge de la Sagesse*, selon la formule bien connue de S. Thomas d'Aquin : *Contemplata aliis tradere* : transmettre aux autres les fruits de sa contemplation ; et, en finale, il en fera la synthèse, en proposant les Offices de la Sagesse, son *Horologium*, ce qui explique le titre de l'ouvrage.

À considérer le livre dans son ensemble, force est de constater qu'il se fait l'écho des visions que Suso a eues, dans le cadre d'une mystique de l'union, comme l'Épouse du Cantique, avec la Sagesse éternelle, avec laquelle il est constamment en dialogue.

Cependant, cet ouvrage n'est pas entièrement nouveau : il reprend certains éléments de la *Vita* (même si l'édition définitive de celle-ci intervient plus tard) et surtout du *Petit Livre de la Sagesse éternelle*. Mais il adopte un style plus abondant et moins schématique que dans ce dernier ouvrage, plus personnel et plus pastoral, aussi[10]. Ainsi se contente-t-il de faire allusion aux Cent brèves méditations dans le Prologue sans les reprendre *in extenso*. Il continue d'opter pour la méthode pédagogique qui suit un plan en vingt-quatre heures, mais il ne se prive pas d'y ajouter des ouvertures sur la vie politique et universitaire de son temps, ce qui donne du sel à l'ouvrage.

## Date de rédaction

On s'est demandé lequel était des deux ouvrages le plus ancien. *L'Horloge de la Sagesse* n'a-t-elle pas été résumée et expurgée dans le *Petit livre* en allemand ? Ou bien est-ce l'inverse ? En ce cas, l'*Horloge* n'est-elle qu'« une traduction libre en latin du *Petit livre de la Sagesse éternelle*[11] » ?

Dans sa magistrale introduction[12] à son édition de *L'Horloge de la Sagesse*, Pius Künzle a tranché la question, en précisant que

10. *Ibid.*, p. 28-54. Le *Petit Livre de la Sagesse éternelle* daterait de 1328-1330.
11. J. Ancelet-Hustache, Introduction, p. 74.
12. P. Künzle, *op. cit.*, p. 19-27, ici p. 22.

Suso a rédigé l'ouvrage après le *Petit Livre de la Sagesse éternelle*, dans les années 1333-1337. On trouve, dans le cinquième chapitre de l'ouvrage, le récit d'un conflit intervenu en 1334 entre deux prétendants à l'évêché de Constance, Nicolas de Kenzingen, choisi par le chapitre et confirmé par le pape, et Albert de Hohenberg, contestataire soutenu par l'empereur. Suso se réjouit de la victoire définitive du premier, qu'il interprète comme une intervention de la Providence. Cela date l'écriture de ce chapitre vers 1335.

La forme reste celle du dialogue entre la Sagesse éternelle et le Disciple, dialogue dans lequel le lecteur entre facilement.

La thématique est identique : il s'agit d'une méditation de la Passion du Christ, comme il l'avait dit dans le Prologue à l'*Exemplar* : le *Petit Livre de la Sagesse éternelle* « a pour sujet la contemplation de Notre-Seigneur et indique comment on doit apprendre à vivre intérieurement, à mourir saintement et autres choses analogues[13] ».

La comparaison des tables des matières des deux ouvrages, révèle toutefois clairement les reprises et les remaniements opérés d'un livre à l'autre :

| ***Petit livre de la Sagesse éternelle*** | ***Horloge de la Sagesse*** |
|---|---|
| 1<br>2 | 1 |
| | **2** |
| 3 | 3 |
| 4<br>5 | 4 |
| 6 | 5 |
| 7 | 6 |
| 8 | 7 |
| 9 | 8 |
| 10 | 9 |
| 11 | 10 |
| 12 | 11 |

13. J. ANCELET-HUSTACHE, *Suso*, *Oeuvres complètes*, p. 151.

| | |
|---|---|
| | **12** |
| 13 | 13 |
| 14 | 14 |
| 15 | 15 |
| **16**<br>**17**<br>**18**<br>**19**<br>**20** | 16 |
| | **17 (1er chap. 2e partie)** |
| 21 (1er chap. 2e partie) | 18 (2) |
| 22 (2) | 19 (3) |
| 23 (3) | 20 (4) |
| 24 (4) | 21 (5) |
| | **22 (6)** |
| | **23 (7)** |
| | **24 (8)** |
| 3e partie : 100 brèves méditations | *Cours de la Sagesse éternelle* |

L'*Horloge de la Sagesse* reprend, on le voit, le texte et le plan du *Petit livre de la Sagesse éternelle*, mais avec des variantes notables. L'*Horloge* ne met plus en troisième partie, et comme en annexe, les cent brèves méditations mais le *Cours* ou *Livre d'Heures de la Sagesse éternelle*. La proportion des deux parties, elle non plus, n'est pas la même, puisqu'on passe de 20/4 à 16/8.

La correspondance des chapitres laisse apparaître des chapitres de l'*Horloge* qui n'ont pas d'équivalent dans le texte allemand, comme le second et le douzième de la première partie, les premier, sixième, septième et huitième chapitres de la seconde partie. Or précisément, ces chapitres contiennent des instructions spirituelles à destination de ses Frères dominicains, expliquant notamment comment organiser la méditation de la Sagesse éternelle en une série d'offices, conférences et sermons. Remarquons, à l'inverse, que le seizième chapitre résume à lui seul cinq chapitres du *Petit livre* consacrés à Marie, Mère de miséricorde. On voit donc la différence : on a ici affaire à un lectorat de Dominicains vivant en communauté, dans une visée réformatrice, tandis que le *Petit livre* visait un public de laïcs, de béguines, peut-être de moniales, afin de les aider dans leur vie spirituelle et pour constituer leur Livre d'heures.

## Pourquoi le terme d'horloge ?

Comme l'a souligné Künzle[14], le titre reconnu, de manière unanime, est : *Horologium sapientiae*, ce qui a donné en français : *Orloge de Sapience*, *Horloge de la Sagesse.*

Le disciple de la Sagesse éternelle explique, dès le Prologue, qu'il lui a été donné d'avoir « la vision, sous la forme d'une très belle horloge, décorée de magnifiques roses et ornée d'une variété de timbres sonores, rendant un son doux et céleste et élevant les cœurs », et qu'il lui a été alors conféré le nom de *Frère Amandus* (chap. VII), « celui qui est digne d'être aimé ». L'expression qu'il propose de cette vision, qui suit la cadence des heures et des Offices, montre que le titre de l'ouvrage, *L'Horloge de la Sagesse*, est particulièrement bien choisi.

On voit la fonction de l'horloge : elle est ce qui rythme de ses sonneries le cours de la journée, lui imprime une cadence, qui rappelle à chacun l'heure des Offices. S'ajoute à cela le fait qu'à l'époque de Suso, les horloges mécaniques et les horloges astronomiques font leur apparition, d'où l'intérêt de ses contemporains pour cette mécanique nouvelle qui peut servir, pour Suso, de métronome de la vie spirituelle, rythmée par la succession des Offices. Suso offre ici en annexe, et comme en troisième partie, un *Cursus* rénové, complètement refondu dans le sens d'une méditation de la Sagesse : c'est ce qu'il appelle le *Cours de la Sagesse éternelle*, qui doit rythmer la journée des Dominicains.

Pour mieux faire comprendre comment faire, il va lui-même diviser son livre en vingt-quatre chapitres comme les vingt-quatre heures de la journée : seize dans le premier livre et huit dans le second, une proportion qui n'est pas sans rappeler celle du jour et de la nuit.

14. P. Künzle, *op. cit.*, p. 55.

La machinerie, qui sonne à intervalle régulier, interrompt ainsi la course du temps, pour passer à la louange qui, comme l'a souligné S. Augustin, anticipe déjà l'éternité.

## Maître Eckhart

En écrivant *L'Horloge de la Sagesse*, la perspective de Suso est, comme dans le *Petit Livre de la Vérité*, une défense indirecte d'Eckhart[15], qui a écrit un commentaire de référence sur le Livre de la Sagesse[16]. C'est aussi une manière de se justifier personnellement, pour lui qui a été jadis relevé de ses fonctions de lecteur à Constance, parce qu'il était disciple d'Eckhart.

Le contenu même du livre de Suso et sa mise en scène, qui met l'âme en face d'un objet merveilleux, semblent porter la trace de l'enseignement de son maître. Cela n'est pas sans rappeler en effet deux sermons d'Eckhart, à savoir le sermon qu'il prononça pour la fête de S. Augustin, et le *Sermon* 16b, qui en est une reprise quelques années plus tard. Dans les deux textes, le Thuringien présente S. Augustin comme « un vase orné de toutes sortes de pierres précieuses » pour exprimer par là que l'âme trouve en lui le modèle de l'homme accompli, qui vit véritablement la filiation divine.

Mais Suso semble avoir transposé à sa manière ces deux sermons. Le vase magnifique, auquel il se réfère également (p. 181, chap. 14), se transforme ainsi en une très belle horloge qui rythme la vie du Dominicain, dans la *sequela Christi*, dans l'imitation et la suite du Christ au fil des heures de la journée, en vue de lui être conformé. Cette modification s'inscrit d'ailleurs dans la perspective de l'ouvrage, où il précise dès le Prologue que « les visions contenues dans ce qui suit ne sont pas toutes à prendre au sens littéral, quoique plusieurs aient eu lieu à la lettre : c'est une façon de parler figurée (...). Et donc, sous cette façon de parler figurée,

15. K. Ruh, *Geschichte der abendländischen Mystik*, vol. III : *Die Mystik des deutschen Predigerordens und ihre Grundlegung durch die Hochscholastik*, Munich, Beck, 1996, p. 417-475.

16. Maître Eckhart, *Commentaire du Livre de la Sagesse*, trad. J.-C. Lagarrigue, J. Devriendt, Introd. M.-A. Vannier, Paris, Les Belles Lettres, 2015.

le lecteur diligent pourra facilement découvrir les mystères cachés, pour peu qu'il s'y applique avec sagacité » (p. 40-42).

À travers la vision de cette magnifique horloge, il semble, en effet, préciser, comme l'avait fait Eckhart dans ces deux sermons, quelle attitude adopter pour que la naissance de Dieu s'effectue en chacun, ce qui est le second point[17] du programme défini par Eckhart dans le *Sermon* 101, et repris dans le *Sermon* 103.

Seulement, ce second point, Suso le reformule. C'est toujours le pâtir Dieu dont il est question, et Suso y insiste dans le Prologue[18], mais un pâtir Dieu qui n'est pas tant la condition, comme pour Eckhart d'être plongé dans le mystère pascal et par-là dans la vie trinitaire, qu'un chemin qui conduit à revivre la Passion du Christ au fil des heures de la journée, en vue d'être associé à sa Résurrection. Là où il y avait chez Eckhart fulgurance, mais aussi difficulté à être suivi, il y a, chez Suso, méthode, une méthode[19], qui est celle-là même de la Liturgie des Heures, des Offices qui ponctuent la journée du Dominicain. Sur ce plan, son ouvrage est incontestable. Il est ancré dans la Tradition de l'Église et de l'Ordre dominicain et Suso, en tant que Frère Amandus, l'a reçu directement de la Sagesse éternelle, qui l'invite à la rencontrer au fil des Heures de la journée.

Cette horloge n'est pas non plus sans évoquer le *Cursus de aeterna sapientia*, ce qui rejoint de nouveau la naissance éternelle de Dieu dans l'âme telle qu'Eckhart l'évoquait, même si les modalités en sont différentes, quoique Eckhart, en tant que Dominicain, l'a également expérimentée au fil des Offices, de la prière, au cours de laquelle l'éternité fait irruption dans le temps. Avec l'horloge, Suso se situe dans le temps, mais il souligne que l'horloge a une fonction d'éveil, de réveil des sens spirituels.

En choisissant *L'Horloge de la Sagesse* comme titre de son ouvrage, Suso s'inscrit dans un genre littéraire existant. Mais il le revisite pour exprimer à partir de là un chemin spirituel, différent

17. M.-A. Vannier (éd.), *La naissance de Dieu dans l'âme chez Eckhart et Nicolas de Cues*, Paris, Cerf, coll. « Patrimoines », 2006.

18. *Horloge de la Sagesse*, Prologue : « Le disciple ne semble pas avoir eu le rôle actif de celui qui dicte, mais le rôle de quelqu'un qui pâtit les choses divines » (p. 45).

19. Cf. J.-C. Schmitt, *Les rythmes au Moyen Âge*, Paris, Gallimard, 2016.

de celui qu'il avait proposé dans l'*Exemplar*, car tout ancré dans le rythme des Offices et des exercices spirituels ponctuant la journée. Il invite aussi à la *sequela Christi*, ce qui sera largement repris par la *Devotio moderna*.

## L'ICONOGRAPHIE

L'iconographie, qui a été jointe à l'ouvrage, a contribué à sa réception. Monique Gruber en a choisi les planches les plus significatives pour l'ensemble de l'ouvrage. Dans cette Introduction, nous en retiendrons trois.

Une des plus belles illustrations, réalisée pour Marie de Berry (Paris, BNF fr. 926, fol. 113r ; voir l'image page 250), donne la signification de l'ouvrage : Un Dominicain, certainement Suso, se trouve devant une chapelle et désigne, de la main gauche, une horloge, toute d'or, qui a la forme d'un tabernacle et qui se trouve au centre de l'enluminure. La Sagesse éternelle, auréolée, venant de la Trinité, représentée en haut à droite de l'image, entre dans l'horloge-tabernacle sous le regard d'un Franciscain qui se trouve à droite, au-dessous de la Trinité.

Une autre belle représentation se trouve dans le manuscrit IV, 111, fol. 13v (xve siècle) de *L'Horloge de la Sagesse* de la Bibliothèque royale de Bruxelles. Cette fois, l'accent est mis sur la Sagesse, représentée comme un Christ *pantocrator*, qui montre à Suso, à la fois le livre ouvert (la Bible ou le Bréviaire ?) et le mécanisme de l'horloge.

Il en existe une variante dans le manuscrit 455-456, fol. 9r de la BNF (Paris, site Richelieu), où Suso n'est pas plus représenté que la Sagesse, mais ils sont remplacés respectivement par le commanditaire de l'ouvrage, Louis de Bruges avec toute sa famille, et par Salomon, éminente figure de la sagesse, lequel règle l'horloge monumentale, surmontée par la croix du Christ, qui occupe un tiers de l'image.

Ce n'est là qu'un échantillon d'images qui témoigne de la richesse de l'iconographie dont a bénéficié *L'Horloge de la Sagesse* et sur laquelle nous reviendrons.

**La Sagesse montre l'Écriture et le mécanisme de l'horloge à Suso**
Manuscrit IV, 111, fol. 13v (xve siècle) de *L'Horloge de la Sagesse* de la Bibliothèque royale de Bruxelles.

**Salomon montre l'horloge à Louis de Bruges et à sa famille**
Manuscrit 455-456, fol. 9r de la BNF (Paris, site Richelieu).

## La Sagesse

Mais qui est et qu'est-ce que la Sagesse avec laquelle Suso dialogue tout au long de l'ouvrage ? C'est à la fois la Sagesse de l'Ancienne Alliance et le Christ, auquel il importe d'être conformé : cela montre qu'en bon disciple d'Eckhart Suso met en évidence la continuité de l'Ancienne et de la Nouvelle Alliance.

Dit autrement, la Sagesse représenterait le Christ dans sa divinité et le Christ lui-même, en particulier dans sa Passion, renverrait à son humanité[20], mais les deux sont indissociables. Cela ressort clairement d'un des derniers chapitres du livre I de *L'Horloge de la Sagesse,* le chapitre XIV, où le Disciple dit : « Je retire, ô Sagesse éternelle, cette conclusion qui résume tout ce qui précède : quiconque désire le salut éternel et une grande récompense au ciel, qui souhaite monter au sommet de la forteresse de toutes les vertus, obtenir la science et la sagesse, tenir son âme égale parmi les succès et les revers, marcher en sécurité sur la route, goûter à l'avance à la fois l'amertume de ta Passion et le très doux breuvage de ta consolation, doit constamment te porter dans son cœur, toi Jésus, toi Jésus-Crucifié. Ô bijou magnifique, choisi de préférence *à l'or et à la pierre précieuse* (Ps 19 (18), 11), pour être toujours porté *entre les seins* de l'épouse et n'être jamais laissé en oubli. Car jamais aucun joyau précieux porté sur la poitrine n'a paré aussi bien une belle jeune fille que Jésus-Crucifié porté sur la poitrine en ornant un cœur pieux. Jésus est dans le cœur de l'amant comme *des pommes d'or dans des filets d'argent* (Pv 25, 11). Le cœur fervent qui porte en lui ce nom est comme *un vase d'or massif, orné de toutes sortes de pierres précieuses* (Si 50, 10) ». En d'autres termes, celui qui recherche le salut, qui est la quête même de S. Dominique avant lui, doit vivre l'inhabitation divine. C'est ce que Suso a exprimée par le monogramme qu'il s'est inscrit sur le cœur. Dans ce texte du chapitre XIV, il reprend Proverbes 25, 11, utilisé par Maïmonide et repris par Eckhart dans le *Livre des Paraboles*

20. B. Newman, « Henry Suso and Medieval Devotion to Christ the Goddess », *Spiritus* 2 (2002), p. 7.

*de la Genèse*[21] pour montrer que le Christ doit être le trésor de notre cœur.

## Les deux parties de l'ouvrage

L'ouvrage s'articule en deux parties. La première est, en quelque sorte, une relecture du Cantique des Cantiques à la lumière de la Passion du Christ, dans la mesure où Henri Suso a été marqué, dans sa jeunesse, par la rencontre avec la Sagesse éternelle, qui, dans sa beauté et sa force, a orienté sa vie. Cette théophanie, Suso en rend compte avec des accents marqués par Denys l'Aréopagite. Mais rapidement, il comprend que la Sagesse qu'il a rencontrée n'est autre que le Christ souffrant, à qui il va lui falloir être conformé ; d'où le chemin spirituel qui s'ouvre devant lui, qui a une dimension réformatrice par rapport à son époque, et qui n'est pas sans analogie avec celui qu'il propose dans l'*Exemplar*, qui est fait de joie et de souffrances, à la suite du Christ.

La seconde partie de l'ouvrage est encore plus originale, Suso y apparaît comme un disciple de la Sagesse, que la recherche de la *spiritualis philosophia* détourne de la philosophie de son temps. Ce second mouvement de l'ouvrage s'ouvre par une vive critique des écoles de théologie, où la plupart se laissent distraire par une boule d'or qui symbolise la recherche des honneurs et des richesses, et non celle de la Vérité et de la Sagesse, de la philosophie spirituelle. N'est-ce pas là implicitement une critique de l'Université de son époque que Suso développe ici, en un temps où la doctrine d'Eckhart est chassée des Facultés ainsi que ses disciples ? La vision confirme pleinement ses assertions, au moment où les disciples d'Eckhart sont persécutés. La Sagesse lui dit en effet que « les trois catégories que tu as vues représentent trois façons d'étudier et d'enseigner la sainte Écriture. La première manière est charnelle : on la trouve chez ceux en qui la lettre abonde sans l'esprit ; plus ils sont savants, plus on les sait enflés d'orgueil et nuisibles à eux et aux autres ; ils ne cherchent pas la louange de Dieu, ni leur

21. Maïmonide, *Guide des égarés*, Introd., trad. S. Munk, Lagrasse, Verdier, 1979, p. 18 ; Eckhart, *Livre des Paraboles de la Genèse*, Paris, Belles Lettres, coll. « Sagesses médiévales », Prologue, n. 1.

édification, ni celle d'autrui, mais à se promouvoir. La seconde manière est naturelle, elle se trouve chez ceux qui cherchent d'un œil simple, dans l'activité scolaire, ce qui est nécessaire au salut, mais négligent absolument de faire des œuvres surérogatoires, et *d'aspirer à des dons meilleurs* (1 Co 12, 31). La troisième manière, qui est la spirituelle, on la trouve en ceux qui, avec toute l'affection de leur cœur et toutes leurs forces, tendent vers ce qui est de l'ordre de la perfection, s'appliquant soigneusement, en même temps qu'ils meublent leur esprit de science, à remplir leur cœur de la Sagesse divine ; et, comme ils progressent dans la connaissance de la vérité, ils progressent aussi dans l'amour du souverain Bien. Ils *goûtent et voient que le Seigneur est doux* (Ps 34 (33), 9) ; ils dirigent eux-mêmes et les autres par la sainte Écriture vers la fin due et sont d'ailleurs intérieurement *menés par l'esprit de Dieu* (Rm 8, 14) ». Sans doute Suso reprend-il à sa manière la distinction que Guillaume de Saint-Thierry avait proposée dans la *Lettre d'or*[22], mais c'est surtout Eckhart qui est mis en valeur, même s'il n'est pas explicitement nommé. Car c'est lui qui a opté pour la véritable voie spirituelle, lui qui était à la fois *Lesemeister* et *Lebemeister*, comme les Pères du désert, évoqués ici à travers la figure d'Arsène.

Puis, Suso souligne l'importance du détachement comme préparation à la mort et il donne la pureté du cœur comme règle d'or de la vie. Là encore, il est très proche d'Eckhart. Il l'est également dans sa réflexion sur l'eucharistie, quoiqu'il souligne davantage le mystère que son maître, et l'admirable échange qui s'y réalise, et il termine par une prière, comme S. Thomas.

Dans les derniers chapitres de l'ouvrage, le propos est plus classique. Suso y adopte un point de vue plus pratique pour permettre à tous d'être disciples de la Sagesse éternelle, et il termine par les Offices de la Sagesse éternelle. Il explicite également le sens de la philosophie spirituelle qui est le fil conducteur de cette Seconde Partie. Ainsi écrit-il : « Mets ma philosophie en tes blessures, ma sagesse en tes stigmates, pour que je profite davantage en toi seul, livre d'amour, et en ta mort, et que je meure à tout ce qui change, en sorte que je ne sois plus moi, mais que, par un indissoluble lien d'amour, nous demeurions éternellement, toi en moi et moi en

22. Guillaume de Saint-Thierry, *Lettre aux Frères du Mont-Dieu*, Paris, Cerf, coll. « Sources chrétiennes », 1975.

toi[23] ». Qu'est-ce à dire, sinon que la sagesse, à laquelle il invite, n'est autre que la « folie » de la croix (1 Co 1, 18 ; 23), la conformation au Christ crucifié ?

*

C'est un livre original, personnel que Suso présente dans *L'Horloge de la Sagesse.* Il marque comme un trait d'union entre deux époques, l'une passée, marquée par le maître vénéré dont il défend l'enseignement, et l'autre à venir, qui s'annonce plus sombre, qui sera marquée par les souffrances de la peste noire et de la guerre de Cent ans, invitant à la transformation intérieure, centrée sur la figure du Crucifié.

Cet ouvrage laisse déjà entrevoir la *Devotio moderna*, en proposant à son lecteur un chemin codé qui reprend la dynamique pascale, mais en mettant davantage l'accent sur la Passion que sur la Résurrection.

23. *Horloge de la Sagesse*, p. 313.

# BIOGRAPHIE D'HENRI SUSO

Henri Suso est certainement celui des mystiques rhénans dont la vie est la mieux connue, comparée avec celles d'Eckhart et de Jean Tauler. Nous disposons en effet d'une *Vita* à son sujet, même s'il faut préciser que cette *Vie*, bien que revue initialement par Suso lui-même, semble avoir été largement modifiée par l'hagiographie ultérieure et être devenue légendaire, au point qu'il est parfois difficile d'en retrouver les événements authentiques. Heureusement, nous avons désormais une bonne biographie grâce à Karl Bihlmeyer dans son édition des œuvres de Suso[1].

De plus, Suso est le seul parmi les mystiques rhénans à avoir été béatifié, tardivement il est vrai : en 1831 ; le seul à avoir bénéficié d'une fête liturgique : le 2 mars dans l'*ordo* dominicain, ce qui a permis une reconnaissance officielle de la mystique rhénane.

Né certainement le 21 mars 1295 (ou 1297), le jour de la S. Benoît, à Constance ou à Überlingen (la patrie de sa mère), Henri Suso est le fils du patricien Henri de Berg et d'une fille de la noblesse terrienne : Mechtilde (?) von Süs, dont il reprit le nom : Süse, en latin : Suso. Dès l'âge de 13 ans, Suso est confié au couvent des dominicains de Constance, et sa sœur Mechtilde à une communauté de sœurs de Saint-Gall. À Constance, Suso vit une longue conversion, un peu à la manière de S. Augustin.

Bon religieux et étudiant brillant, il a dû commencer ses études supérieures à Constance (philosophie, sciences de la nature). Il partit

1. Heinrich SEUSE, *Deutsche Schriften im Auftrag der Würtembergischen Kommission für Landesgeschichte*, Stuttgart, Kohlhammer, 1907, p. 63-140.

ensuite pour Strasbourg de 1319 à 1321 (*Studium particulare* : études théologiques et bibliques, commentaire des *Sentences* de Pierre Lombard), où vivait Johannes Futterer, celui qu'il a nommé plus tard le saint Frère, et qui lui est apparu après sa mort dans une vision accompagné d'Eckhart, autre rencontre décisive de cette époque strasbourgeoise semble-t-il. En 1322, il est envoyé au *Studium generale* de Cologne, où il a dû retrouver Eckhart. Il fait partie des proches de ce dernier et assiste avec douleur au début au moins de son procès. L'imagerie de l'époque représente Suso et Tauler aux pieds d'Eckhart, leur maître commun. Si la vérité historique est douteuse, il ressort, en revanche, que Jean Tauler et Henri Suso ont été les deux disciples les plus fervents d'Eckhart, ceux qui ont véritablement prolongé son œuvre.

De retour à Constance vers 1327, Suso est nommé lecteur du couvent ; mais il est bientôt relevé de sa charge en 1329-1334, en raison de dénonciations formulées contre lui, dans le cadre « d'une action d'assainissement dans la province de Teutonie, parce qu'il était disciple d'Eckhart » (cf. *Vie*, ch. 23). Son *Petit livre de la vérité*, où il prenait parti pour Eckhart, est, en particulier, mis en cause au Chapitre de Maastricht, en 1330. Il choisit, alors, de mener une vie retirée dans une rude ascèse.

C'est à ce moment de sa vie que survint son illumination. Il entendit, un jour, une voix lui dire d'ouvrir la fenêtre de sa cellule, de regarder et de tirer un enseignement de ce qu'il voit : il remarqua, à cet instant, un chien qui s'amusait à déchirer un morceau de paillasson, et il entendit une voix intérieure lui dire : « Tu seras déchiqueté de la même manière par la bouche de tes frères ».

Ses cinq années d'exil s'inscrivent dans le temps d'interdit (1338-1346) que connurent les Dominicains, restés fidèles au pape. Ils durent se retirer chez les Dominicaines à Sainte Catherine près de Diessenhofen, au bord du Rhin et au couvent des Écossais, situé en dehors de la ville épiscopale. Au cours de cet exil, Suso a beaucoup voyagé comme pasteur au service de la réforme et de la restauration de la discipline conventuelle au sein de l'Ordre. C'est ainsi qu'il alla au couvent de moniales de Töss, où il fit la connaissance d'Elsbeth Stagel qu'il considéra comme sa « fille spirituelle » et qui joua un rôle important dans son œuvre. En 1342, Suso est élu prieur.

En 1347-1348, il est envoyé à Ulm. Apparemment, il s'agit là d'une sanction, résultant de calomnies de la part d'une femme, qui l'accusait d'être le père naturel de son enfant (chap. 38 de la *Vie)*. Suso fut reconnu comme innocent, mais resta à Ulm jusqu'à sa mort, le 25 janvier 1366.

En reconnaissance de sa vie entièrement donnée au service de Dieu et des autres, il fut béatifié par le pape Grégoire XVI.

Son œuvre nous a été transmise dans l'*Exemplar*, un livre-modèle qui fait autorité et qui regroupe quatre de ses écrits : sa *Vie* (où il écarte les malentendus éventuels quant à sa biographie), le *Petit Livre de la Sagesse éternelle,* le *Petit Livre de la Vérité* et un recueil de Lettres. Il faut ajouter à ces œuvres allemandes *L'Horloge de la Sagesse* qui nous est parvenue, mais parfois largement remaniée par ses contemporains.

L'œuvre de Suso est dense. Plus piétiste que Tauler, mais aussi parfois plus spéculatif, il prend largement en compte la spiritualité des moniales de l'époque, tout en retenant les principales intuitions d'Eckhart, qu'il transmet malgré l'interdit qui frappe les œuvres de ce dernier.

Parmi les mystiques, c'est Suso qui a le vocabulaire le plus riche et le plus varié. Il sait allier mystique spéculative et usage abondant des images. De surcroît, son œuvre est illustrée de miniatures, même s'il dit finalement qu'il importe de dépasser les images et de chasser les images par les images.

# BIBLIOGRAPHIE[1]


*Édition*

P. KÜNZLE, *Heinrich Seuses Horlogium Sapientiae. Erste kritische Ausgabe unter Benützung der Vorarbeiten von Dominikus Planzer*, Fribourg, Éditions Universitaires, 1977.

*Tradutions*

– **française :**

B. LAVAUD OP (éd.), *L'Œuvre mystique du bienheureux Henri Suso*, Paris, Egloff, 1946-1948, 5 vol.

– **allemande :**

Heinrich SEUSE, *Stundenbuch der Weisheit, Das 'Horologium Sapientiae'*, Würzburg, Königshausen et Neumann, übersetzt von S. Fenten, 2007.

– **anglaise :**

P. ROLFE MONKS, *The Brussels* Horloge de Sapience. *Iconography and Text*, Leiden, Brill, 1990.

Bl. Henry SUSO, *Wisdom's Watch upon the Hours*, trad. ang. d'E. Colledge, Washington, Catholic University of America Press, coll. « The Fathers of the Church. Mediaeval Continuation » 4, 1994.

*Études*

J. ANCELET-HUSTACHE, « Introduction » à : Henri SUSO, *Œuvres complètes*, Paris, Seuil, 1977, p. 73-76.


1. Je remercie Markus Enders pour ses conseils bibliographiques.

E. P. ARMSTRONG, « Heinrich Suso's *Horologium sapientiae*. A recently discovered excerpt », in : *Manuscripta* 12 (1968), p. 101-103.

J. BARUZI, « Le mysticisme d'Henri Suso. Texte inédit », *Revue d'histoire de la spiritualité* 51 (1975), p. 209-266.

H. BECKERS, « Neue Funde zur handschriftlichen Verbreitung von Seuses Werken am Niederrhein und in Westfalen », *Leuvense Bijdragen* 60 (1971), p. 243-262.

K. BIHLMEYER, « Zur Chronologie einiger Schriften Seuses », *Historisches Jahrbuch* 25 (1904), p. 176-190 ; *Heinrich Seuse, deutsche Schriften*, Stuttgart, Kohlhammer, 1907 ; « Die Selbstbiographie in der deutschen Mystik des Mittelalters », *Theologische Quartalschift* (1933), p. 504-544.

J. A. BIZET, *Henri Suso et le déclin de la scolastique*, Paris, Aubier-Montaigne, 1946.

R. BLUMRICH, « *Vera scientia christianae philosophia*. Zu Heinrich Seuses *Horologium sapientiae* », dans I. CRAEMER-RUEGENBERG, A. SPEER (éd.), Scientia und ars *im Hoch-und Spätmittelalter*, Berlin, Walter de Gruyter, 1994, p. 620-632 ; « Die Überlieferung der deutschen Schriften Seuses. Ein Forschungsbericht », in : *Heinrich Seuses Philosophia spiritualis. Quellen, Konzept, Formen und Rezeption. Tagung Eichstätt 2.-4. Oktober 1991*, ed. Rüdiger Blumrich and Philipp Kaiser (Wissensliteratur im Mittelalter 17), Wiesbaden, L. Reichert, 1994, p. 189-201.

I. COLOSIO, « Edizione critica dell' *Horologium Sapientiae* del Beato Enrico Susone », in : *Rivista di ascetica e mistica* 2 (1977), p. 355-356.

J. DESCHAMPS, « De Middelnederlandse vertalingen en bewerkingen van de *Hundert Betrachtungen und Begehrungen* van Henricus Suso », in : *Ons geestelijk erf* 63 (1989), p. 309-369.

H. DENIFLE, *Die deutschen Schriften des seligen Heinrich Seuses aus dem Predigerorden. Nach den ältesten Handschriften in jetziger Schriftsprache herausgegeben*, München, Literarisches Institut von Dr. Max Huttler, 1880.

M. DIEPENBROCK, *Heinrich Suso's gennant Amandus. Leben und Schriften*, Ratisbonne, Pustet, 1828.

M. ENDERS, *Das mystische Wissen bei Heinrich Seuse*, Paderborn, Schöningh, 1993 ; « Die "höchste Schule" (des Lebens) : Seuses Lernen der "Kunst wahrer Gelassenheit" in seiner Konstanzer Zeit », *Heinrich-Seuse-Jahrbuch* 2 (2009), p. 67-94 ; Heinrich Seuses Konzept einer „geistlichen Philosophie. Ein spätmitterlaterliches Exempel in der Tradition des monastischen Philosophie-Verständnisses", *Heinrich Seuse – Diener der Ewigen Weisheit*. Freiburg, Tagungsberichte der Katholischen Akademie der Erzdiözese Freiburg, 1998, p. 46-86, maintenant in : J. KAFFANKE (Hg.), *Heinrich Seuse – Diener der Ewigen*

*Weisheit* (Heinrich-Seuse-Forum Bd. 1/2013), Berlin, Lit Verlag, 2013, p. 139-177.

S. FENTEN, *Mystik und Körperlichkeit : eine komplementär-vergleichende Lektüre von Heinrich Seuses geistlichen Schriften*. Würzburg, Königshausen & Neumann, 2007.

E. M. FILTHAUT, ed., *Seuse-Studien : Heinrich Seuse. Studien zum 600. Todestag, 1366-1966*, Cologne, Albertus Magnus Verlag, 1966.

K. GRÖBER, *Der Mystiker Heinrich Seuse*, Fribourg-en-Brisgau, Herder, 1941.

A.M. HAAS, *Kunst rechter Gelassenheit. Themen und Schwerpunkte von Heinrich Seuses Mystik*, Bern, Peter Lang, 1995 ; « Suso », *Encyclopédie des mystiques rhénans d'Eckhart à Nicolas de Cues et leur réception*, Paris, Cerf, 2011, p. 1125-1134.

W. J. HOFFMANN, « Die volkssprachliche Rezeption des *Horologium* in der *Devotio moderna* », in : R. Blumrich, Ph. Kaiser (Hg.), *Heinrich Seuses Philosophia spiritualis. Quellen, Konzept, Formen und Rezeption*, Wiesbaden, L. Reichert, 1994, p. 202-254.

R. IMBACH, « Anmerkungen zu den thomistischen Quellen des Horologium sapientiae », in : Rüdiger Blumrich, Philipp KAISER (Hg.), *Heinrich Seuses Philosophia spiritualis. Quellen, Konzept, Formen und Rezeption*, Wiesbaden, L. Reichert, 1994, p. 71-83.

S. JAMES, « A Previously Unnoticed Extract of Suso's *Horologium Sapientiae* in English », in : *Notes and queries* 59 (2012), p. 28-29.

M. KHORKOV, « Eine Version von Heinrich Seuses *Horologium Sapientiae* aus der *Bibliotheca Apollonia* (Hanschrift UFB Erfurt-Gotha, dep. Erf. CA 4° 144 », *Heinrich-Seuse-Jahrbuch* 2 (2009), p. 95-103.

A. DE LIBERA, *Eckhart, Suso, Tauler ou la divinisation de l'homme*, Paris, Bayard, 1996.

B. McGINN, *The Harvest of Mysticism in Medieval Germany*, New York, Crossroad, 2005, p. 195-239 ; p. 569-584 ; « The Problem of Mystical Union in Eckhart, Seuse, and Tauler », dans A. SPEER, L. WEGNER, *Meister Eckhart in Erfurt*, Berlin – New York, Walter de Gruyter, 2005, p. 538-553.

B. NEWMAN, « Henry Suso and Medieval Devotion to Christ the Goddess », *Spiritus* 2 (2002), p. 1-14.

F. RETUCCI, « On a dangerous Trail : Henry Suso and the condemnations of Meister Eckhart », in H. J. HACKETT, *A companion to Meister Eckhart*, Leiden, Brill, 2012, p. 587-606.

S. ROZENSKI, « Henry Suso's *Horologium Sapientiae* in fifteenth-century France : images of reading in writing in Brussels Royal Library MS IV III », in : *Word and image* 26 (2010), p. 364-380.

K. RUH, *Geschichte der abendländischen Mystik*, t. III : *Die Mystik des deutschen Predigerordens und ihre Grundlegung durch die Hochscholastik*, Munich, Beck, 1996, p. 417-475.

R. SELMAN, « Hearing voices ? Reading *Horologium sapientiae* and *The seven poyntes of trewe wisdom* », in : R. H. Ellis, René Tixier, B. Weitemeier (Hg.), *The Medieval Translator*, Bd 6, Turnhout, Brepols, s 1998, p. 254-269 ; *Voices and wisdom. A study of Henry Suso's Horologium Sapientiae in some late medieval English religious texts*, University of Exeter, Exeter, 1998.

P. ULRICH, *‚Imitatio et configuratio'. Die ‚philosophia spiritualis' Heinrich Seuses als Theologie der Nachfolge des Christus passus*, Ratisbonne, Pustet, 1995.

M.-A. VANNIER, « Horloge de la Sagesse », in : M.-A. Vannier, W.A. Euler, K. Rienhardt, H. Schwaetzer, *Encyclopédie des mystiques rhénans*, Paris, Cerf, 2011, p. 580-582.

C. VANSTEENKISTE, « *Horologium Sapientiae* di Enrico Suso, in edizione critica », in : *Angelicum* 55 (1978), p. 279-288.

B. K. VOLLMANN, « Stil und Anspruch des Horologium sapientiae », in : Rüdiger Blumrich, Philipp Kaiser (Hg.), *Heinrich Seuses Philosophia spiritualis. Quellen, Konzept, Formen und Rezeption*, Wiesbaden, L. Reichert, 1994, p. 84-93.

K. WALLS, « In a Valley of this Restless Mind. A Source in the *Horologium Sapientiae* of Henry Suso », in : *Notes and queries* 60 (2013), p. 194-195.

W. ZELLER, « Heinrich Seuses *Horologium Sapientiae* und sein Büchlein der Ewigen Weisheit », in : W. Zeller, *Theologie und Frömmigkeit. Gesammelte Aufsätze*, Marburg, Elwert, 1971, p. 22-31.

### *Iconographie*

J. ANCELET-HUSTACHE, « Quelques indications sur les manuscrits de *L'horloge de Sapience* », in : E.M. FILHAUT (Hrsg.), *Heinrich Seuse. Studien zum 600. Todestag 1366-1966*, Köln, Albertus Magnus Verlag, 1966, p. 161-170.

T. BALOGH, « Het Horologium sapientiae als allegoria in factis. Enige opmerkingen naar aanleiding van James Marrows Passion Iconography », in : *Ons geestelijk.*

M. GRUBER, « Iconographie de Suso dans *L'horloge de la Sagesse* », *Encyclopédie des mystiques rhénans d'Eckhart à Nicolas de Cues et leur réception*, Paris, Cerf, 2011, p. 592-595.

P. ROLFE MONKS, *The Brussels horloge de sapience. Iconography and text of Brussels, Bibliothèque Royale, MS IV. 111*, Leiden, Brill, 1990.

S. ROZENSKI, « Henry Suso's *Horologium Sapientiae* in fifteenth-century France : images of reading and writing in Brussels Royal Library MS IV 111 », *Word and image* 26/4 (2010), p. 364-380.

E.P. SPENCER, « *L'horloge de Sapience*, Bruxelles, Bibliothèque royale MS IV 111 », *Scriptorium* XVII/2, 1963, p. 277-299.

Marie-Anne Vannier
Université de Lorraine
Institut Universitaire de France

# AVANT-PROPOS DU TRADUCTEUR

Notre traduction profite du travail remarquable du dominicain Pius Künzle, qui a livré l'édition définitive du texte latin, avec l'apparat critique adéquat[1]. Nous avons suivi scrupuleusement la présentation qui a été choisie, et repris très souvent les notes de bas de page, en les allégeant toutefois quelque peu. Nous avons pris cependant la liberté d'insérer les références bibliques dans le texte de Suso lorsque ce dernier faisait une citation.

Bien sûr, nous ne sommes pas les premiers à entreprendre une telle traduction. Dès la fin du XIVe siècle, il existait une traduction française (1389). Il y en eut une autre en 1493, puis en 1684[2]. Et puis, il y eut la grande traduction du dominicain Benoît Lavaud en 1946, qui reste incontournable aujourd'hui. À chaque époque sa traduction par conséquent. Espérons que la nôtre sera celle du vingt-et-unième siècle !

Il n'y a guère de reproche de fond à adresser à la traduction de Lavaud, qui est la plus proche de nous. Il y a bien quelques omissions de-ci de-là et un appareil de notes parfois proche de la paraphrase ; mais le souci est ailleurs, nous semble-t-il : pour un lecteur d'aujourd'hui, le ton choisi est inutilement poétique. En éliminant les articles et en mettant systématiquement l'adjectif

1. P. Künzle, éd., *Heinrich Seuses Horologium Sapientiae. Erste kritische Ausgabe unter Benützung des Vorarbeiten von D. Planzer OP*, Freiburg, Schweiz, 1977.

2. Bonne mise au point dans Aloïs-Maria Haas, « Introduction à la vie et à l'œuvre de Henri Suso », *Revue des Sciences Religieuses*, 1996, vol. 70, n° 1, p. 154-166.

avant les noms, Lavaud s'est efforcé de donner à sa langue un je-ne-sais-quoi de médiéval et de courtois. Le résultat sonne malheureusement parfois comme du faux ancien. Nous avons pris le parti, autant que possible, d'écrire le plus simplement du monde, et d'éviter les termes aujourd'hui un brin désuets, à commencer par celui de dévot.

Un souci particulier a été porté aux citations bibliques, qui émaillent le texte sans cesse. La citation est courte la plupart du temps, toujours hors contexte. Suso ne s'attarde pas en effet sur les intentions des auteurs, car il n'y a guère qu'un auteur qui vaille pour lui, à savoir Dieu, quelle que soit la diversité des livres cités. Suso suit ici l'usage médiéval et l'exemple de son maître Eckhart : la Bible est moins un ensemble de textes argumentatifs ou narratifs qu'un ensemble de sentences ou autorités qui se répondent les unes aux autres en écho. Ces courtes paroles pleines de sens divin est ce que l'hébreu appelle des *MiChLé*, des paraboles ou proverbes. Pour les hommes de ce temps-là en effet, il n'y a pas que le *Livre des Proverbes* qui soit un *SePheR MiChLé*, mais aussi les autres textes de la Bible[3]. Là où le lecteur moderne s'empresse de dévaler la pente de l'argumentation et de la narration, l'interprète médiéval se tient, lui, en suspens, porté sur les ailes de l'Esprit, comme un adepte du parapente qui a décollé sur une bosse et se tient très au-dessus des skieurs.

Il n'est pas question non plus chez Suso que l'autorité du texte vienne étouffer l'inspiration et l'originalité. Hors de question que la Bible soit le sceau qui referme la révélation sur elle-même, car elle doit être ce qui aide l'esprit à s'élever à son tour jusqu'à la vision intellectuelle. Le récit de Suso ne craint donc pas d'être visionnaire : et ce qu'il voit surprend de prime abord, comme de voir Dieu comme une Dame. Mais la vision s'inspire, là comme ailleurs, de la Bible, du Livre de la Sagesse et du Livre des Proverbes en particulier. Il exprime la ferveur d'une âme assoiffée, qui *désire le pur lait spirituel comme un enfant nouveau-né* (1 P 2, 2). Cette insistance sur la féminité de Dieu est remarquable : il n'est pas possible de l'éliminer comme une aberration. Bien sûr, il est moins question de genre ou de sexe ici, que de manière d'être : la femme est non

3. Voir Principalement la préface d'Eckhart aux *Paraboles de la Genèse*, Paris, Belles Lettres, 2016, trad. J.-C. Lagarrigue.

pas ce qui produit mais ce qui protège, non pas le ciel transcendant mais la nature immanente, non pas le Tout-Autre mais le Non-autre (pour reprendre un néologisme de Nicolas de Cues[4]). Il suffit à chacun de relire l'admirable « Prosopopée de la Sagesse » qui se trouve en Proverbes 9. On y voit une Dame inviter les passants à venir chez elle manger son pain et boire le vin qu'elle a mêlé (9, 5), comme le Christ lors de son dernier repas[5].

Un autre intérêt du texte est de replacer la mystique dans son milieu naturel, c'est-à-dire dans le monastère, avec la succession des offices qui rythment la journée. On a trop souvent imaginé que la mystique rhénane marquait une espèce de sortie hors du rite ecclésial et du mythe biblique : ce texte montre qu'il n'en est rien. Non seulement la Bible est citée à tout bout de champ, mais la spéculation se mêle ici aux heures de la journée, au chant et à la prière. Il faut s'imaginer Suso mais aussi Eckhart participant à ces offices. C'est le quotidien de ces hommes ; et c'est un quotidien qui n'est pas indigne de leur pensée.

Jean-Claude Lagarrigue

4. NICOLAS DE CUES, *Le Non-Autre*, Paris, Cerf, 2002, trad. H. Pasqua.

5. Considérer que les livres sapientiaux de l'Ancien testament ne font pas partie de l'âme juive, et qu'ils sont dus à l'influence des grecs d'Alexandrie, c'est réduire le judaïsme à l'orthopraxie, et s'interdire de comprendre les racines juives du christianisme. On est alors obligé d'aller chercher ailleurs, du côté de l'Inde par exemple et imaginer un Christ aryen secrètement bouddhiste… SCHOPENHAUER écrit ainsi que la mystique rhénane permet de décomposer chimiquement le christianisme, en séparant l'élément mystique de l'élément juif (*Le Monde comme volonté et comme représentation*, § 68 ; PUF, p. 487)

# PROLOGUE

*Aimez le Seigneur dans sa bonté, et cherchez-le dans la simplicité de votre cœur, car il se laisse trouver par ceux qui ne le tentent pas et se manifeste à ceux qui ont foi en lui* (Sg 1, 1-2). Autrefois, dans l'Église primitive, la Sagesse divine apparut souvent et de bien des façons à ses élus, et elle illumina de sa lumière les âmes de ceux qui, fervents d'esprit, servaient le Seigneur *dans la sainteté et la justice en sa présence* (Lc 1, 75). Alors, en effet, Dieu avait envoyé *un feu d'en-haut dans leurs os* (Lm 1, 13) et leurs cœurs devinrent tout brûlants de l'ardeur de la charité : au-dehors se répandait la flamme d'œuvres brillantes et d'exemples efficaces. Cherchant le Seigneur dans la bonté et la simplicité du cœur, ils n'avaient aucun souvenir des affaires du siècle. Mais pleurer les péchés, tendre vers les choses divines, se dominer, *réduire leur corps en servitude* (1 Co 9, 27) et s'attacher continuellement à la seule Sagesse éternelle, c'était là tout leur souci et toute leur visée.

Mais hélas ! dans les temps actuels, le monde vieillissant déjà, cet amour divin s'est tellement refroidi dans les cœurs de beaucoup qu'il est presque éteint et qu'on en trouve peu qui s'efforcent à la piété, cherchent une nouvelle grâce qui les réchauffe, se réjouissent, lorsque souffle le vent du Sud, d'être plus fréquemment inondés d'une pluie de larmes, cherchent la joie de la visite divine et de la parole d'en-haut ; mais, attentifs à l'étude de la vanité, *aux généalogies sans fin* (1 Tm 1, 4) et aux délices corporels, ils sont liés par une torpeur mortelle. Cependant, la Sagesse divine, soucieuse du salut de tous, désirant toujours délivrer ses élus de ces maux, entend principalement dans le présent ouvrage, non pas informer les ignorants – *la terre est déjà remplie de la science du Seigneur* (Is 11, 9) –, mais rallumer ceux qui sont éteints, enflammer les froids, émouvoir les tièdes, provoquer à la ferveur ceux qui ne sont pas fervents et exciter à la vigilance des vertus ceux qui dorment du sommeil de la négligence. C'est pourquoi la clémence du Sauveur a daigné montrer le présent opuscule en vision sous la forme d'une très belle horloge, décorée de magnifiques roses et ornée d'une variété de timbres sonores, rendant un son doux et céleste et élevant tous les cœurs.

Je conjure les lecteurs de ne pas s'offenser de la langue malhabile et inculte, même si le son en paraît quelque peu barbare. Je ne me soucie guère, en effet, d'éviter les fautes contre l'art du langage, pourvu que, parlant avec ferveur, je puisse corriger et amender plus heureusement les vices des âmes. Les vérités des Pères ou celles découvertes par le témoignage très sûr de l'expérience, selon le sens de la sainte Écriture, tel que je l'ai reçu du Seigneur, je les ai mises en un style simple, et n'ai rien dit hors de là à dessein. Beaucoup d'auteurs ont déjà expliqué ces mêmes sujets avec subtilité et clarté, et le fréquent usage les a rendus presque fastidieux à plusieurs. Il n'a donc pas été besoin d'alléguer des autorités pour chaque point, ce qui eût par trop alourdi l'allure que je voulais garder à ce volume.

Il faut noter aussi que cette façon de parler par questions du disciple et réponses de la Sagesse, ou inversement, est adoptée seulement comme un mode d'exposition plus animé. On ne doit pas entendre que le disciple fût le seul que la Sagesse visât personnellement, ou le seul, au-dessus des autres, à tant aimer la Sagesse, ou pour qui la Sagesse ait fait tant et de si grandes choses ; mais on doit tenir cela pour dit en vérité à toute personne en général. De fait, en tant que docteur, l'auteur parle, tantôt en la personne d'un homme parfait, tantôt en celle d'un imparfait, tantôt en celle de quelqu'un qui aime le Christ affectueusement et se fiance à lui dans la foi et l'amour, tantôt en la personne d'un pécheur qui prie Dieu en pleurant sur ses égarements. Et ainsi, il tourne différemment son style, selon qu'il convient au sujet. Tantôt il introduit le Fils de Dieu comme époux de l'âme pieuse, tantôt il le montre comme la Sagesse éternelle fiancée à l'homme juste.

De même les visions contenues dans ce qui suit ne sont pas toutes à prendre au sens littéral, quoique plusieurs aient eu lieu à la lettre : c'est une façon de parler figurée. Ainsi lisons-nous au livre des Rois

**Suso prêchant**

*Horloge de la Sagesse*, Vienne, Österreichische Nationalbibliothek, Cod. 2574, Fol. 2.

que le prophète Nathan, envoyé par le Seigneur au roi David, obtint de lui, au moyen de la parabole du riche et du voyageur, un jugement contre lui-même pour le péché qu'il avait commis contre son serviteur (2 S 12, 1-15)[1]. Et la femme avisée de Thécua, entrant auprès du roi, grâce à l'apologue de ses deux fils, fit pencher l'âme du roi vers la clémence pour son propre fils Absalon[2]. Tobie interrogea ainsi l'ange qui lui était envoyé : *Qui es-tu ?* Ce dernier répondit : *Je suis Azarias, fils du grand Ananias* (Tb 5, 18), Tout cela était vrai, non à la lettre, mais quant à la réalité signifiée. De même aussi le prédicateur émérite, l'apôtre Paul, endossait le rôle de ses disciples, quand il leur disait, pour les réprimander : [Vous dites] *Moi, je suis de Paul ; moi, d'Apollos. N'êtes-vous pas des hommes ?* (1 Co 3, 4). Et peu après : *Au reste, ce que je viens de dire d'Apollos et de moi, n'est qu'une forme que j'ai prise à cause de vous, frères, afin que vous appreniez par nos exemples...* (1 Co 4, 6). Et donc, sous cette façon de parler figurée, le lecteur diligent pourra facilement découvrir les mystères cachés, pour peu qu'il s'y applique avec sagacité.

Confiant en sa miséricorde, je prie et supplie l'immense bonté de Celui qui m'a forcé à subir ce labeur pour son amour, puisqu'il sait que cette tâche dépasse mes facultés, de suppléer à mon défaut dans le cœur des gens pieux qui veulent lire ces pages, de façon que quiconque lira ou entendra tout cet opuscule avec une intention sincère, mérite d'en rapporter quelque gorgée de dévotion ou quelque grâce nouvelle qui lui sont divinement conférées. À cette fin, le lecteur est prié d'avoir soin de tout lire attentivement jusqu'au bout, au lieu de chercher à goûter en passant tantôt ceci, tantôt cela, comme au hasard.

1. Nathan raconte, dans ce chapitre du 2e livre de Samuel (ou des Rois d'après la Vg), à David la *Parabole du riche* qui, pour fêter un hôte, au lieu de prendre une bête de ses troupeaux, tue l'unique petite brebis d'un pauvre. Le roi s'indigne contre cet homme. « Mais, dit Nathan, c'est toi » (2 S 12, 7) ; et tu as fait bien pire, « en prenant la femme d'Urie et en faisant tuer celui-ci après l'avoir outragé » (2 S 12, 9).

2. 2 S 14, 1-22. Envoyée et dûment stylée par Joab, cette femme raconte au roi qu'étant aux champs, ses deux fils se sont querellés. L'un a tué l'autre. La famille voudrait livrer le meurtrier à la mort. Elle supplie le roi d'ordonner que le fils qui lui reste soit laissé en vie. Le roi comprend qu'il doit lui-même laisser revenir son propre fils Absalon, qu'il a exilé à la suite et en châtiment de sa rébellion.

Reconnaissant mon imperfection, tant en ce qui concerne la science que la vie, j'ai pris soin de vous transmettre cette œuvre, à vous, Hugues[3], aimable Père de vos fils, maître vénérable de l'Ordre des Prêcheurs, qui surpassez les autres en autorité et jouissez de l'honneur de la maîtrise en théologie et, ce qui est bien mieux, êtes doté de la lumière de la Sagesse éternelle et des dons spirituels, comme le déclarent assez vos lettres d'exhortation où, par vos admonitions paternelles, avec tant de sollicitude, vous incitez vos fils bien-aimés à la paix et à la charité fraternelle, à la rigueur de la discipline et à la ferveur de la dévotion, à la conformité au Christ Jésus et à la perfection de toutes les vertus. Non content de cela, mais soucieux encore du salut de beaucoup, vous prenez soin que, par les mêmes fils, tous les malheureux que le monde ensorcelle soient invités, par la parole et par l'exemple[4], à quitter ce monde fugace et faux. Vous donc, Révérendissime Père, mettez-y votre main experte, et, par goût intérieur, comme il le faut en de telles œuvres, discernez si quelque chose manque ou est de trop, et veuillez faire ce que vous inspirera la Sagesse divine, pour sa gloire et l'utilité du prochain. Et à moi, le plus vil de tous vos fils aimant Dieu, accordez le pardon de tous les défauts trouvés ici. N'attribuez pas cet ouvrage à ma présomption, mais au zèle pour Dieu, voire à une inspiration d'en-haut qui, *Dieu m'en est témoin* (Rm 1, 9), ne m'a laissé de repos ni le jour ni la nuit, que je n'eusse cédé à sa contrainte ; mais éprouvez si j'ai bien fait, vous qui *avez l'onction du Saint-Esprit* (1 Jn 2, 20).

Il faut savoir que ce colloque entre la Sagesse et le disciple eut le commencement et l'occasion que voici : une fois, après matines, ce même disciple, selon sa coutume, venait de terminer d'imiter cette marche très amère que fit le Christ condamné quand on le conduisit au lieu de la Passion[5] ; il était debout dans la chaire devant le crucifix et, l'âme dolente, se plaignait au Crucifié de n'avoir pas, de n'avoir jamais eu encore pour sa Passion un sentiment aussi fervent qu'elle le mérite ; aussitôt, comme ravi en extase, il est éclairé d'une lumière céleste, et

3. Il s'agit de Hugues de Vaucemain, maître général de l'Ordre des dominicains de 1333 à 1341.

4. On reconnaît là l'un des mots d'ordre de la spiritualité dominicaine, née de la prédication *verbo et exemplo* de S. Dominique en terre cathare, conformément aux recommandations du pape Innocent III.

5. Voyez le chemin de la croix, tel qu'il est décrit au chap. XIII de la *Vie*.

cent méditations ou considérations de la Passion sont montrées aux yeux de son âme. Et il lui est dit qu'il doit parcourir, chaque jour, ces cent sujets dans une pieuse méditation, en faisant cent prostrations, ajouter autant de demandes, et, autant que possible, se conformer spirituellement, en ces mêmes choses, au Christ qui a souffert. Toutefois, pour raison de brièveté, je ne les ai pas mises ici explicitement, mais je les ai fidèlement communiquées aux personnes pieuses, doctes ou non, en notre langue populaire, c'est-à-dire allemande[6]. Donc, le disciple, qui auparavant avait été dur à la compassion, commença par l'exercice continuel de cette même méditation, à s'attendrir, à avoir diverses illuminations, comme il apparaîtra dans ce qui suit. Il commença à écrire ces choses, comme il en avait été instruit. L'adversité, qui éprouve les bons, tenta de lui faire lâcher son entreprise. Le Christ alors se présenta à lui en vision, dans l'état où il était en descendant de la colonne où on le flagella, il lui permit de palper ses blessures fraîches et sanglantes et l'encouragea à achever le travail commencé.

**Origine du colloque entre la Sagesse et le disciple**
*L'Horloge de Sapience*, XVe siècle, Ms 22922, Fol. 4r, Paris, BNF, Site Richelieu.

6. Les cent points de méditation ont tous été indiqués dans la première partie du *Petit livre de la Sagesse éternelle*, et sont ensuite résumés et classés par séries de dix ou de cinq dans la troisième.

Il faut noter aussi que l'original de cette œuvre fut écrit uniquement à certains moments sous l'influence d'une grande grâce. En effet, le disciple en question, inconnu dans cette œuvre quant au nom et à la personne, ne semble pas avoir eu le rôle actif de celui qui dicte, mais le rôle de quelqu'un qui pâtit les choses divines[7]. Car il ignorait absolument ce qu'il devait écrire ; il reçut par révélation divine et l'indication du temps d'écrire et presque tous les sujets particuliers à traiter : hors de ces moments, s'il avait voulu dicter quelque chose, comme de lui-même, ou le recueillir d'ailleurs, ou même l'en extraire et l'ajouter aux choses déjà écrites, cela lui devenait aussi insipide et inepte que si quelqu'un s'efforçait d'unir ensemble saveurs ou couleurs contraires. Ayant conçu à table les pensées qui lui étaient données, revenu chez lui, il les approfondissait avec soin, pour que rien en elles ne s'écartât des dits des saints Pères : il voulait que l'enseignement, que la Sagesse divine lui donnait par illumination spirituelle, fût muni de l'autorité de *l'Écriture divinement inspirée* aux saints (2 Tm 3, 16), lorsqu'il se trouvait que ce fût identique quant au sens, voire quant au sens et aux paroles, ou du moins semblable.

Le labeur de l'œuvre achevé, une crainte humaine le tenait, qu'elle ne fût détruite par des jaloux : ceux-ci, aujourd'hui comme autrefois, stimulés par l'envie, ne cessent de défigurer ou même de détruire entièrement tout ce qui se fait, si bon que ce soit ; ils appellent fictions superstitieuses les charismes divins, tromperies de l'imagination les saintes révélations, et récits fabuleux les propos rapportés des saints Pères, comme des gens qui n'ont pas goûté ce qui est de l'Esprit Saint[8] ; mais eux-mêmes ne suivent comme démonstrations certaines que leurs propres inventions topiques ou leurs propositions douteuses. Pourtant, s'il convient d'user d'une prudence consciencieuse dans les choses citées, on ne doit pas les mépriser en toute occasion. Il craignait donc que ce pieux ouvrage, lui aussi, ne fût déchiré par eux à belles dents. Il pensa le cacher

7. Suso reprend ici le thème eckhartien du « pâtir Dieu ».

8. BERNARD DE CLAIRVAUX, *Sermon 79 sur Cant.*, n. 1 : « un cœur froid ne peut absolument pas comprendre un discours de feu. Qui ne sait pas le grec n'entend pas celui qui parle grec, et qui n'est pas latin n'entend pas celui qui parle latin, et ainsi des autres : de même la langue de l'amour, pour qui n'aime pas, sera barbare ; elle sera *comme airain sonnant et cymbale retentissante* (un vain bruit sans signification). »

ou même le supprimer tout à fait. Mais par des signes manifestes et de belles révélations, la Sagesse divine l'empêcha absolument d'en rien faire. Et la Bienheureuse Vierge, apparaissant avec son Fils à une certaine personne, ordonna que tout cela fût communiqué à tous ceux qui aiment Dieu.

# Livre premier

## TABLE DES MATIÈRES

Ce premier livre a pour objet la Passion très précieuse du Christ, qui est de nature à porter beaucoup de cœurs à l'amour fervent, et d'expliquer comment le vrai disciple de la Sagesse doit s'y conformer en ses actes. On y mêle diverses considérations intéressant toutes les âmes et très émouvantes, liées à notre propos.

# CHAPITRE 1

## COMMENT CERTAINS ÉLUS, QUI SONT PRÉVENUS PAR LA GRÂCE DIVINE, SONT MERVEILLEUSEMENT ATTIRÉS VERS DIEU, ET PLUS PARTICULIÈREMENT COMMENT UN CERTAIN JEUNE HOMME FUT ATTIRÉ

*Je l'ai aimée et recherchée dès ma jeunesse, et j'ai tâché de la prendre pour épouse* (Sg 8, 2). Il était un jeune homme connu de Dieu, qui, en la fleur de la prime jeunesse, avait commencé à s'empêtrer dans les vanités du siècle, se laissait prendre aux charmes dangereux du monde et voulait, dans la région de la dissemblance[1], errer hors de l'état de son salut. Pris en pitié par la clémence divine, il fut éclairé d'une manière ineffable, et attiré tour à tour par de douces et d'âpres grâces, il fut à la fin merveilleusement ramené, par l'amour de la Sagesse, aux sentiers de la vérité.

1. *Regio dissimilitudinis :* Cette expression d'AUGUSTIN, *Confessions,* l. VII, chap. 10, n. 16, est chère à Bernard de Clairvaux, que Suso aime tant et cite si volontiers. Cf. GILSON, *La Théologie mystique de saint Bernard,* Paris, Vrin, chap. 2 : *Regio dissimilitudinis.* – Voir aussi le *Sermon* XXVIII de TAULER, trad. Hugueny, Paris, Cerf, 1991, p. 208-213.

**La rencontre avec la Sagesse**

*L'Horloge de Sapience*, XVe siècle, Ms IV 111, Fol. 16v, Bruxelles, Bibliothèque royale de Belgique. Le jeune homme, laïc, élégamment vêtu, dans un jardin clos, est entouré de ses objets d'intérêt : la musique, les bijoux, la chasse. La Sagesse lui apparaît, en lui montrant les Écritures, et l'enveloppe de ses rayons ; mais il n'est pas encore converti et s'étonne de cette rencontre.

En effet, le jeune homme en question, encore enfant et novice, encore inapte à l'amour, s'était mis une fois à lire en la Bible : il rencontra, entre autres, des paroles invitant à l'amour de la Sagesse. Charmé par elles, omettant toutes les autres, *l'ingénieux enfant* (Sg 8, 19) transcrivit ces paroles sur une feuille. Par la suite, assistant fréquemment à la lecture de table, il y entendit comment la Sagesse divine, telle une épouse délicate et une amante chérie, s'offre à aimer à tous. Ayant avec le temps quelque peu grandi, il commença d'avoir un cœur très amoureux, mais où, à quelle fin incliner cet amour, ou ce qu'était l'amour, il ne le savait pas encore.

Il entendait donc fréquemment lire l'éloge d'une si grande épouse, la Sagesse divine. *La Sagesse vaut mieux que tout ce qu'il y a de plus précieux, et tout ce qu'on désire le plus ne peut lui être comparé* (Pv 8, 11). *Elle a la longueur des jours dans sa main droite, et dans sa main gauche les richesses et la gloire* (Pv 3, 16). *Elle est un arbre de vie pour ceux qui la saisissent, et celui qui s'attache à elle est bienheureux* (Pv 3, 18). *Ne l'abandonne pas, et elle te gardera ; aime-la, et elle te conservera* (Pv 4, 6). *Étreins-la, et elle t'exaltera ; elle sera ta gloire, lorsque tu l'auras embrassée* (Pv 4, 8). *Dis à la Sagesse : Tu es ma sœur ; et appelle la prudence ton amie* (Pv 7, 4). L'esprit de l'enfant, ému par ces exhortations, commença à concevoir de la faveur pour cette épouse divine et à l'aimer fortement.

Mais son amour restait celui d'un enfant, car il ne pouvait pas encore comprendre ce qui précède aussi spirituellement qu'il aurait dû ; toutefois, dans cet amour, il ne recherchait rien de matériel ou d'impur, mais il tirait tout cela vers un certain mode abstractif, doucement amoureux, non purement divin, ni pleinement humain. Il était, d'une manière admirable et ineffable, divinement inondé de cet amour et tiré par une sorte de saveur très douce et de goût intérieur. Or, ce jeune homme commença à penser en lui-même et à se dire : « Oh, que de bonnes choses j'entends dire de cette très glorieuse épouse ! Pourquoi donc es-tu négligent ? Pourquoi n'essaies-tu pas de voir si tu es capable de l'avoir pour amie ? Oh, que tu serais heureux, si tu pouvais la prendre pour épouse ! Tu es jeune et fait pour l'amour ; jamais cœur aussi vivant [que le tien] ne pourra rester solitaire et privé d'amour. »

Le lendemain, comme le lecteur de table lisait les Livres sapientiaux, il entendit louer la Sagesse en ces termes : La Sagesse *est plus belle que le soleil et que toutes les constellations des étoiles* (Sg 7, 29). *Si on la compare à la lumière, elle l'emportera* (Sg 7, 29). *Je l'ai aimée, je l'ai recherchée dès ma jeunesse, et j'ai tâché de l'avoir pour épouse, et je me suis épris de sa beauté* (Sg 8, 2). *J'aurai, grâce à elle, de la gloire auprès des foules, et quoique jeune de l'honneur auprès des vieillards* (Sg 8, 10). *Par elle j'obtiendrai l'immortalité et je laisserai à la postérité un souvenir éternel. Entrant dans ma maison, je me reposerai auprès d'elle ; car sa société ne cause aucune amertume, ni son commerce aucun ennui, mais le contentement et la joie. Dans son amitié est une noble jouissance* (Sg 8, 2, 10, 13, 16, 18). *Si tu dors, tu seras sans crainte ; tu te reposeras, et ton sommeil sera doux. Car le Seigneur sera à ton côté, et il gardera tes pas* (Pv 3, 24 et 26). Après avoir entendu ces versets, le jeune homme commença à brûler d'amour, et il se disait en lui-même : « Certainement, si tu parcours toutes les terres, tu ne pourras trouver sa pareille en grâces ! »

Mais il advint que l'instigateur des maux, l'ennemi du genre humain, qui enviait son progrès, insinuait en lui des pensées contraires, en lui disant : « Ô sot, veux-tu aimer l'inconnu, veux-tu épouser ce que tu n'as pas vu ? *Mieux vaut une main pleine avec du repos que deux mains pleines avec du travail* (Qo 4, 6). En effet, ceux qui font leur demeure dans les roches élevées et qui, en amitié, mettent leur nid trop haut, exultent souvent davantage en espérance qu'en réalité, car, dans leurs greniers, au lieu de pâture, ils recueillent le vent. Ne vaudrait-il pas mieux boire son content dans un vase de bois qu'avoir une coupe d'or et souffrir une pénurie de breuvage ? Oui, cette épouse serait tout aimable, si elle ne défendait pas les délices corporels, si elle permettait de faire à volonté des repas et des festins. Or, c'est un fait que tout ce qui est délectable au corps semble contraire à sa doctrine. Elle-même dit en effet : *Qui aime le vin et les repas plantureux ne sera pas sage* (Pv 21, 17[2]), Et de même : *Tu dormiras un peu, tu sommeilleras un peu et tu croiseras un peu les mains pour dormir* (Pv 6, 10). Eh bien ! examine s'il est sur terre une fiancée assez cruelle pour faire cela, pour imposer à ses amoureux tant de lois très dures. »

2. Autrement dit : *celui qui aime le vin et l'huile parfumée ne s'enrichit pas.*

**La tentation**

*L'Horloge de Sapience*, Ms IV 111, Fol. 18v, Bruxelles, Bibliothèque royale. Le Tentateur essaie de détourner Suso de l'amour de la Sagesse pour l'amener vers des festins attirants. Après un instant d'hésitation, Suso passe son chemin.

À ces pensées tentatrices et d'autres semblables, un certain goût intérieur pour la sagesse répondait : « Ô Amand, cher adolescent, considère d'un cœur amoureux que c'est le lot commun de tous les amants de souffrir des malheurs pour l'amour ; qu'il est autant de douleurs en amour que de coquilles sur le rivage. N'est-il donc pas très juste que l'amoureux qui revendique pour lui, par privilège spécial, une épouse si sublime, si belle et incomparablement ornée de toutes les grâces, souffre aussi quelques adversités ? Que dis-je ? Il est certain qu'il doit souffrir courageusement avec d'autant plus d'excès que le prix de son labeur est sans comparaison exquis. Repasse maintenant les innombrables et stupéfiantes [douleurs] que tu as lues ou entendues et que les amoureux de ce monde, ô honte !, supportent pour le plus vain amour ! N'as-tu pas gémi d'apprendre qu'un jeune homme de ta connaissance fut fasciné au point de porter, pour l'amour d'une jeune fille, un fer enfoncé dans sa chair ? Stupéfiante vertu de l'amour ! Combien sont-ils, combien furent-ils ceux qui mirent en péril, et les biens et le corps, et l'honneur et l'âme immortelle, qui s'exposèrent à d'innombrables dangers, parce qu'ils étaient enchaînés ou plutôt aveuglés par l'amour ? *Et eux,* [c'était] *pour recevoir une couronne périssable* et brève, *mais toi,* [c'est pour] *une impérissable* (1 Co 9, 25). *Écoute, mon fils, et reçois ma pensée, et ne rejette pas mon conseil. Engage ton pied dans ses entraves et ton cou dans son collier. Baisse ton épaule et porte-la, et ne te dégoûte pas de ses liens* (Si 6, 23-25). *Tout à la fin, tu trouveras en elle le repos, et elle se changera pour toi en sujet de joie ; et ses entraves seront pour toi une forte protection et un ferme appui, et son collier un vêtement de gloire ; car il y a en elle la beauté de la vie, et ses liens sont des bandages salutaires. Tu te revêtiras d'elle comme d'un vêtement de gloire, et tu la mettras sur toi comme une couronne de joie* (Si 6, 28-31). *Tu auras un petit labeur et trouveras un grand repos. Le vin et la musique réjouissent le cœur ; mais l'amour de la Sagesse les surpasse l'un et l'autre* (Si 40, 20). Ne te laisse persuader par personne de céder, mais avance et, par l'amour, *unis-toi de cœur* (Si 6, 35) à cette épouse. » Ces consolations et d'autres semblables le ranimaient et le confirmaient en son saint projet.

Une fois qu'il était pressé par des raisonnements très subtils de se livrer à l'amour du monde, et d'abandonner Dieu, son cœur, ne pouvant contenir son amour, se répandait devant Dieu, et il disait d'une voix plaintive : « Oh, heureux l'amoureux qui trouve auprès de lui où reposer son amour ! Car, si quelqu'un aime ce qu'il lui plaît d'aimer, il brûle avec joie. Mais, ô douleur, malheureux que je suis d'être privé du fruit d'amour et de la récompense désirée, puisque, dans tous les climats du monde, je ne trouve personne qui réponde à l'amour si grand de mon cœur ! J'ai conseillé à mon âme inquiète de renoncer à l'amour et de passer à la secte des Épicuriens, d'aimer le repos de la chair. Vois, dit-elle, quel bonheur goûtent maintenant d'être repus les gras béliers et les brebis qui paissent dans les prés verdoyants et les pâturages très abondants ; ils ne disent pas en paroles mais montrent par le fait qu'il est des joies d'estomac au-dessus de toutes les joies du monde. Mais toi, du fait de ton amour, tu maigris de jour en jour : tu ne trouves pas ce que tu cherches, et n'es pas content de ce que tu trouves. Écoute donc le conseil du sage : *Que le lait des chèvres te suffise,* dit-il, *pour l'entretien de tes servantes* (Pv 27, 27). Et encore : *il est préférable de voir ce que tu désires que de désirer ce que tu ignores* (Qo 6, 9). Ou, s'il te plaît davantage d'aimer, si tu prétends, par ton amour, atteindre aux demeures célestes, fais au moins en sorte de te pourvoir ici-bas d'objets auxquels t'unir par amour, qui chassent le dégoût et apportent joie à ton cœur. Vois combien d'amoureux on trouve en ce temps, qui gagnent les biens divins sans quitter l'amour des biens qui passent, voulant être aimés de toi sans vouloir pourtant se séparer de l'amour charnel ! *Va* donc, *et fais de même* (Lc 10, 37). »

Le disciple, dis-je, roulant en soi ces pensées secrètes et comme furtives, reçut de la Sagesse divine la réponse intérieure que voici : « Les célèbres amateurs de bonne chère, les nouveaux sectateurs de l'antique secte depuis longtemps condamnée, qui *se préoccupent de la chair pour satisfaire ses désirs* (Rm 13, 14), qui festoient chaque jour splendidement, on se trompe fort si l'on croit qu'ils jouissent du bonheur, à moins qu'ils ne se vantent d'un bonheur de bêtes, eux qui, en effet, ne sont pas différents des bêtes. Mais l'âme généreuse de l'homme raisonnable, élevée vers les hauteurs par la connaissance et l'amour, est rendue heureuse d'un bonheur bien plus haut et plus parfait, quand elle est parfaitement unie à son bien-aimé par la contemplation et l'amour. Peu importe que le bien désiré soit parfois accordé trop parcimonieusement ; un peu de baume est plus précieux que beaucoup de vinaigre. *Le grappillage d'Ephraïm vaut mieux que la vendange d'Abiezer* (Jg 8, 2). Il délire par trop, celui qui veut associer à l'amour divin un autre amour. Deux amours terrestres ne se souffrent pas dans un cœur : comment donc l'amour céleste sera-t-il associé au terrestre ? Il tente des choses absolument impossibles, celui qui pense accoupler une majesté si grande et une vileté si grande. » L'âme dudit jeune homme soutint donc longtemps divers assauts de telles pensées, et son esprit flexible était mû tantôt d'un côté, tantôt de l'autre.

Pendant qu'il luttait ainsi, il advint qu'on lût ces textes ou des semblables : *J'ai trouvé plus amère que la mort la femme qui est un piège de chasseurs, dont le cœur est un filet, et les mains, des liens. Qui plaît à Dieu lui échappera, mais qui est pécheur sera enlacé par elle* (Qo 7, 27), Au contraire, il est dit de l'épouse divine : *J'ai étendu mes rameaux comme le térébinthe, et mes rameaux* [sont] *de gloire et de grâce. Comme la goutte d'encens tombé d'elle-même, j'ai parfumé ma demeure, et mon odeur est comme celle d'un baume sans mélange* (Si 24, 21-22). *Celui qui m'aura trouvée trouvera la paix et puisera le salut auprès du Seigneur* (Pv 8, 35). Ayant entendu cela, le jeune homme disait, par une sorte de clameur intérieure, comme rugissant par excès de sentiment : « C'est vrai, c'est vrai, on ne peut rien dire de plus vrai. Maintenant, c'en est fait, pour moi c'est décidé. Pour sûr, je m'exposerai à la mort, pour m'en faire une amie, une épouse. Elle est l'épouse, et moi, je suis son petit serviteur ; elle est la maîtresse, et moi, son disciple. Oh, s'il m'était permis de parler à cette épouse aimée de prédilection ! Plût à Dieu qu'il me fût donné une seule fois de la voir ! Ah ! Dieu éternel, qui est, quelle est celle dont j'entends lire de telles choses ? »

Et, comme il désirait vivement le savoir, qu'il brûlait de désir, voici qu'une connaissance ineffable s'offrit, dans laquelle cette épouse lui fut manifestée comme suit : un trône d'ivoire, d'une beauté exquise et admirable, apparut dans une colonne de nuée, en laquelle l'épouse en question resplendissait de beauté, en vêtements d'or, couverte de couleurs variées (Ps 45 (44), 10). Sa couronne était l'éternité ; son vêtement, réjouissante félicité ; ses paroles, douce suavité ; ses étreintes, parfait rassasiement de tout bien. Et, comme le disciple voulait familièrement lui parler, elle paraissait être assez proche. Peu après, il la voyait à une très grande distance. Tantôt sa taille dépassait la voûte du ciel suprême, tantôt elle apparaissait toute petite immobile en elle-même, elle paraissait *plus mobile que tout être mobile* (Sg 7, 24). Elle était présente, et pourtant on ne la voyait pas, elle se laissait atteindre, et pourtant on ne l'étreignait pas. *C'est avec force qu'elle s'étendait d'une extrémité du monde à l'autre, mais c'est avec douceur qu'elle disposait toutes les choses* (Sg 8, 1). Et, quand on croyait avoir avec elle une délicate jeune fille, tout à coup on trouvait que c'était un jeune homme très beau ; de temps en temps, elle prenait un visage qui inspirait le plus grand respect, comme si elle était maîtresse de tous les arts ; ensuite elle apparaissait sous un aspect charmant, avec un visage de rose. Sur ces entrefaites, comme le disciple la regardait fixement et, avide d'amour, demeurait en suspens, elle, s'inclinant, aimable, se tourna vers lui et, d'un visage gracieux, les yeux doux et riants, bien qu'une lumière toute divine et stupéfiante pour toutes les âmes rayonnât de son visage vénérable, elle le salua, disant : *Donne-moi ton cœur, mon enfant* (Pv 23, 26). Cette parole entendue le fit fondre d'un excès de douceur d'amour ; comme en extase, il tomba à ses pieds, rendant grâce, magnifiquement délecté par sa présence.

Avec le temps, ces choses tombèrent hors de sa mémoire ; et, de nouveau, des pensées fâcheuses revenant, le tourmentaient au sujet des bienfaits [reçus]. Il était déjà presque noyé dans les flots de la mer, pour cette raison surtout que, de par toutes ces descriptions de la Sagesse, il ne pouvait pas embrasser intellectuellement celui qu'il aimait. Il advint qu'on lût l'apôtre Paul, qui déterminait le point en question avec évidence : il disait en effet que *le Christ est la Vertu de Dieu et la Sagesse de Dieu,* et *qu'en lui sont cachés tous les trésors de la sagesse et de la science de Dieu* (1 Co 1, 24 ; Col 2, 3). Ces paroles, son âme tendre et son palais encore malade[3] ne les goûtaient pas bien, car il n'était pas encore capable d'aimer le Christ sagement, c'est-à-dire selon la divinité, et, dans son amour, il cherchait les [biens] présents plutôt que les futurs.

Enfin, les années d'adolescence écoulées, arrivant à un âge plus mûr, un jour son âme fut ineffablement éclairée : l'esprit en quelque sorte absorbé tout entier, il fut rempli d'un excès de délectation : alors, il fut très pleinement instruit de tout ce qui précède, en sorte qu'il ne changea plus de visage ni d'amour dans son cœur[4].

Dans cette vision n'apparaissait nul corps ni rien de corporel ; et cependant, ce qu'il voyait incorporellement et suressentiellement contenait en soi tout charme possible. Dans ce principe-source ne se trouvaient ni forme ni matière ou image [sensible], mais la pure et très simple Essence, avec la parfaite distinction des Personnes. Certes, dans cette abstraction [des sens], il ne le vit pas par essence, comme il est en soi ; il ne fit que percevoir en lui-même une certaine émanation surnaturelle de rayons divins supralumineux qu'il ne pouvait décrire en paroles. Or, cet objet doux comme le miel, contenant tout bien, qui se montrait alors à lui, n'était pas seulement la Personne du Père ou celle du Fils ou du Saint-Esprit ; ce n'était pas non plus la Déité même en sa très abstraite simplicité, mais c'était l'Essence divine elle-même, prise selon notre manière de

3. Image reprise d'Augustin, *Confessions*, l. VII, chap. 16, n. 22.
4. Cf. 1 S 1, 18.

**La Sagesse en majesté**

*L'Horloge de Sapience*, Ms IV 111, Fol. 1, Bruxelles, Bibliothèque royale.

La Sagesse apparaît de nouveau à Suso, dans une sorte de mandorle, entourée de séraphins. À gauche, Suso, Dominicain depuis peu, dit : *Sentite Domino in bonitate* : « Aimez le Seigneur dans sa bonté ». Au-dessous, divers religieux déchiffrent le message, tandis qu'à droite, en bas de l'image, le commanditaire fait de même.

comprendre, en tant qu'elle est le Bien souverain et ineffable, souverainement aimable, souverainement beau et délicieux et principe originel surexcellent de tous les biens trouvés dans les créatures[5]. Et il comprit que c'était l'Épouse en question, la Sagesse éternelle. Chaque Personne divine prise en soi est la Sagesse, et les trois Personnes sont ensemble l'unique Sagesse éternelle ; cependant, parce que la Sagesse est attribuée[6] au Fils et lui convient en raison de sa génération[7], c'est le Fils bien-aimé du Père qu'il prit l'habitude de désigner ainsi, tantôt, il est vrai, comme Dieu, tantôt comme homme, pour trouver en lui, sous les deux rapports, des exercices de piété et des consolations d'amour.

Après cette grâce, la vie et les exercices spirituels de ce disciple consistaient à s'occuper dévotement de cette Épouse toute divine. Tout ce qui se présentait à lui d'aimable, de beau, de délicieux et d'agréable, il le ramenait à la source d'où procèdent tous les biens. Si parfois une aimable beauté, bien parée, s'offrait à ses regards et si, en même temps, lui venait en pensée que cette beauté-là du moins n'était pas dans son aimable Sagesse, celle-ci répondait : « Soit, mais le rayon lumineux du soleil n'est pas non plus une lumière tirée d'une matière terrestre, cire ou autre liqueur ; il est pourtant une lumière plus pure et plus excellente que toute lumière produite par aucune substance ici-bas. Pareillement, cette beauté n'est rien auprès de celle de son principe exemplaire, le Cœur divin. Si, de cet aimable objet créé, on sépare tout ce qu'il contient d'imperfection, de matière et de fange corporelle, en retenant ce qu'il y a de perfection et de bonté, on trouve tout cela en la Sagesse éternelle, selon un mode plus noble et plus éminent qu'en cette créature ou en toute autre. »

Par ces grâces et d'autres semblables, le jeune homme en vint au point que, chaque fois qu'il entendait des chansons d'amour et autres chants de ce genre, par un très pur sentiment de cœur, il réorientait tout cela, comme stimulants de son amour même, vers cette sienne Sagesse qu'il aimait. Ô combien de fois il étreignit d'embrassements ineffables cette très douce amie unique de son cœur, avec une tendresse très ardente, ses yeux laissant couler de

5. Richard de Saint-Victor, *Benjamin Major,* IV, 23.
6. Par appropriation.
7. Parce que le Fils procède, par voie d'intelligence, et qu'il est le Verbe.

douces larmes d'amour, ses bras d'amour tendus par le désir, dans l'intime de son cœur ! Qui peut dire les amoureux regards dont souvent elle le régalait et les secrets silences où il jouissait du goût très doux de sa présence ?

Parfois aussi, lorsque, après None, quelques frères demandaient la permission d'aller en ville visiter des amis, ledit jeune homme gagnait un endroit secret et commençait à parler à son amie : « Ah, maîtresse d'amour, intimement gravée par-dessus tout en mon cœur, considère que l'amour est une force unitive, unissant, ou plutôt transformant, l'amant en l'aimé ! Ah, je te prie, viens, toi aussi, mon amie ! Viens dans mon cœur, cloître réservé à toi seule, ordonné par ton amour et décoré de roses. *Viens,* dis-je, et là, *enivrons-nous des délices* de ta consolation*, et jouissons des embrassements que nous avons désirés* (Pv 7, 18). »

Et donc, par ces grâces et d'autres semblables, il lui arrivait fréquemment, sous la véhémence de l'amour, de sentir son cœur s'embraser et trahir, par ses élans et battements puissants, cette violence d'amour ; de profonds soupirs révélaient l'ardeur de sa charité de feu. Et de même qu'un petit enfant encore incapable de parler, que sa mère tient sur ses genoux, désire sourire joyeusement à sa mère et, par des mouvements de tête et un élan de tout le corps, se presse contre elle, de même son cœur à lui, au milieu de sa poitrine, exultait en présence d'une majesté si grande, s'élançait et, par son désir de feu, démontrait, avec toute la véhémence possible, la présence de son aimé. Et, d'une voix de fête, il disait mentalement à son épouse, la Sagesse divine : « Ô toi, très noble impératrice de mon cœur, reine très belle et dispensatrice de toutes les grâces, j'ai en toi richesse et gloire, délices et abondance de tous biens ; par toi me vient tout ce qui peut être souhaité. » Comme il ruminait doucement ces pensées, son visage aussitôt devenait joyeux, son cœur jubilait, son âme exultait et dans son exultation s'écriait : « *J'ai aimé la Sagesse plus que la santé et que toute beauté, et j'ai résolu de la prendre pour ma lumière. Tous les biens ensemble me sont venus avec elle* (Sg 7, 10-11). »

**Différentes rencontres avec la Sagesse**

*L'Horloge de Sapience*, Ms IV 111, Fol. 20v, Bruxelles, Bibliothèque royale.

La Sagesse domine toute la scène, elle la remplit de la douce senteur du térébinthe (Si 24, 21-22). Dans une main, elle présente un vase de parfum, dans l'autre, le Livre d'où est tiré le texte, ce qui vise à faire comprendre que la Sagesse est douce et pleine de grâce. Le disciple veut saisir la Sagesse et tente de l'étreindre ; elle lui dit alors : « Donne-moi ton cœur mon enfant ».

La lecture au réfectoire présente l'épouse divine. Elle dit : « J'ai étendu mes rameaux comme le térébinthe et mes rameaux sont de gloire et de grâce » (Si 24, 21-22).

En bas, Paul de Thèbes apparaît à Suso et lui dit : « Le Christ est la Vertu et la Sagesse, qui contient en soi tous les trésors de la sagesse et de la science ».

# CHAPITRE 2

## COMMENT LA PASSION DU CHRIST EST LE PRÉAMBULE DE LA CONNAISSANCE DE LA DIVINITÉ ET EN QUEL ÉTAT LE CHRIST FUT RÉDUIT PAR LA RIGUEUR DE SA PASSION

Au temps où cela se passait, le disciple, ayant pris confiance en Dieu, parle[1] à son amie qu'il avait épousée, en lui disant : « Ô très aimante Sagesse, qui seule connais parfaitement la nature du cœur amoureux, tu sais avec évidence que nul ne peut aimer ce qu'il ne connaît pas ; or, tu me demandes de t'aimer uniquement et de rendre mon aimé aimable à tous ; donne-moi donc de te connaître davantage, pour que je puisse mieux accomplir ce que tu ordonnes et enseignes. »

LA SAGESSE : Le processus d'émanation[2] des créatures à partir de Dieu, sommet suprême des êtres selon l'ordre de la nature, a lieu par descente des plus parfaites aux plus imparfaites, car toutes les perfections des êtres descendent dans un certain ordre de Dieu, pôle suprême des choses[3]. Mais il est naturel à l'homme de commencer par les réalités inférieures et, montant par degrés, de s'avancer dans

1. Au présent dans le texte.
2. *Processus emanationis*.
3. Thomas d'Aquin, *Somme théol.*, p. I, q. 110, a. 1. – *Qu. disp. Vérité,* q. 5, a. 8. Cf. Denys, *La Hiérarchie céleste,* chap. 4, n. 3.

la connaissance des choses divines. Si donc tu désires parvenir à la connaissance de la divinité, il te reste à apprendre, par l'humanité assumée et la Passion de l'humanité, comme par une voie royale, à monter par degrés à des mystères plus hauts[4].

LE DISCIPLE : Ô Sagesse éternelle qui, du trône élevé des demeures royales du cœur du Père éternel, es descendue dans cette vallée de misère et, trente-trois ans, as enduré l'exil de ce monde ; qui as voulu montrer par le mystère de ta Passion et de ta mort très amères l'excès d'amour dont tu aimas le genre humain, je te conjure, du plus profond de mes entrailles, par cette charité ineffable de ta mort, de daigner te montrer à moi en la forme et en l'état tout aimant où tu t'es réduit par la douleur de cette très amère Passion.

LA SAGESSE : Plus j'apparais, pâlissant d'excès d'amour et de douleur, enlaidi par l'enténèbrement de la mort, et plus je serai aimable au cœur amoureux et à l'âme bien préparée. De même que l'amant désire, par nature, être aimé en retour, de même demande-t-il à l'aimé des témoignages de son amour ; car l'amour enfermé dans le cœur n'est connu de personne que de l'amant. Aussi bien les amants ont-ils coutume de demander à leurs aimés, en insistant de toutes leurs forces, des signes et des marques de tendresse. La plupart du temps, la langue reste muette, mais l'état où l'on est mis trahit la force de l'amour enclos dans le cœur, et des signes extérieurs proclament ce qui se cache au-dedans. Et parfois même il advient que des traits qui sont jugés laids par celui qui n'aime pas soient exaltés par les amants comme beauté singulière de l'aimé.

LE DISCIPLE : Oui, je le sais, en l'amour de ce monde, c'est vraiment comme tu dis ; mais je ne vois pas encore clairement comment cela peut être en un homme crucifié, car si l'aimé de ce monde a parfois en lui quelque chose de déplaisant, même pour l'amant, il a maints autres traits qui conviennent à l'amour et charment le regard. Mais cet Aimé, défiguré par la douleur de la mort,

4. Cf. Augustin, *Traités sur Jean,* XIII, n. 4 ; *Sermon* 141, n. 4 ; 261, n. 7. *La Cité de Dieu*, l. IX, chap.15 ; Thomas d'Aquin, *Comp. theologiae*, chap. 2 : *Christi humanitas via est, qua ad divinitatem pervenitur* ; cf. *Comm. Jean*, XIV, 6 ; *Quodlibet* VIII, a. 20.

je ne comprends pas comment il peut paraître aimable : son état semble par trop contraire à l'amour, car au-dehors il est souillé de meurtrissures et au-dedans il se flétrit de douleur ; il ne montre aux yeux des amants *ni charme ni beauté* (Is 53, 2) : il est plein de douleurs et de misères. Comment donc déclares-tu aimable celui que l'évidence du fait montre misérable ?

LA SAGESSE : Les vrais amoureux n'ont guère souci de l'épine qui produit la rose, pourvu qu'ils aient la rose qu'ils désirent avoir. Et les vrais sages se gardent de préférer les beaux écrins dorés, pleins d'objets sans valeur, aux coffres les plus vils, contenant et cachant des ornements de grand prix. Ainsi, les épouses de ce monde offrent en apparence douceurs et suavités, mais ensuite, *elles répandent le venin comme le basilic* (Pv 23, 32) : au-dehors, *elles brillent de couleur rose et d'une blancheur de neige* (Est 15, 8) ; au-dedans, elles sont pleines d'une pourriture virulente, de pus et d'ordures. En paroles, elles aiment ; en actes, le plus souvent, elles sont infidèles. Au contraire, l'épouse de ton âme, la Sagesse éternelle, au-dehors, d'apparence, on la tient pour basse, abjecte et méprisable ; au-dedans, elle est ornée d'une salle de festin de vive lumière. La chair au-dehors paraît morte, mais à l'intérieur resplendit l'éclat de la divinité invisible. La chair apparaît misérable, mais ce qu'elle est dans la gloire est caché. Si tu crois les choses viles, crois aussi les magnifiques. Le Bien-Aimé, que tu vois du dehors si défiguré, il est si beau que, s'il t'était donné de le voir un seul moment en sa beauté, tu succomberais nécessairement au charme de sa lumière, à la beauté de son visage, à l'immensité de ses joies, car *nul ne peut le voir et vivre* (Ex 33, 20). C'est en lui, en effet, *que les anges désirent plonger leurs regards* (1 P 1, 12). Or, l'état et la forme extérieure du corps mis à mort ne doivent pas être estimés comme une laideur comme tu le crois, mais comme une extrême beauté, car tu ne dois pas considérer en quel état il paraît à la vue, mais quels tourments il a soufferts, et la cause, et la fin. Si tu demandes la cause, il est constant que c'est l'excès de charité et d'amour ; si tu demandes la fin, il est certain que c'est pour toi : il veut, par son enlaidissement, te faire beau ; par ses meurtrissures, te guérir ; par sa mort, te conférer l'immortalité de la vie éternelle. Ainsi, regardant l'Aimé des yeux de l'amour, tu le verras plein d'amour et de dilection, n'aimant pas seulement en paroles, comme certaines amantes, mais prouvant son amour par des faits, aimant dans la mort et jusqu'à la mort. La forme et l'état où l'homme extérieur fut réduit par la rigueur de la Passion expriment donc à l'évidence plus d'amour qu'ils ne révèlent de disgrâce. Et il importe peu que la chose échappe à qui n'aime pas, car la lumière est odieuse aux yeux malades, elle est aimable aux yeux sains[5].

LE DISCIPLE : Vraiment, sans nul doute, c'est ainsi. Heureux les yeux qui le voient ! Ce n'est pas le fait de tous mais de peu, à savoir des amants fervents. *La grâce est* donc *trompeuse, et la beauté vaine* (Pv 31, 30), et à bon droit sera tenu pour fou celui qui aime sur l'apparence et non d'après la réalité, car, prenant pour vrai le faux, il sera privé du fruit désiré.

LA SAGESSE : Pour graver à jamais dans ton âme le souvenir vivant et salutaire de ma Passion, pour présenter plus amplement à tes oreilles très pieuses mon art et mes œuvres d'amour, je t'expliquerai brièvement quelques traits de cette Passion.

5. Voir Augustin, *Confessions*, l. VII, chap. 16, n. 22.

## CHAPITRE 3

### DE CERTAINES SOUFFRANCES DU CHRIST, ET COMMENT UN VRAI AMOUREUX DOIT S'Y CONFORMER, ET POURQUOI DIEU VOULUT RACHETER LE GENRE HUMAIN PAR UNE TELLE MORT

*Avant le jour de Pâques, après la dernière cène* (Jn 13, 1-2) avec mes disciples, *sur le point de passer de ce monde à mon Père* (*ibid.*), je sortis avec les onze et partis pour le Mont des Oliviers : là, *je tombai en agonie, je priai longuement* (Lc 22, 39-44), et, à la pensée des cruels supplices prêts à fondre sur moi, *ma sueur devint comme des gouttes de sang coulant à terre* (*ibid.*). À peine, en effet, un homme vivant sous le ciel pourrait-il croire quelles angoisses, quelles véhémentes et terribles pressions de la mort ma nature délicate, par horreur de la mort, sentit en sa présence. C'est alors que vinrent les fils des ténèbres : ils me capturèrent fort brutalement, me lièrent avec cruauté et me ramenèrent en ville. Les sacrilèges passèrent cette nuit à m'infliger divers supplices et, se rassasiant de mes peines, m'affligèrent de moqueries et de coups, d'injures et d'opprobres sans nombre. À l'envi, honteusement, ils couvraient de crachats mon aimable visage, bandaient mes yeux, me frappaient la nuque en se moquant. Le matin venu, je confessai la vérité dans la salle d'audience de Caïphe : ils criaient tous à la fois que je méritais la mort. Celle qui m'engendra de son sein maternel fut frappée de douleur pour moi et *pleura d'intarissables larmes* (Tb 10, 4) en me voyant réduit à de tels opprobres et angoisses.

Ensuite, je fus mené devant le gouverneur Pilate, accusé, condamné. Mes ennemis me regardaient avec des yeux terribles, et *tels des géants, se dressaient contre moi*[1], mais moi, *comme un doux agneau qu'on va immoler* (Jr 11, 19), j'étais debout, la tête inclinée, le cœur très patient. Après cela, vêtu par Hérode d'une robe blanche, je fus raillé comme un bouffon. Ils frappèrent mon beau corps de fouets très acérés, ils percèrent ma tête délicate d'épines poignantes ; ma face aimable était souillée de crachats et de sang qui coulait. Enfin, ainsi condamné, les épaules misérablement chargées d'une croix, ils m'emmenèrent au lieu du supplice, criant avec force : *Enlevez-le, enlevez-le, crucifiez* (Jn 19, 15) le malfaiteur !

LE DISCIPLE : Ô Piété suprême, si le début de ta Passion fut si amer, hélas, quelles seront l'issue et la consommation d'une telle douleur ? En vérité, de voir un animal sans raison souffrir de telles cruautés me rendrait malheureux ; combien plus de te voir, toi, le Créateur de toutes choses et le plus beau des hommes, endurer tourments et supplices si atroces ! Il est donc bien juste que, par un sentiment intime du cœur et de toutes mes entrailles, mon âme compatisse avec toi !

Mais il est une chose que je désire savoir de toi, et dont je ne cesse de m'étonner. Voici, je cherche ta divinité : tu montres ton humanité ; je cherche ta douceur : tu offres ton amertume ; je demande à boire le lait au sein : tu donnes à livrer de rudes combats. Ô Sagesse éternelle, pourquoi fais-tu cela ? que veux-tu montrer par-là ?

LA SAGESSE : Sache qu'il n'est donné de parvenir à la hauteur de la divinité ou à une douceur peu commune qu'à ceux qui, tirés par un pieux sentiment de foi et d'amour, passent par l'amertume de mon humanité et de ma Passion. Qui la néglige, plus haut il s'élève, plus bas il tombe. Elle est en effet la voie par où l'on va, la porte par où est accordé l'accès à la fin désirée. C'est pourquoi dépose maintenant toute crainte peureuse de ton cœur, arme-toi de courage viril. Agis avec constance et, dans la mêlée, comporte-toi vaillamment : il ne convient pas au serviteur d'être dans les délices, tandis qu'il voit son maître livrer un âpre combat. Regarde avec

1. *Bréviaire* OP, Vendredi saint, noct. 3, répons 7.

l'œil de l'âme le nombre des braves soldats de David[2] : si, devant militer spirituellement pour le roi, tu désires être compté parmi eux, il faut d'abord que tu déposes toute lâcheté et qu'à l'exemple des trois braves soldats de David tu gardes l'âme égale dans la prospérité comme dans l'adversité, que tu traverses les rangs ennemis et que, puisant l'eau à la citerne de Bethléem, tu offres au souverain Roi le breuvage désiré[3], t'exposant à toutes les peines pour obéir au seul bon plaisir de sa volonté. Revêts, tel un géant, ton équipement de guerre, prends ton armure. Que l'écuyer ne précède pas, mais suive son maître. Du calice où j'ai bu tu seras abreuvé, et les adversités que j'ai supportées, spirituellement, dans la mesure de tes forces, tu les souffriras toi aussi. Ton cœur sera angoissé par la mortification continuelle de ta sensualité rebelle à la raison et par l'assaut de multiples tourments te disposant à mon amour ; il sera ainsi comme inondé d'une sueur de sang. Je désire enrichir le jardin que tu plantes de fleurs de roses, c'est-à-dire d'angoisses et de tourments. Car, en triomphant d'habitudes invétérées, tu seras fait captif et comme lié. Tu souffriras de mes adversaires des calomnies cachées, des injures et des hontes manifestes. Mais tu souffriras aussi ma Passion dans ton cœur, comme ma mère très fidèle la souffrit dans le sien. Tu souffriras de la part de beaucoup des critiques et des jugements injustes, des médisances nombreuses de la part des jaloux, et ta tête sera comme couronnée d'épines, quand tes exercices spirituels seront étouffés par les aiguillons de l'envie. Puis *tu sortiras du camp* avec moi et *tu porteras mes outrages* (He 13, 13), quand tu quitteras, par l'effet de tout ton pouvoir, à la fois toi-même, ta volonté propre et toutes les créatures qui sont obstacle à ton salut, comme un mourant abandonne tout, son dernier souffle venu. Aie bon courage et *prépare ton âme à l'épreuve* (Si 2, 1), car *ce qui arrivera, je te l'ai annoncé* (Gn 49, 1).

LE DISCIPLE : Ô abîme insondable des jugements de Dieu ! Ô sentence redoutable du plan éternel ! Pourquoi, s'il est permis de le dire, n'as-tu pas décrété de sauver le genre humain d'une autre manière, plus tranquille ? Oh, s'il était permis à des misérables de te le dire, pourquoi as-tu agi ainsi ? Ne pouvais-tu, en ta Sagesse

2. Voir 2 S 23, 16.
3. 2 S 23, 15.

éternelle, trouver une autre façon de nous montrer ton amour, et en t'épargnant de si grandes douleurs, nous dispenser de si grandes compassions ? C'est à bon droit que ton saint prophète autrefois a osé combattre en quelque sorte ton dessein par cette mystérieuse remarque : *Pourquoi seras-tu comme un homme errant, comme un homme fort qui ne peut pas sauver* (Jr 14, 9) ?

LA SAGESSE : La substance divine dépasse, par sa vertu, toute forme saisissable à l'intelligence humaine, et celle-ci, ne pouvant la comprendre elle-même, ne peut pas non plus scruter la profondeur des décrets par où elle mène toute créature à sa fin. Il faut donc, pour tout ce qui dépend du seul bon plaisir de la volonté divine, se garder de toute enquête curieuse et excessive, de peur qu'à vouloir *sonder la majesté divine, on ne soit écrasé par sa gloire* (Pv 25, 27). Dans l'immensité de sa Sagesse, Dieu pouvait, par sa vertu toute-puissante, restaurer la nature humaine de bien d'autres manières, mais, dans les conditions actuelles, aucune façon ne convenait mieux.

Dans ses œuvres, en effet, l'Auteur de la nature ne considère pas la transcendance de sa vertu, mais ce qui convient à chaque créature, suivant sa nature. Si l'homme, vu l'imperfection de son intelligence, ne sait, par raisonnement scientifique, que fort peu de choses, même naturelles et inférieures, et n'acquiert d'ailleurs ces connaissances qu'à force d'études et par un long labeur ; si par nature il va du visible à l'invisible, du corporel au spirituel, comment, je te prie, les mystères divins, surtout ces beaux principes de foi qui dépassent tout pouvoir de l'intelligence, pourraient-ils être connus plus harmonieusement que par la révélation de cette Sagesse divine, vérité infaillible, vêtue de chair ? *Ainsi les perfections invisibles depuis la création du monde seraient rendues visibles à l'intelligence par le moyen de ses œuvres* (Rm 1, 20), et son éternelle vertu et sa divinité seraient connues par le moyen de l'humanité assumée.

Et l'homme, qui a perdu les joies par une jouissance désordonnée, par quel ordre plus beau aurait-il dû recouvrer les joies perdues, sinon par le tourment temporel ?

Au surplus, *le chemin qui mène à la vie est étroit et ses sentiers resserrés* (Mt 7, 14) ; avant l'Incarnation, ils étaient peu frayés. Comment donc ce chemin pouvait-il devenir plus facile qu'en étant d'abord suivi par celui qui l'enseignait ? Par ses souffrances très amères, n'a-t-il pas aplani la voie laborieuse ? N'est-elle pas devenue plus aisée à la créature, une fois que le Créateur l'a foulée si fréquemment ?

Considère encore ceci, qui te concerne. Si, ayant mérité la mort, tu devais être exécuté par décision de justice et si quelqu'un recevait à ta place, dans son corps, le coup du bourreau et te permettait de t'en tirer sans blessure, pourrait-il te témoigner plus grande charité et amour ou te rendre davantage son débiteur et mieux t'inciter à l'aimer en retour ?

Interroge une à une les créatures, et *elles t'enseigneront* (Jb 12, 7-8) l'ordre de tout l'univers, et *il te répondra* (*ibid.*) qu'il ne saurait être façon plus belle et plus convenable à la fois d'observer la justice, et de montrer la miséricorde, et d'exalter la nature humaine, et de répandre la bonté divine, enfin de pacifier le ciel et la terre, que par la douleur d'un si grand médiateur et l'amertume de sa mort même.

Ne t'effraie pas du labeur des élus, ne te laisse pas briser par les périls contraires ! L'ineffable présence de ma suavité même et la douceur de l'amour admirable feront, ou bien ne pas sentir, ou bien supporter aisément toutes les adversités, par *l'onction qui enseigne* (1 Jn 2, 27). Du privilège de la consolation spirituelle ou de la grâce de la vérité d'En-Haut, qui ne jouira davantage que celui qui souffrira pour moi les plus durs tourments ? Qui a plus souvent goûté la douceur de la noix s'inquiète moins de l'amertume de l'écorce. De même, l'athlète qu'on sait disposer, au combat, d'une aide courageuse et propice, on estime qu'il a déjà, pour une bonne part, triomphé. Ainsi, ne perds pas courage, mais garde toujours ma Passion dans l'esprit, imprime-la dans ton cœur comme dans un livre, et efforce-toi de t'y conformer, autant que tu peux. Et maintenant, désirant t'inculquer plus affectueusement l'amertume de ma Passion salutaire, nous pousserons plus loin l'ordre de son récit.

M'ayant conduit hors du camp, ils me suspendirent au gibet de la croix, entre deux brigands, pour que ma mort apparût plus honteuse. Ainsi crucifié, *assiégé des plus cruelles douleurs de la mort* (Ps 18 (17), 5), mes yeux lumineux furent enténébrés, mes oreilles divines remplies de moqueries, mon odorat affligé de mauvaises odeurs, ma bouche très douce emplie de l'amertume d'un breuvage mêlé de fiel ; *ils me frappèrent, me blessèrent* (Ct 5, 7), et, de coups très durs, ils déchirèrent ma chair : d'atroces filets de sang s'en échappèrent qui, coulant çà et là sur mon corps délicat, le montrèrent à tous ensanglanté. Oh, si tu m'avais vu à cette heure, pendant si misérablement au gibet, ton âme eût défailli de douleur ! À cette heure, à ce moment déplorable, toute la vaste terre me manquait. Je n'avais pas où pencher ma tête accablée de misères : inclinée, elle pendait. Ils avaient meurtri mon cou de soufflets et de coups, souillé de crachats mon beau visage : au lieu de la couleur vive, une sombre pâleur avait envahi ma face, et toute ma grâce était éteinte et morte, au point que je n'avais plus l'aspect qui m'est dû, mais, *tel celui de quelque lépreux, mon aspect paraissait avili* (Is 53, 4, 2).

**Suso à la Crucifixion**
*L'Horloge de Sapience*, Ms IV 111, Fol. 27, Bruxelles, Bibliothèque royale. À gauche, le Serviteur est témoin de la Crucifixion, guidé par la Sagesse.

LE DISCIPLE : Oh, qui me donnera maintenant de contempler à mon gré ta face aimable, sous cette forme de deuil et, mon cœur fondant, de l'arroser d'une forte pluie de larmes ! Oh, miroir de pureté, objet très beau de toutes les vertus et les grâces, *en qui les anges désirent plonger leurs regards* (1 P 1, 12) ! Le fixant de leurs yeux avec des regards charmés, ils jouissent d'une félicité sans lassitude. Qui donnera à mon cœur un sentiment de compassion si excellent et souverain que par son immensité, il surpasse la compassion dont sont émus tous ceux qui brûlent d'amour singulier ! Oh, si je pouvais verser les abondantes larmes de tous les yeux, avoir les voix éplorées de toutes les langues, au point qu'il me fût donné de payer de retour d'autant plus efficacement ta Passion !

LA SAGESSE : Nul ne paie mieux de retour ma Passion que celui qui la suit, non seulement en paroles mais en actes, *qui porte* constamment *les stigmates sur son corps* (Ga 6, 17), c'est-à-dire les œuvres de la croix, en marchant humblement sur mes traces, c'est-à-dire en foulant aux pieds la prospérité, sans craindre les adversités, qui tend toujours, avec un ardent désir, au sommet de la perfection spirituelle. Je te le dis, je ne tiendrais pas pour aussi agréables même des pluies de larmes aussi abondantes qu'il est d'eau dans les gouffres : quoique les larmes pieuses, versées par compassion, soient, elles aussi, aimables et agréables à Dieu.

LE DISCIPLE : Très aimante Sagesse, voilà pourquoi je désire apprendre de toi comment, dans les souffrances en question, je dois me conformer à toi.

LA SAGESSE : *Détourne les yeux* (Ct 6, 4) pour qu'ils ne voient pas d'objets dangereux, tes oreilles pour qu'elles n'entendent pas de vains discours ; et, au lieu du doux, prends l'amer. Écarte de ton corps les délices superflus et désordonnés ; cherche en moi seul la paix et le repos de ton cœur. Reçois joyeusement tous les tourments. Soutiens patiemment les maux qu'on te fait et désire paraître méprisable aux yeux de tous. Apprends à vaincre en tout ta volonté et à mortifier constamment les convoitises de ta chair pour l'amour de ton Sauveur mourant pour toi. Tels sont, mon fils, tels sont, te dis-je, les premiers principes que la Sagesse éternelle vous livre, à toi et à ses autres amants : ils sont, comme tu vois, gravés dans ce livre ouvert, autrement dit dans mon corps crucifié.

LE DISCIPLE : La fidélité de ta rédemption est si abondante et si grande, elle dépasse tant les pensées de tous les mortels que, même mis à part tous tes autres multiples bienfaits, la seule immensité et la si pieuse fidélité de ta Passion d'amour méritent de ravir à soi tout sentiment de dilection. Mais maintenant, ô Sagesse éternelle, mon âme, de nouveau, a grand soif d'entendre de toi ce qui, pour des miséreux, a une si douce saveur. Je t'en prie, dis-moi, que veut un si grand amour ? Ou qu'as-tu pensé lorsque tu as voulu souffrir des douleurs si amères ? Pourquoi n'as-tu pas pourvu à toi-même, pourquoi ne t'es-tu pas épargné ? Car, sans aucun doute, il t'eût été loisible de nous sauver plus facilement, s'il t'avait plu de le faire.

LA SAGESSE : La grandeur de l'amour ne me l'a pas permis. La flamme de charité sévissait tant qu'elle n'a voulu rien épargner, qu'elle n'a accepté de rien rabattre. Elle brûlait en moi d'une telle ardeur ! Nul homme assoiffé ne désira jamais avec tant de ferveur les sources limpides, ni mourant n'aima tant la vie, désirée de tous les mortels, que moi, par amour, j'avais soif de sauver les pécheurs et de me montrer aimable à eux. Il serait plus facile de faire revivre le jour passé, de faire refleurir les fleurs desséchées depuis le début du monde, de recueillir les gouttes innombrables des pluies, que de mesurer ou estimer l'immensité incompréhensible de ma charité et amour. C'est pourquoi mon beau corps fut lui aussi marqué de douleurs innombrables, comme d'autant de signes d'amour si nombreux qu'on ne trouverait pas en mon corps crucifié un seul point ne brillant pas de douleur et d'amour singulier. Et cela, il t'est donné en partage de le voir en quelque façon dès à présent.

Vois donc mes deux mains, longues et belles, très durement percées de clous, mes bras atrocement étendus, mes pieds perforés, mes jambes épuisées croisées violemment par un lien. Regarde les membres délicats de mon corps si étroitement assujettis, couverts et inondés de sang. Mon corps gracieux de beauté juvénile est déchu de sa fleur et desséché. Le bois de la croix était pour mon dos délicat un très dur appui. Mon corps pesant percé de clous était tiré en bas par sa masse, ce qui augmentait la douleur de mes blessures. Qu'ajouter ? *De la plante des pieds au sommet de la tête* (Is 1, 6), ils me remplirent de très cruelles blessures et de très amères douleurs. Ils menèrent ma vie au lac de la mort ; ils ne m'ont pas épargné, mais m'ont rempli d'amertume ; et ils ont tourmenté le roi de gloire de tortures recherchées. Et toutes ces blessures d'amour, je les ai souffertes avec un grand désir de cœur, pour guérir, par mes meurtrissures, les blessures des péchés, pour donner satisfaction pour les pécheurs misérables et réconcilier au Père céleste tous ceux qui veulent lui revenir.

# CHAPITRE 4

## COMMENT L'ÂME, QUI A PERDU L'ÉPOUX PAR LE PÉCHÉ, LE TROUVE SOUS LA CROIX PAR UNE PÉNITENCE FERVENTE, À L'AIDE DE LA PASSION DU CHRIST

Répandez des larmes, mes yeux, pleurez, ne vous arrêtez pas. Que toutes les choses joyeuses de ce monde s'écartent ; que toutes celles qui me semblaient capables de consoler s'éloignent et me laissent chercher la solitude amie du chagrin, compagne de la tristesse, pour pouvoir pleurer les maux soudains qui me sont venus de la nuée des péchés et m'ont conduit, autrefois jouissant de joyeux succès, fleurissant de beauté, de jeunesse, à la misère présente. Rentre donc en hâte en toi-même, ô mon âme, dépasse tout ce qui s'écoule, explore le vaste désert des plus profondes tristesses, gagne les monts élevés des misères évoquées et, d'un cœur blessé, d'une voix éplorée, d'une lamentation de misère, crie si fort que cette voix lamentable atteigne les hauts sommets des monts et des collines et les hautes puissances de l'air, jusqu'à la voûte suprême du ciel, et parvienne aux oreilles pleines de pitié des esprits célestes. Donne-leur l'assaut en criant : Ô pierres vivantes, monts sublimes, champs lumineux des demeures astrales, qui me donnera que ce feu véhément brûlant mes entrailles d'une ardeur extrême, et que mes larmes très amères, coulant déjà très abondantes, vous émeuvent à compatir avec moi et à soulager ma douleur ? Douleur incomparable, qui fait violence à mon cœur, torture le fond de mon âme et m'oppresse jusqu'aux moelles !

Hélas, malheureuse que je suis, moi que cet époux céleste avait prévenue de sa charité, nourrie, choisie pour épouse, *munie du gage de son anneau et parée d'ornements*[1] multiples ! *J'ai reçu* fréquemment *le miel et le lait de sa bouche*[2] d'où coule le miel. J'ai joui parfois du baiser de ses lèvres. Parfois même, cet époux spirituel, amoureux des lis, m'avait consolée d'étreintes d'esprit et remplie de biens multiples. Mais moi, misérable ingrate, pour tous ces dons, *quand j'étais en honneur, je n'ai pas compris* (Ps 49 (48), 13), mais j'ai fui loin de lui, je suis partie, je l'ai renié. Malheur à moi, je l'ai perdu ! Malheur à moi, j'ai délaissé l'unique joie de mon cœur ! *J'ai délaissé la veine des eaux vives, le Seigneur* (Jr 17, 13). Aimée autrefois de l'Aimé, je me suis éloignée de lui, je me suis séparée de lui infidèlement.

Hélas, pourquoi, misérable, ai-je voulu faire cela ? Pourquoi l'ai-je quitté ? Ah, que de biens et quels biens j'ai perdus avec lui ! Car je me suis perdue moi-même et j'ai offensé tous les esprits célestes. Les tristesses sont venues, toutes les consolations m'ont abandonnée. Je suis assise, nue, veuve, désolée, pleine de confusion et d'ignominie, car, ô douleur, mes faux amants, vrais trompeurs, m'ont déçue et misérablement délaissée et dépouillée de tous les biens dont l'Aimé m'avait enrichie. Ô perte d'honneur, perte des joies et privation de toute consolation, car *en une heure est venue* (Ap 18, 10) la perte complète de tout ce que j'avais de richesses désirables. Je ne pourrai plus être consolée ; mais ce sera ma plus grande consolation de ne recevoir aucune consolation, de toujours gémir et pleurer, jusqu'à ce que je m'éteigne de mort misérable. Malheur à moi, où me tourner, à qui aller ? *Qui me consolera* (Is 51, 19) ? Voici que tout le monde m'a délaissée, car j'ai délaissé mon Aimé.

Hélas, pourquoi ai-je fait cela ? Oh, quelle heure misérable que celle qui connut ce mal ! Ô roses rougissantes, lis blanchissants et violettes inviolées, c'est-à-dire âmes saintes et immaculées, regardez maintenant la fleur tardive que je porte. *Considérez-moi et voyez-moi* (Lm 1, 12), semblable au buisson d'épines, et imprimez-vous au cœur combien vite sèche et tombe la fleur que le monde cueille : il ne me reste plus rien, sinon que, vivante, je meurs ; fleurissante, je

1. *Bréviaire* OP, Fête de S. Agnès, noct. 2, rép. 4.
2. *Ibid.*, rép. 5.

sèche ; jeune, je vieillis avant le temps, et saine, je deviens languissante. Mais tout cela n'est rien auprès du seul mal d'avoir offensé ton aimable face paternelle et par-là, en toi, contristé l'Aimé. Voilà ce qui est pour moi l'enfer et la douleur au-dessus de toute douleur. Ô mon doux [Époux], je succombe en esprit en me rappelant de quelle grande charité et amour tu m'avais prévenue, avec quelle grande douceur tu m'avertissais et combien amicalement autrefois tu me tirais à toi. La douleur me presse d'avoir été ingrate pour tous ces bienfaits, d'avoir eu si peu souci de si grands biens, et si légèrement jeté un si grand trésor.

Ô présence souhaitée de la mort malheureuse, *pourquoi tardes-tu* (Si 51, 32) *?* Pourquoi ne m'enlèves-tu pas ? Ô force trop grande du cœur humain ! Tant souffrir et ne pas succomber ! Ô dureté de fer de mon cœur : être pressé d'excessive douleur et ne pas se rompre ! Écoutez-moi, fleurs divines, et souffrez avec moi, vous tous, pieux amoureux. Autrefois j'étais cette aimée, décorée d'un nom très excellent, appelée l'épouse du souverain roi. *Olivier fertile, beau, riche en fruits, gracieux, tel est le nom que le Seigneur m'avait donné* (Jr 11, 16).

Hélas, malheureuse, maintenant je ne suis pas digne d'être appelée sa cuisinière, d'être chargée de l'office de lavandière. De rougeur et de honte, je n'ose plus du tout lever les yeux ni ouvrir la bouche vers lui. Ô angoisse du cœur ! *Des angoisses m'entourent de tous côtés* (Dn 13, 22), *et j'ignore ce que je dois choisir* (Ph 1, 22). Avoir perdu l'Aimé, sans espoir de le recouvrer, est pire que toute mort. Le recouvrer comme auparavant en mon âme très triste, c'est, je pense, impossible. Voilà comment je suis pressée de toute part dans l'immensité de ce monde. Et plût à Dieu que je fusse en un très vaste désert, où nul œil humain ne me verrait, nulle oreille ne m'entendrait, pour pouvoir plus librement m'enivrer de cris et de pleurs, car c'est là ma dernière consolation.

Ô péché, qu'as-tu apporté ? Ô malheureuse faute et laborieuse volupté ! À quel misérable état m'as-tu conduit ! Ô monde immonde, plein de déception, de tromperie et de vertige ! Malheur à qui te sert et se soumet à ta volonté ! Oh, de quels grands tourments et misères il sera torturé ! Car s'il semble à l'extérieur que le monde caresse, il est caché à l'intérieur qu'il mord. Si, du dehors, il paraît serein, des maux infinis concourent à affliger sans cesse l'âme malheureuse. Hélas, hélas, [femme] trompeuse[3], quelles grandes promesses au début tu m'as faites, quand tu voulais me séduire ! Par de doux messages et de fréquents petits présents, tu m'as tendu des embûches. Par des paroles très suaves et choisies pour allécher, semblables à la voix des sirènes, par de très douces mélodies de flûte, tu m'as ôté l'intelligence ; par un visage de courtisane, une gorge éclatante, des yeux riants, tu as transpercé mon cœur de fou. Je demandais de l'eau : tu as ouvert l'outre de lait[4] et *m'as enivré* d'un doux poison, *d'une* suave *absinthe* (Lm 3, 15). Tu m'as montré de ta propre main de petites pommes belles et suaves, ne promettant que délices qui toujours fuyaient ; tu m'as fait présent de roses de la roseraie ; tu as juré avec force que tu m'aimais souverainement et que tu ne manquerais jamais de me donner joyeux succès et événements prospères. Ô rusée renarde, vipère venimeuse ! Par ces fausses flatteries et d'autres innombrables, tu m'as attiré, pris au filet, après toi dans la mort, comme on montre un rameau vert à la brebis pour la mener, gambadante et joyeuse, à la mort. Ô fauve très méchant, ô bête sanguinaire ! Maintenant tu frappes cruellement celui que tu oignais doucement : *tu écrases* atrocement celui que *tu as élevé* aisément (Ps 102 (101), 11). Ayant une voix semblable à celle des sirènes, tu trahis ton aiguillon. Et voici que tout se change en son contraire : quand je pense reposer en toute sécurité en ton sein, mes cheveux sont rasés, mes yeux sont arrachés, l'esprit s'en va, la force est enlevée et je succombe, désarmé, aux glaives des ennemis[5]. Me le rappelant, repassant en esprit mes malheurs, *je me dessèche et deviens lourd à moi-même* (Jb 30, 16 ; 7, 20).

Heureuse donc l'âme à qui ses richesses méritent le nom de reine, que les dangers d'autrui ont rendue prudente, qui a conservé son innocence d'esprit et de corps ! Oh, de quel grand bonheur, même si elle l'ignore, jouit une telle âme ! Qu'elle se réjouisse de sa vie pure, que l'âme étrangère aux convoitises du monde soit en liesse :

3. *Deceptrix,* ce féminin que rien n'annonce est appelé parce que le monde, en allemand *die Welt,* va être décrit comme une courtisane, une femme tentatrice et séductrice.

4. Comme fit Jahel pour Sisara, avant de le tuer durant son sommeil, en lui enfonçant un pieu dans la tête (Jg 4, 19).

5. Cf. Jg 16, 18-21.

*une conscience troublée s'attend toujours à de grands maux* (Sg 17, 10). C'est prouvé, elle est plus lourde que le plomb, plus féroce que le lion, plus terrible que le tonnerre, plus amère que l'absinthe. Elle est le ver qui ronge l'intérieur, qui ne permet pas de manger ni de se reposer, mais la plupart du temps frappe d'horreur même ceux qui dorment. Tant de maux et de si grands blessent *la conscience souillée* (Ti 1, 15), que les purs le peuvent à peine croire, *car la créature qui t'est soumise comme à son Créateur,* déploie son énergie *pour tourmenter les méchants et s'adoucit pour contribuer au bien de ceux qui se confient en toi* (Sg 16, 24). J'ai dit ces choses, car l'expérience m'a appris à les dire, et la fréquente et très amère amertume de mon cœur m'y a provoqué. La misère qui me presse me force à crier et à dire qu'il est mauvais, qu'il est amer pour moi d'avoir délaissé mon époux et désobéi à ses préceptes. Qui me donnera des parchemins de la largeur du ciel, de l'encre plus qu'il n'est d'eau en la mer, et autant de calames qu'il est de feuilles aux arbres et d'herbes dans les prés, pour exprimer ma douleur et l'irréparable dommage encouru pour avoir quitté mon Aimé ? Hélas, pourquoi suis-je né en ce monde ? Pourquoi n'ai-je pas péri dans le sein de ma mère ? Je m'effondre totalement et ne sais que faire. Pourquoi tardé-je davantage ? *Pourquoi suis-je troublé ? Pourquoi pleuré-je*[6] ? Que me reste-t-il, sinon à me mépriser et à me jeter, désolé, dans le gouffre du malheureux désespoir, loin de la face glorieuse de Dieu ?

LA SAGESSE : Ignores-tu combien le désespoir est chose périlleuse ? Tu ne dois en aucun cas désespérer de ton salut, car, moi, *je suis venu dans le monde chercher et sauver ce qui avait péri* (Lc 19, 10).

LE DISCIPLE : Oh, qu'est-ce que j'entends qui résonne si doucement à mes oreilles d'homme misérable et de chien abject ?

LA SAGESSE : Que s'est-il passé, pour que tu ne me reconnaisses plus ? Comment, *effondré par terre* (Jb 1, 20), es-tu tombé ? Est-ce que, par excès de douleur, tu souffres d'un égarement d'esprit, mon fils ? Ô mon bien-aimé, vois, je suis cette Sagesse éternelle, Fils

6. Cf. Mc 5, 39.

du Père céleste, messager de miséricorde, prince de clémence et législateur de pitié, qui a ouvert l'abîme de miséricorde incompris de tous les esprits créés en raison de son immensité, et qui dois, d'un cœur très miséricordieux, te recevoir, toi et tous ceux qui veulent revenir à moi. Reconnais mon visage. C'est moi qui ai souffert la pauvreté pour t'enrichir, qui ai porté la mort très amère pour te vivifier. Vois, je me tiens ici, *médiateur entre Dieu et les hommes* (1 Tm 2, 5), portant les stigmates de la croix conservés en ma chair, les interposant entre le sévère jugement du Père éternel et tous les péchés. Ne crains donc pas ! Je suis ton frère, ton époux, prêt à avoir pitié de tes péchés et à les couvrir, *à les jeter au fond de la mer* (Mi 7, 19) et à les remettre, comme s'ils n'avaient jamais eu lieu, pourvu que tu veuilles te convertir et, à l'avenir, te préserver. Lave-toi dans mon sang. C'est le sang de l'Agneau immaculé, très plein d'amour et brillant de la couleur des roses. Lève ta tête de la terre, ouvre les yeux, sois d'âme égale. Vois : *on t'apporte la première robe, on te donne l'anneau* d'intelligence, *on te présente les chaussures ; on a tué le veau gras* (Lc 15, 22-23) ; ton aimable nom t'est rendu ; tu es, et on t'appelle, l'épouse du roi éternel. *Je t'ai racheté, non par l'or et l'argent corruptibles, mais de mon sang précieux* (1 P 1, 18-19), et je t'ai acquis par un si grand labeur qu'il est bien juste que j'aie de la joie de ton salut et sois facile au pardon.

Je veux dire une chose étonnante et très admirable, mais qu'il faut néanmoins tenir de foi très certaine et sans aucun doute : vois, si tout le monde était un globe de feu et qu'il y eût au milieu une poignée de tiges de lin, ces dernières ne recevraient pas, par disposition naturelle, l'incendie des flammes aussi vite que l'abîme de mes miséricordes ne reçoit le pécheur pénitent et qui veut se convertir, car, pour cette action naturelle, un délai, quoique minime et imperceptible, est requis, mais absolument aucun délai ne sépare la pénitence et la rémission, le gémissement et le gémissement exaucé.

LE DISCIPLE : Ô miséricorde inouïe des entrailles paternelles, ô stupéfiante dilection de la fidélité fraternelle, ô unique joie de mon cœur, daignes-tu encore accueillir ce fils abject de perdition ? Veux-tu verser ta grâce sur un coupable digne de mort, souillé de toutes les iniquités ? Ô grâce singulière, ô inénarrable bonté, ô mer infinie de miséricorde divine, incomprise à tous les mortels, supérieure à tout génie, dépassant les vœux, surpassant au final tous les mérites ! Je fléchis donc maintenant les genoux de mon cœur devant toi, Père des miséricordes et, étendu à terre, je me prosterne à tes pieds très cléments, rendant grâces du fond de mon cœur, et je te prie de regarder ton Fils unique, que *tu as livré à la mort par la trop grande charité* (Eph 2, 4) dont tu nous as aimés, et d'oublier toutes mes iniquités pour la multitude de ses douleurs.

*Souviens-toi*, je te prie, *de tes miséricordes* (Ps 25 (24), 6) et de tes promesses anciennes. Et puisqu'autrefois, de ta bouche très sainte, tu as donné au monde noyé dans le déluge un signe de réconciliation en disant : *Je mettrai mon arc-en-ciel dans les nuées (…), et je me souviendrai de mon alliance avec vous, et ce sera un signe entre moi et la terre* (Gn 9, 13 et 15). Ah ! Regarde maintenant, Père très miséricordieux, l'arc-en-ciel ainsi préfiguré : ton Fils très aimé, suspendu à la croix. Considère avec le plus grand soin comment, de toute part, il est étendu et tiré, tellement qu'on peut *compter tous ses os* (Ps 22 (21), 18). Vois comment ses mains, ses bras et tous ses membres sont très fortement tendus, meurtris de blessures, inondés de sang. Je t'en prie, regarde-les et, par ses blessures, guéris nos blessures et remets nos péchés !

Rappelle-toi, Seigneur, pourquoi on t'appelle *miséricordieux* et *Père des miséricordes* (Jc 5, 11) : c'est parce que, pitoyable, tu as pitié de tous, ne te souviens pas des injures commises contre toi et oublies les péchés. Ce n'est pas pour *les justes, qui n'ont pas besoin de pénitence* Lc 15, 7), mais pour nous, qui *avons péché et agi injustement* (Dn 3, 29), que tu es appelé miséricordieux. Ou bien as-tu décrété de n'avoir pour *auditeurs de ton secret* (2 S 23, 23) que les seuls justes et innocents, dont la vie excellente et libre nous est constamment relue en exemple ? As-tu prévu de les décorer seuls de ta grâce et de ton amitié singulière ? Ou bien es-tu le Seigneur des seuls innocents ? Ne l'es-tu pas aussi des pénitents ? Oui, des pénitents aussi, et de ceux qui *se tournent vers ton cœur* (Ps 35 (34), 9) *? Où le péché abonda, la grâce n'a-t-elle pas surabondé* (Rm 5, 3) *?*

Je me réfugie donc vers toi, Père des miséricordes, je cherche la grâce de ta protection. En outre, par un sentiment très fervent, un embrassement très intime, ô Fils du Roi éternel, je me serre dans tes bras étendus et nus, ensanglantés de ton sang, voulant n'être jamais séparé de toi, ni vivant ni mort. O Père très doux et pieux, pour l'amour de ton Fils unique, remets-moi donc, remets-moi mes péchés par lesquels j'ai mérité ta colère et fait le mal devant toi ; car, de ces péchés, j'ai si grande douleur que je préférerais subir mille morts plutôt que de t'offenser jamais à l'avenir, Père très bon. Je pèse moins toutes les calamités dont je souffre, ou même l'enfer que j'ai mérité, ou le purgatoire très cruel ; j'en ai moins de tristesse que de t'avoir offensé comme j'ai fait, toi, mon Créateur, toi, dis-je, mon Seigneur et mon Dieu, mon Rédempteur et l'unique joie de mon cœur ; moins que de t'avoir affligé ou témoigné quelque irrévérence ! Si donc je pouvais maintenant remplir tous les cieux de clameurs sans remède, faire à mon cœur si grande violence qu'il éclatât en mille morceaux, je le souhaiterais plus que toutes les consolations jamais reçues dans ma vie. Et plus on agit doucement avec moi, plus mon esprit alarmé s'afflige d'avoir été si ingrat envers un Aimé si bon, un Père si fidèle.

Mais toi, qui *enseignes la discipline de Dieu* (Sg 8, 4), ô Sagesse éternelle, apprends-moi, je t'en prie, à porter en mon cœur, comme je dois les porter, tes stigmates très doux et très suaves, à les garder continuellement en ma mémoire, pour montrer au moins par là, aux habitants des cieux et de la terre quelles grâces je rends pour de si innombrables biens accordés si largement au misérable que je suis par ta surabondante bonté.

LA SAGESSE : Offre-moi toi-même et tout ce qui t'appartient, et ne reprends jamais ton offrande ; abstiens-toi même parfois de ce qui est permis, et tu auras montré tes mains clouées avec les miennes à ma croix. Fais le bien et souffre, l'âme égale, le mal qu'on te fait ; recueille ton esprit changeant et tes pensées dispersées ; les ayant recueillis, affermis-les en moi, souverain Bien : et ainsi tu auras cloué tes pieds à la croix. Ne permets pas à la vertu de ton âme et de ton corps de s'attiédir dans la paresse, mais, comme mes bras, de tout ton effort cherche à l'étendre constamment à mon service. Las et fatigué de n'importe quel labeur, rends grâce et souffre patiemment. Réprime aussi virilement les mouvements de la sensualité : ainsi tu me revaudras la violence et la lassitude que souffrirent mes jambes. Que ma chair refleurisse par la pieuse et prudente mortification de ta chair. À mon dos meurtri par la dureté de la croix, fais un doux appui de repos par le support volontaire d'incommodités diverses. Ton esprit, que ton corps alourdit, tiens-le toujours élevé vers le Seigneur ; *fais servir tes membres à la justice et à la sainteté, comme auparavant tu avais coutume de les faire servir à l'injustice* (Rm 6, 19). Que ton corps soit prompt à souffrir toutes les adversités pour mon nom : ainsi, comme disciple fidèle, crucifié spirituellement et arrosé en quelque sorte du sang de la compassion, tu me deviendras semblable et aimable.

# CHAPITRE 5

## LAMENTATION SUR LA FERVEUR DE LA DÉVOTION ÉTEINTE DE NOS JOURS EN DIVERSES PERSONNES DES DEUX SEXES, QUE LE CHRIST, PAR SA PASSION, RAPPELLE AU VRAI AMOUR

*Comment est assise, solitaire, la cité populeuse ? Elle est devenue comme une veuve, la maîtresse des nations* (Lm 1, 1). Un jour, le disciple de la Sagesse, l'âme en deuil, repassait en esprit l'état déjà périlleux de ce monde et méditait à quel point, de nos jours, l'amour divin avait défailli et, en même temps, presque partout, sous l'habit religieux[1], l'amour-propre s'était accru. Il advint que, durant les prières éplorées qu'il répandait devant la Sagesse de Dieu, un doux assoupissement le vainquît. Et voici que, soudain, une image lui fut présente qui l'instruisit plus pleinement. Sa vision lui montrait un pèlerin pauvre et exilé, debout en plein air, un bâton à la main, plein de misère et de pauvreté. Près de lui paraissaient comme les ruines d'une très antique cité, dont les murs et les édifices, autrefois superbes, avaient été munis de tours et de fossés, de portes et de serrures et d'autres accessoires. Mais les habitants étant négligents, une partie de la ville avait été détruite par les incursions ennemies, une partie s'était effondrée du fait de cette négligence des habitants. Et ce qui subsistait menaçait ruine ; çà et là se dressaient des

1. *Sub forma religiosa.*

murailles rompues. On voyait dans la ville des animaux, sortes de monstres marins à face humaine, repousser indignement le pèlerin en quête de secours ; et, ceux qui désiraient l'aider, d'autres les en empêchaient. Inquiété, repoussé, expulsé par eux, il partit *en prenant à témoins le ciel et la terre contre eux* (1 M 2, 37). Moi le disciple, j'ai vu cela, dis-je, et je te prie de m'en montrer le sens, toi, Sagesse éternelle, qui connais tous les mystères et sais toutes les choses cachées.

**La Sagesse en pélerin**

Le Christ pèlerin. Ms Fr 22922, Fol. 24v., Paris, BNF, Site Richelieu.

Le disciple, malade et triste, voit un pèlerin, bâton à la main, pauvre et misérable, qui se présente à lui comme la Sagesse, plus précisément comme le Christ.

Double intérêt de l'image : à côté du lit de douleurs du disciple, se tient, discrète, mais secourable, la Sagesse elle-même.

LA SAGESSE : Chose étonnante et très digne de compassion, le pèlerin de la cité détruite, c'est moi, jadis son prince illustre et son époux glorieux. Cette cité que tu vois en ruine, c'est la mère, la vie religieuse[2] chrétienne, jadis fervente et dévote, où, depuis le commencement de l'Église naissante, tant de fidèles, unanimes et en paix, s'adonnant surtout à la dévotion, ont mené une vie sainte, agréable à Dieu, pleine de religion. Méprisant tout au monde, ils brûlaient du seul amour du Créateur. Toujours appliqués aux saintes méditations et aux bonnes œuvres, ils édifiaient eux-mêmes et le prochain, *ne circonvenant, ne lésant personne* (2 Co 7, 2), menant en simplicité et sincérité une vie bienheureuse. *Ils crucifiaient leur chair avec ses vices et ses convoitises* (Ga 5, 24), pratiquaient de grands exercices et des coutumes pleines de piété. Ces hommes qui venaient de monastères, solitudes et ordres religieux divers, étaient gens de vertu, pleins de courage et de vaillance dans la guerre *contre les malices spirituelles de l'ennemi* (Jos 10, 2). Ils s'adonnaient à la défense de la vérité et de la justice, jusqu'à la mort. Tels étaient les citoyens illustres et les fils très glorieux que cette cité, sainte mère, religion fervente, avait l'habitude d'enfanter, de nourrir et de conduire au terme du progrès. Mais, ô douleur, voici qu'en bien des endroits déjà, en ces temps et dans ces régions, une grande ruine commençait à menacer la cité en question. Certains membres et chefs se comportent avec négligence, toute la structure de l'édifice spirituel a été ébranlée et dévastée par les secousses, au point que le peu qu'on voit encore debout semble vouloir périr par de continuelles défections.

Déjà la plupart des fils et profès de la sainte religion ont eu l'audace de s'élever avec une telle effronterie contre leurs supérieurs qu'on ne les corrige presque plus nulle part ou, si on corrige le délit, on aggrave la fissure. Armés de subtilités philosophiques et alléguant des textes de droit superflus, ils écartent la main du correcteur, sortent *des limites tracées par leurs pères* (Pv 22, 28) et s'entortillent eux-mêmes et les autres dans des disputes périlleuses. Ô signe certain de la destruction de cet édifice spirituel, présage trop vrai d'une calamité future et prochaine ! Combien de temps penses-tu que cet édifice spirituel puisse tenir, une fois ôtée la pierre angulaire et renversée la colonne qui soutient toute la construction spirituelle, c'est-à-dire une fois rejetée la prompte et humble obéissance, si chacun fait ce qui lui plaît ou lui agrée, sans que personne *n'ose lui dire : Pourquoi agis-tu ainsi* (2 S 16, 10) ? Hélas, hélas,

2. *Religio.*

où est l'obéissance d'un Paul le Simple[3] et de certains disciples excellents qui obéissaient très dévotement aux vieux Pères, même quand ceux-ci leur commandaient l'impossible[4] ? Que la langue se taise, mais que tous les cœurs en gémissent ! Il ne sert à rien d'en parler. Il sera utile de s'être tu. Avoir gardé le silence sur ce sujet, c'est avoir aimé la Sagesse.

Que dire de la pauvreté volontaire, nourrice et aliment de toute la vie religieuse, que de saints Pères choisissaient pour épouse, appelaient leur dame, léguaient par testament à leurs fils très chers ? La plupart ne l'aiment plus comme une épouse, mais *la rejettent* comme *Agar, servante de Sara* (Gn 16, 6 ; 21, 10), car ses enfants semblent contre tous *et les mains de tous contre elle* (Gn 16, 12). On cherche mille manières de gagner de l'argent, et l'art de faire son salut s'est mué en art lucratif ; et il faut qu'elle soit bien fine, la petite brebis qui réussit, malgré l'adresse des chasseurs et la cupidité des tondeurs, à se garder un peu de laine contre la rigueur du froid. Et ce qu'on estime inconvenant de réserver, sous forme d'argent, on en fait comme une idole en le changeant en d'autres objets, sous couleur de piété. On donne certes une autre apparence à l'argent, en l'occurrence celle de livres ou d'ornements d'Église, mais c'est pour pouvoir, dès que font défaut ceux qu'on a, *comme s'il n'était pas de Dieu en Israël, consulter le Dieu Accaron* (2 R 1, 3), qu'on a mis dans la bourse.

Touchant la chasteté, cette parure des vertus, il n'est pas utile d'insister. Quelques mots, à peine, suffiront. Les jeunes agneaux, ô douleur, tandis qu'ils fuient les louves cruelles et se réfugient sous la protection des bergers, tombent alors dans un piège pire, car pendant qu'ils désirent échapper à la dent des loups, ils sont blessés à mort par les morsures insidieuses des béliers et succombent. Certains, *ayant des dehors de piété, mais reniant la vertu* (2 Tm 3, 5), craignant d'être marqués d'infamie lorsqu'ils sont exposés au

3. Sur Paul le Simple, voir *Histoire des moines*, chap. 31 (*PL* 21, 457-59) ; Jérôme, *Vie de saint Paul* (*PL* 23, 17 et suiv.) ; *Histoire lausiaque,* chap. XXII (*PL* 73, 1126-30) ; Héraclide, *Paradis*, chap. 10 (*PL* 74, 284-287).

4. Toute la littérature du désert, les *Conférences* de Jean Cassien en particulier (l. IV, chap. 24-25), rapporte des exemples de simplicité et d'héroïsme dans l'obéissance, que Dieu récompense, raconte-t-on, par d'abondantes grâces. Quand un supérieur ordonne à un novice d'arroser une plante morte durant un an, il n'attend pas le miracle d'une repousse, mais celui d'une obéissance envers et contre tout.

grand jour, s'exercent en cachette à la piraterie des âmes, cherchent à violer les violettes de l'Époux céleste ou à les maculer par des touchers malhonnêtes. A l'instar de certains prêtres de la loi mosaïque, *ils plongent la fourchette dans la marmite* (1 S 2, 13-14), font rapine même de ce qu'ils devraient offrir à Dieu. Et n'osant pas consumer tout le sacrifice, ils goûtent au moins, comme ils le peuvent, les libations des sacrifices, pour en connaître la saveur.

Quant à la charité, ciment de toute la construction spirituelle, que dire ? *Elle est anéantie jusqu'au fondement* (Ps 137 (136), 7). Tous, en effet, *cherchent leur propre bien et non celui des autres* (Ph 2, 4), la dépréciation qui fait mal a maintenant plus de place que la dilection sincère. Et la haine fraternelle a supplanté la charité fraternelle ou, pour mieux dire, elle a renversé la charité au point qu'on voudrait et qu'il serait juste de s'écrier avec gémissement et douleur : *Gardez-vous chacun de votre ami et ne vous fiez à aucun frère ; et tout ami s'en va, répandant la calomnie* (Jr 9, 4-5). *Et les ennemis de l'homme sont les gens de sa maison* (Mi 7, 6). *Leur langue est une flèche,* dit le prophète, *elle profère le mensonge. De leur bouche ils disent : paix à leur ami, et dans leur cœur ils lui tendent des pièges en secret* (Jr 9, 8). Et comme ils se mordent, se provoquent, s'envient, se déchirent mutuellement, il est à craindre qu'à la fin, *ils ne se consument réciproquement* (Ga 5, 18). Ces maux et d'autres semblables *ne sont pas si cachés qu'on ne les connaisse ou que, cachés, ils ne soient produits au grand jour* (Jb 28, 11) par les querelles ; au contraire, hélas, *le bruit s'en est répandu par toute la terre, et les discours qu'on en fait sont portés jusqu'aux confins de l'univers* (Ps 19 (18), 5).

Si quelqu'un veut encore observer les saintes coutumes et les exercices de piété, suivre les sentiers des anciens Pères, il est exposé à la moquerie, encourt de la part des autres le reproche d'excentricité, et souffre bien des injures. Toutes les saintes coutumes anciennes étaient dans un état bon et parfait quand la sainte et fervente religion de pieuse mémoire était en sa vigueur. C'était alors, certes, des époques dorées, des jours de salut, car les religieux se gardaient des superfluités ; ils ne se faisaient pas des adulateurs serviles pour recevoir les dons d'autrui, ne se laissaient pas aller aux rivalités et aux brigues, mais passaient leur temps en œuvres de vertu, en saintes études et méditations. Ils avaient tous *un cœur et une âme* (Ac 4, 32) dans le Seigneur. Ils vivaient

**La ville en ruines**

*L'Horloge de Sapience*, Ms IV 111, Fol. 33, Bruxelles, Bibliothèque royale. Ici, point de Suso malade décrivant sa vision ; mais l'attention est concentrée sur la ville : au centre, riche en ses murailles, la cité sainte a généré apôtres, martyrs, saints et saintes de Dieu (à gauche de l'image). La ville n'est plus que ruines dans lesquelles le pauvre pèlerin tente de pénétrer : reçu par un peuple de monstres, il doit rebrousser chemin. En-dessous s'affaire un changeur… avec des frères dominicains trafiquants. À droite, les vertus, jeunes et jolies, sont chassées de la ville par les vices, vieilles femmes à l'allure de sorcières. Ici, l'image est allégorique : la ville ruinée est la vie spirituelle mise à mal par le vice et le relâchement religieux.

en commun et ne cherchaient pas à exister chacun pour soi avec ardeur ; aussi étaient-ce des hommes parfaits en toutes vertus. Des exercices spirituels en question, il ne subsiste qu'*un peu ici, un peu là* (Is 28, 10). Quelques anciennes coutumes, restes épars de cet édifice spirituel, se voient encore debout et font saillie : on y apprécie d'ailleurs moins l'exercice dévot des hommes d'aujourd'hui qu'on ne célèbre le louable effort des hommes de jadis.

Ce que tu as vu là, cette grande multitude d'animaux semblables à des monstres marins à face humaine, ce sont les cœurs mondains cachés sous l'habit religieux : vides de grâce et de dévotion, et ainsi difformes en eux-mêmes, différents au-dedans et au-dehors, ils sont comme des animaux monstrueux. Tels l'ânesse de Balaam prononçant des paroles humaines, ils profèrent des discours d'une haute abstraction et des enseignements spirituels, mais ils vivent en amassant et charnellement, car ce qu'ils prêchent en paroles et par leur habit, ils le combattent par leurs mœurs. Parmi eux, il en est *qui se glissent dans les maisons,* agissant curieusement *et qui captivent des petites bonnes femmes (...), apprenant toujours et ne parvenant jamais à la connaissance de la vérité* (2 Tm 3, 6-7), et qui, par *des vanités et des passions menteuses* (Ps 40 (39), 5), m'excluent de leur cœur et du cœur d'autrui.

Le fait est cependant que tu en as vu quelques-uns qui étaient d'habit et d'aspect convenables, qui me tendaient les mains. Ils représentent les nombreux élus qui, menant une vie juste et pieuse parmi les autres, ne se laissent pas dépraver par leur exemple mais, *au milieu d'une nation dépravée et perverse, brillent comme des lampes en ce monde ténébreux* (Ph 2, 15), et par la parole de vie illuminent et enflamment tous leurs prochains. On en trouve beaucoup, en tout état, de toute obédience, de tout âge, hommes et femmes ; cependant, en comparaison des autres, ils sont peu. Car ils sont plus nombreux ceux qui entrent *par la voie large et spacieuse menant à la mort*, que ceux qui s'efforcent d'entrer *par la voie resserrée, et la porte étroite* (Mt 7, 13-14). Au milieu des autres, ces derniers se comportent comme *des agneaux parmi les loups* (Lc 10, 3), et *comme un lis au milieu des épines* (Ct 2, 2), ils répandent un parfum de vertu par leur endurance des malheurs. Le Seigneur se les est réservés, eux *qui n'ont pas plié le genou devant Baal* (Rm 11, 4), n'ont pas pris *soin de la chair pour en satisfaire les désirs* (Rm 13, 14), *ont le Tav*[5] *écrit sur le front* (Ez 9, 4) et *portent partout dans leur corps la mort de Jésus-Christ* (2 Co 4, 10). Ils gémissent et pleurent sur les transgressions des autres, qu'ils ne peuvent corriger, en raison des innombrables adversités qui surgissent, ils peuvent dire avec l'apôtre : « *Au-dehors, combats, au-dedans, craintes* (2 Co 7, 5) ». Et, après tous les autres périls, ils peuvent conclure qu'ils ont connu *le péril des faux frères* (2 Co 11, 26). On peut, à juste titre, les comparer aux martyrs, car, sans parler d'autres afflictions multiples, ils ont le cœur percé d'autant d'épées de douleur qu'ils voient commettre de transgressions contre Dieu et la justice. *De leur part, ce n'est pas folie* (Ps 22 (21), 3). Car c'est à eux que s'adresse la parole : « *Dites au juste qu'il est heureux, car il mangera le fruit de ses œuvres. Malheur au méchant, pour sa ruine,* parce qu'*il lui sera rendu selon ce qu'ont fait ses mains* (Is 3, 10-11). Ils auront faim et vous mangerez ; ils auront soif et vous boirez. » Et plus ils ont de difficultés de toutes sortes à s'assembler – leurs compagnons d'armes *de droite et de gauche* (2 Co 6, 7), au lieu de les aider, favorisant, hélas, la partie adverse –, plus ils seront récompensés à proportion de leur labeur. Leur récompense sera plus grande que celle de leurs prédécesseurs, qui eurent d'innombrables frères pour les aider en leur projet.

De là vient que tu as vu, dans la ville, image de la vie religieuse, des hommes en empêcher quelques-uns qui voulaient s'en approcher : cela désigne ceux qui, par leurs mauvais conseils et exemples, dépravent les autres dont le projet était bon. Tels les pharisiens, *ils n'entrent pas dans la vie ni ne laissent entrer ceux qui le voudraient* (Mt 23, 13). D'une bouche très impie, ces pharisiens blasphémaient la sagesse de Dieu, cherchaient à détourner par tous les moyens ceux qui croyaient au Christ : ils l'appelaient séducteur[6]. Ainsi la plupart, non sous la pression de la conscience, mais sous l'aiguillon de l'envie, lapident, pour leurs bonnes œuvres[7], ceux qui les précèdent en grâce, ne cessant de défigurer ces bonnes œuvres aux yeux de beaucoup d'entre nous. Et quand ils ne peuvent pervertir les faits, trop évidemment bons en eux-mêmes, les envieux détracteurs s'ef-

5. Dernière lettre de l'alphabet hébraïque, abréviation probable de « *Torah* ».
6. Cf. Mt 27, 63.
7. Cf. Jn 10, 33

forcent du moins de calomnier l'intention, pour l'emporter sur ceux qu'ils ne peuvent positivement égaler, en les diminuant. *C'est par l'envie du diable que la mort est entrée dans le monde ; et ceux-là l'imitent qui sont de son parti* (Sg 2, 24-25).

Le bâton de pèlerin que tu m'as vu porter désigne la croix sur laquelle j'ai souffert la mort. Je le présente aux fidèles, en signe d'amour, pour qu'ils quittent l'amour terrestre et se convertissent à moi de tout leur cœur.

Le cri que tu as entendu représente la sévérité de ma justice envers ceux à qui ni la crainte ni l'amour ne donnent de tristesse, qui ne quittent pas le péché, mais y persistent obstinément jusqu'à la mort.

LE DISCIPLE : Écoutant cela d'un cœur attentif, sachant qu'il en est vraiment ainsi, j'aime mieux pleurer que parler. Qui n'est en deuil ? Qui ne pleure ni ne gémit, quand il voit naître des rameaux et pousser des arbrisseaux dans un lieu si saint[8], voyant les splendides délices de la cité primitive et les richesses spirituelles, l'affluence de grâce, d'onction et de dévotion, l'abondance de tous les charismes divins, et par contraste, quand il voit aujourd'hui un tel dénuement ? Peu de grâce, beaucoup de malice. Qui ne soupire et ne s'écrie de douleur : *Hélas, comment est assise seule la cité populeuse* (Lm 1, 1) *?* Et ceci : *Comment l'or s'est-il terni, comment la meilleure couleur s'est-elle changée* (Lm 4, 1) ? Il a le cœur bien dur ou impie, celui qui, considérant attentivement ces maux, n'en gémit pas de tout son cœur. Et le sujet de cette tristesse et de ces pleurs augmente quand on voit *le monde tout entier plongé dans le mal* (1 Jn 5, 19) et quand on sait à l'évidence que l'antique ennemi, dont le terme approche, prévaut à tel point chez beaucoup d'entre nous.

LA SAGESSE : Je ne te dis rien à présent *de ceux du dehors* (1 Co 5, 12), *qui édifient des autels sur les places et immolent des viandes de porc* (1 M 1, 58 et 50), et qui *se couchent impudiquement sur chaque colline élevée et sous chaque bois ombreux* (Jr 2, 20). J'entends les gens qui pratiquent ouvertement le culte de ce monde, qui ne craignent pas de commettre des péchés manifestes : adultères,

8. Cf. 1 M 4, 38.

vols et autres crimes semblables. C'est la ruine de la cité sainte, la perte de la ferveur primitive dans la vie religieuse, que je désire te voir prendre à cœur et pieusement déplorer. Pour sa restauration et son maintien, répands des prières et des larmes devant Dieu. Elle est la cité bâtie sur la montagne, la lumière placée sur le chandelier et le sel spirituel, avec lequel on doit assaisonner la vie terrestre des hommes. Elle doit être *un spectacle pour les anges et les hommes* (1 Co 4, 9). Par sa parole et son exemple, les autres ont coutume d'être fortifiés, éclairés et assaisonnés de sagesse.

Mais si cette cité donne le mauvais exemple, si la lumière s'éteint et si le sel s'affadit, hélas, en quel état sera le monde ! Si ceux qui ont renoncé au monde poursuivent de tout leur effort les biens du monde, si ceux qu'on nomme spirituels suivent les désirs charnels et *s'embarrassent dans les affaires séculières* (2 Tm 2, 4), ô sacro-sainte mère Église, combien grand sera alors ton tourment ! Qui est-ce qui se lève et retient le juge irrité ? Car, aujourd'hui, beaucoup qui auraient dû l'apaiser ne sont pas les derniers à l'offenser. *Mon âme déteste leur sabbat* (Is 1, 14), car leur amour spirituel se mue en charnel et le charnel se cache imprudemment sous l'apparence spirituelle, comme l'ivraie sous le froment, s'avilit par le mélange, comme le baume sophistiqué de viles liqueurs. Ils offrent à Dieu un sacrifice faisandé. Car l'ambition a prévalu complètement dans leur cœur et règne sans mesure : c'est pourquoi ils cherchent avec tant de soin à obtenir la gloire temporelle par leurs choix ; et pourquoi certains d'entre eux, ne pouvant l'avoir à leur gré, ne craignent pas, triste courage !, d'introduire des sectes (2 P 2, 1) et, comme les prévaricateurs du peuple juif, cherchent *à faire un gymnase à Jérusalem* (1 M 1, 15) et s'efforcent aussi de faire passer les autres, avec eux, aux institutions des païens, *outrepassant les bornes que leurs pères ont posées* (Pv 22, 28).

Je rapporterai ce que j'avais songé à passer sous silence, pour qu'avec les sujets de tristesse croissent aussi les sujets de pieuse compassion et de dévotes prières. Il y avait, dans cette cité, un quartier principal, et même un des plus importants[9], qui dispensait fort glorieusement sagesse et doctrine aux autres membres de la cité. Mais plusieurs des anciens de ce peuple moururent et furent

9. Le couvent dominicain de l'île à Constance.

enlevés. Il y avait là, en plus, un homme de Dieu[10] qui priait Dieu assidûment pour le salut de la cité.

*Il eut une vision pendant la nuit* (Dn 7, 7) : voici qu'au couchant de ce lieu sortit du troupeau un bélier[11] qui avait deux cornes[12], et sur la tête une couronne de fer. Et le pouvoir lui fut donné en ce lieu. Il était suivi de renardeaux, au nombre de soixante-dix, ou même davantage. S'attachant à ses pas, ils recevaient aussi une couronne. Une multitude variée d'animaux, mâles et femelles, se joignaient à eux, les uns par crainte, d'autres par intérêt ; quelques-uns suivaient la foule par simplicité d'âme. Le bélier voulant usurper pour lui et les siens l'empire du lieu, circulait à main armée, sévissant contre quiconque lui résistait. Il jetait à bas les puissants, humiliait les grands, condamnait des gens à l'exil, la terreur s'abattait sur tous les habitants et voisins de ce lieu, car le bélier et sa suite, voulant dominer par tous les moyens, n'épargnaient aucun opposant : ni sexe, ni âge, ni mérites, quels qu'ils fussent, ne les retenait. Aussi bien, la plupart, une fois vaincus, se joignaient à eux pour ne pas être chassés du pays.

Il en resta cependant quelques-uns du peuple de Dieu qui, craignant Dieu plus que les hommes, tinrent virilement et constamment dans les plus grands tourments, prêts à mourir pour les lois de leurs pères et de Dieu, plutôt que d'obéir à la volonté des prévaricateurs, dont les transgressions et les débordements pouvaient anéantir cette cité. Mais même parmi eux, tous *ne marchaient pas droit dans la voie de la vérité* (Ga 2, 14) et ne suivaient pas comme il faut les sentiers de la justice et de l'équité ; ils désiraient pourtant s'opposer aux maux les plus graves, que le parti adverse commençait à introduire, et s'opposèrent à ce parti de tout leur pouvoir. Ils furent aidés par le chef des fils de Dieu[13], gouverneur suprême de ce lieu, homme recommandable en tout, magnanime et zélateur de la justice.

10. Suso lui-même, vraisemblablement

11. Suso désignerait ici Albert de Hohenberg (1303-1359), proche de l'empereur, qui fut le prétendant malheureux à l'évêché de Constance en 1333. Refusant l'élection de Nicolas de Kenzingen, il se lança en vain dans une guerre sanglante. Les renardeaux (*vulpeculae*) représentent les nobles qui l'aident dans ses entreprises et la foule nombreuse qui ne tarde pas à suivre (pour les diverses mauvaises raisons mentionnées dans le texte).

12. Les deux cornes correspondent sans doute à l'empereur Louis de Bavière et à l'antipape que ce dernier n'avait de cesse de susciter contre le pape Jean XXII.

13. Il s'agit probablement du pape Jean XXII.

Diverses personnes *fuyant les maux se joignirent à eux et leur vinrent en renfort* (1 M 2, 43). Le bélier s'efforça donc d'assaillir de ses cornes le chef de sa nation et, par tous les moyens, de le jeter à terre. Mais le chef tint ferme, invincible. Voyant cela, le bélier se transporta, avec quelques-uns des siens, vers le prince de toute la multitude[14], intrigua auprès de lui contre le chef de son peuple, assiégeant de suggestions pleines de ruses ses oreilles innocentes et inconscientes de la fraude, et il prit le pouvoir sur son peuple.

Apprenant cela, l'Église des fidèles gémit plus fort, et quelques-uns, pleurant, crièrent à grande voix vers le ciel, sans souci d'eux-mêmes, mais en grand souci des saintes lois de Dieu et des traditions des saints Pères, qu'ils voyaient violer ouvertement, au scandale de beaucoup ; ils assiégeaient de supplications les oreilles divines pour que le cœur du prince de toute la multitude fût plus sainement informé, si possible. Beaucoup d'innocents, opprimés par une très dure servitude, *crièrent* vers le Seigneur, et *leurs cris parvinrent à Dieu ; il entendit leurs gémissements* (Ex 2, 23-24) et descendit les délivrer. Car *on a encore trouvé des bonnes œuvres en Israël* (2 Ch 19, 3).

À un certain moment donc, les impies, armés et en nombre supérieur, se fiant à leur force, s'assemblèrent dans une île[15] contre les fils d'obéissance. Voyant cela, ceux qui étaient du parti du Seigneur eurent grande crainte et désespéraient de pouvoir s'échapper. L'ennemi était en effet en nombre et en force, instruit et prêt au combat. De l'autre côté ne restaient que très peu de gens, simples et n'ayant point l'habitude des armes.

Mais l'un de ceux qui aidaient le parti du Seigneur ranimait sans répit la constance les autres, atterrés par la crainte, et il les exhortait à recourir à l'efficacité de la prière. Lui-même, se portant au lieu de la prière, prosterné à terre, disait dans sa prière ces choses et d'autres semblables : « *Dominateur souverain, Seigneur Dieu* (Ex 34, 6), Roi des cieux et de la terre, *toutes choses sont en ta volonté et il n'est rien qui puisse y résister* (Est 13, 9). Tu sais qu'ils viennent à nous,

14. L'empereur Louis IV de Bavière (1282-1347), opposant farouche du Pape Jean XXII, soutenu alors par une fraction de l'ordre franciscain.

15. Il pourrait s'agir de l'île de Mainau, qui se trouve entre Constance et Meersburg, résidence fortifiée de l'évêque, de l'autre côté du lac. Le château, encerclé et bombardé durant tout l'été 1334, n'a pas été pris par les troupes impériales.

confiants en leur audace et leur nombre, qu'ils veulent *régner, et non par toi* (Os 8, 4), et violer les lois de la patrie et les tiennes, et qu'ils désirent nous exterminer, nous, misérables, de la terre. Ah, Seigneur Dieu, ouvre les yeux et vois notre tourment et celle de ta sainte assemblée, et *change notre deuil en joie* (Est 13, 17). *Disperse-les par ta vertu et dépose-les* (Ps 59 (58), 12) ; qu'ils sachent que tu prends encore soin de ton peuple. Montre maintenant que *la victoire ne vient pas du nombre, mais de ta volonté* (1 M 3, 19) ; aie pitié de nous, pour que nous vainquions par ton aide ce grand tourment que nous souffrons à cause de nos péchés, et pour que, comme nos pères, nous te servions aussi dans la paix et la tranquillité. »

*Cela fait*, Dieu *qui n'abandonne jamais ceux qui espèrent en lui* (Jdt 13, 17) exauça la demande de ses serviteurs criant vers lui et il élimina la force des adversaires, car, le lendemain, au même endroit, sous les yeux de la multitude assemblée, le bélier s'effondra à terre et une de ses cornes fut brisée[16] ; tous en louèrent Dieu. Son pouvoir commença dès lors à décliner et à décroître de jour en jour, car beaucoup, comprenant sa fraude, guidés par le repentir, commencèrent à s'éloigner de lui, et le parti des fils d'obéissance commença à croître et à progresser, le Seigneur aidant son peuple et poursuivant les ennemis de la paix. Que Dieu soit béni pour tout[17] ! Amen.

LE DISCIPLE : C'est une chose étonnante et admirable à la fois que l'abîme inscrutable du jugement de Dieu permette que ses élus soient ainsi dans le tourment, et cependant ne les abandonne pas jusqu'au bout, mais les délivre et les protège si paternellement. Mais je voudrais connaître avec plus d'évidence le mystère de cette similitude.

LA SAGESSE : Pour ceux qui y entendent quelque chose, j'en ai déjà dit bien assez. Ne cherche pas plus loin. Mais cherche plutôt à en retirer un bénéfice abondant. Premièrement, apprends à ne jamais désespérer lorsque frappe l'adversité, mais à mettre tout ton espoir en Dieu, à chercher en tout tourment le refuge de la prière, à ne pas abandonner la voie de la justice, si rageusement que la persécution sévisse ; par-dessus tout, à traiter les affaires avec la prudence et

16. L'empereur partit aider Otto de Habsbourg en guerre contre les Tchèques.

17. Cette éclipse de la puissance d'Albert de Hohenberg, qui se place en 1334, permet de dater ce chapitre de l'*Horologium*..

**Le bélier à la couronne de fer**

*L'Horloge de Sapience*, Ms IV 111, Fol. 37 v, Bruxelles, Bibliothèque royale.

Le bélier à couronne de fer représente, dans la vision de Suso, le pape usurpateur, suivi de ses flatteurs, qui attaque les fidèles du Christ (les Dominicains).

la circonspection requises. Si tu es prélat ou recteur de tes frères, même à un degré très bas, apprends par là à ne pas te fier aussitôt à ceux qui ont coutume de dénoncer les autres et à ne pas acquiescer toujours à n'importe quelles suggestions dont on se couvre. Ne reçois pas facilement d'accusation contre des personnes qui ont fait leurs preuves, car cela renverse toute discipline, donne aux esprits virulents l'audace de résister et détruit la vigueur de la vie religieuse. La cause que tu ignores, examine-la avec soin, soit par toi-même, soit par des hommes justes, prudents et craignant Dieu, et, la vérité enfin découverte par la réflexion requise, porte la sentence juste ; ainsi, parfois, sans doute, tu trouveras coupables les accusateurs mêmes. Ceux qui désirent échapper à la censure de la discipline monastique ont parfois des griefs non fondés contre les supérieurs[18]. C'est en vain qu'ils se prétendent champions de la justice et défenseurs de la vérité, ceux qui veulent s'exempter de la correction de leurs prélats et convoitent de présider les autres. Ainsi donc vraiment tu dois t'enquérir des causes que tu ignores et, la solution une fois trouvée, trancher résolument et faire retomber sur la tête des impies ce qu'ils ont machiné contre les justes, *pour que leur glaive leur entre dans le cœur et que leur arc soit brisé* (Ps 27 (26), 15). Ainsi furent lapidés les deux vieillards, pleins de pensées iniques, qui voulaient faire lapider Suzanne confiante dans le Seigneur[19]. Ainsi périt Aman, ennemi et adversaire très impie des Juifs, qui travaillait, en faisant au roi d'iniques suggestions, à perdre le peuple de Dieu[20]. Ainsi tomba sur son propre glaive le très orgueilleux Saül, qui ne craignait pas de persécuter injustement son prochain[21].

LE DISCIPLE : Ô très pieuse modératrice de toutes choses, Sagesse éternelle, qui fais tourner au bien de tes élus et les biens et les maux, j'estime que la seule chose que j'aie à faire, moi, ton

18. Cette remarque est un exemple de plus de l'attachement des mystique rhénans (à la suite d'Augustin) à la notion d'*ordre*, qui soumet l'inférieur au supérieur. Cela marque incontestablement leur différence avec les frères et sœurs du Libre esprit. Voir par exemple ECKHART, *Institutions spirituelles*, I ; *Livre des Paraboles de la Genèse*, n. 40, Paris, Belles Lettres, coll. « Sagesses médiévales », 2016, p. 139.

19. Cf. Dn 13, 34-62.

20. Cf. Est 3, 8-13 ; 7, 10.

21. Cf. 1 R 18, 11 ; 19, 10 ; 31, 4 ; 1 Ch 10, 4 et 13.

humble serviteur, c'est de recourir d'un cœur pieux à la garde de la prière. Je te prie humblement, ô *Père des miséricordes et Dieu de toute consolation* (2 Co 1, 3), d'avoir pitié de ton peuple et de ton héritage et de donner, en nos jours, la paix des cœurs et la tranquillité des temps ; je te prie même d'avoir pitié, pour ton nom béni, *de ceux qui haïssent la paix* (Ps 120 (119), 7). Infuse en eux, je t'en supplie, un bon esprit, pour qu'ils viennent à résipiscence de leurs erreurs et retournent à l'unité et à la paix, afin que nous te servions tous unanimement au sein de l'Église catholique, et puissions parvenir à la cité glorieuse de la patrie céleste. Amen.

# CHAPITRE 6

## ATTRIBUTS DE L'ÉPOUSE DIVINE, LA SAGESSE ÉTERNELLE, ET QUALITÉ DE SON AMOUR

*Quel est-il ton bien-aimé entre les bien-aimés, ô la plus belle des femmes* (Ct 5, 9) *?* Si quelqu'un désire entendre la réponse à cette question, qu'il tende maintenant l'oreille à l'amour divin. Donne-moi quelqu'un qui aime, un cœur fervent brûlant d'amour singulier, et il comprendra ce que je dis. Qui n'est pas amant, qui ne perçoit pas par goût intérieur la force de l'amour, tiendra toujours pour ivre, et non pour sobre, quiconque parle sous l'effet de l'amour. Ivre, il l'est bien, non *du vin où est la luxure* (Eph 5, 18), mais de celui où est l'exubérance des joies spirituelles. Nous qui sommes encore loin d'un tel débordement d'amour, mais qui désirons de tout notre cœur nous en approcher, taisons-nous ; qu'un esprit amoureux s'avance parmi nous, éclate en sentiments divins et nous dise comment il a été prévenu par le bien-aimé, et comment il est attiré à son amour, pour manifester en même temps *ce qu'est le bien-aimé entre les bien-aimés* ; et qu'il ne se cache pas trop, car d'habitude l'amour intense se trahit malgré soi. *Venez,* dit l'esprit amoureux, *écoutez quelles grandes choses* le Seigneur *a faites à mon âme* (Ps 66 (65), 16).

Quand ma jeunesse en fleur, mon âme fraîche, et les fleurs variées du printemps m'invitaient aux prés verdoyants avec des compagnons et compagnes, pour y jouir doucement des consolations désirées, au milieu des jeux divers, la voix lascive de la plupart d'entre nous retentissait : remuant la tête, battant des mains, sautant comme des béliers, ils bondissaient et disaient en dansant : « *Le temps de notre vie est court et plein d'ennui ; l'homme n'a plus de bien à attendre après sa mort, et on ne connaît personne qui soit revenu des enfers. Nous sommes nés du néant, et, après cette vie, nous serons comme si nous n'avions jamais été* (Sg 2, 1-2). *Venez donc, jouissons des biens présents, et hâtons-nous d'user des créatures avec l'ardeur de la jeunesse. Enivrons-nous de vins précieux et de parfums, et ne laissons point passer la fleur du printemps ; couronnons-nous de roses, avant qu'elles ne se flétrissent ; qu'il n'y ait aucun pré que ne parcoure notre luxure*[1]. *Laissons partout des traces de nos réjouissances, car c'est là notre part, notre destinée* (Sg 2, 6-9). » Disant cela et d'autres paroles semblables, ils lâchaient le frein à la concupiscence, et chacun cueillait les fleurs qu'il pouvait. Quant à moi, m'étant un peu recueilli, hésitant dans mon cœur sur ce que je ferais, voici que les fleurs sorties de terre, que j'avais contemplées tout juste épanouies en leur beauté et leur charme printanier, tout d'un coup tombèrent desséchées : toute leur beauté avait péri. Stupéfait de la nouveauté de cette vision et revenu à moi, je me suis mis à jurer de ne plus aimer aucune des fleurs caduques que j'avais vu en un temps si court fleurir et sécher soudain.

Un jour donc que mon esprit inquiet cherchait à l'entour et, comme un faon, gagnait un endroit ombragé pour s'y reposer à l'abri de la chaleur de midi, voici qu'à l'opposé, sur de très hauts et sublimes sommets, apparut à mes yeux comme une fleur des champs : visible, agréable à voir, elle paraissait incomparablement plus belle que toutes les fleurs jamais vues auparavant. Alors que je me hâtai pour la voir, elle changea soudain d'apparence : elle se tenait devant moi, comme une déesse de toute beauté, rouge comme une rose et blanche comme la neige éclatante ; elle brillait plus claire que le soleil et parlait un langage de beauté. Elle portait, rassemblés en soi, tous les biens souhaitables, son odeur très suave se répandant au loin et au large comme celle de la panthère, tirait à son amour tous les cœurs alentour[2]. Sa voix très douce disait : « *Venez à moi, vous tous qui me désirez, et rassasiez-vous de mes*

1. *Qu'aucun de nous ne manque à nos orgies.*

2. Sur la panthère et ce parfum qui attirerait à elle toutes les bêtes de la forêt, voir L. Charbonneau-Lassay, *Le bestiaire du Christ*, Paris, DDB, 1940, p. 284.

*fruits. Je suis la mère du pur amour, de la crainte de Dieu, de la science et de la sainte espérance* (Si 24, 18). »

Entendant ces mots, je restai debout, étonné, les yeux fixés à terre en silence. La stupeur m'avait envahi devant la sublimité d'une telle beauté : je ne pouvais répondre un mot. Elle, clémente, étendant la main, me toucha le cœur et m'encouragea à parler. Les yeux ouverts, je la regardais plus curieusement, et, silencieux, je retournais ces paroles en mon cœur : *Il n'est rien sur terre de semblable à elle en grâce et beauté* (Jdt 11, 19), ni personne dont les discours aient tant de sens. Et je me dis en moi-même : Voici vraiment l'abîme de l'amour : j'ai maintenant découvert l'abîme de toute beauté. Ce que tu as longtemps cherché, maintenant tu l'as trouvé ; que dis-je ? Tu as trouvé au-delà de ce que tu pouvais penser. Enfin, tourné vers elle, le cœur jubilant, je dis d'une voix claire : Ô beauté plus belle que tout l'univers des créatures, sortie de l'Esprit joyeux du Créateur de l'univers, dis-nous si ton nom et ta génération conviennent et s'ils sont assortis à une si grande beauté ? Elle avait le visage serein, les yeux brillants. Des paroles pénétrant l'âme se pressaient à ses lèvres, coulant le miel ; ces paroles volèrent comme flèches de feu jusqu'à l'intime du cœur. À l'âme liquéfiée de la douceur de l'amour, elle disait :

« Parce que *tu es un homme de désirs* (Dn 9, 23), je suis venu te montrer le trésor caché de tous les biens désirables, le centre et le cercle de tous objets à convoiter, *la longueur et la largeur, la sublimité et la profondeur* (Eph 3, 18) de toutes choses aimables.

Et donc, si tu veux savoir la raison et le sens de mon nom, sache que les habitants de la terre m'appellent Sagesse éternelle, et que ce nom convient excellemment à ma noblesse. Il n'est rien, en effet, dans les êtres créés qui puisse avoir de saveur plus douce dans le cœur du Créateur et de tous ceux qui aiment parfaitement. Ni *le son de la trompette, de la flûte et de la cithare, de la sambuque et du psaltérion et de la douce symphonie* (Dn 3, 7), ni aucune musique, ni le chant du rossignol, ni le concert très suave des oiseaux, ne charment autant les oreilles des jeunes gens ; ni mélodie terrestre ou céleste harmonie n'offrit jamais plus ample sujet de joie. Mon nom a la saveur d'*une grappe de henné dans les vignes d'Engaddi* (Ct 1, 13). *Le henné avec le nard, le nard et le safran, la cannelle et le cinnamone, avec tous les arbres à encens, la myrrhe et l'aloès, avec tous les meilleurs baumiers* (Ct 4, 14). *J'ai parfumé comme le storax, le galbanum, la myrrhe, j'ai répandu une odeur suave* (Si 24, 21). Et voilà l'explication de mon nom.

Mais parce que ton amour demande des choses hautes et ne se contente pas de l'amour des cuisiniers, des boulangers, des fabricants d'onguents[3] et d'autres, pareils ou différents, tu t'enquiers de la noblesse et de la gloire de ma naissance. Ce serait raisonnable et juste de répondre aussitôt à ta demande, si tu avais la faculté de comprendre, et si l'impossibilité ne faisait pas obstacle. Mais le mystère de ma génération est si profond qu'elle dépasse tous les esprits mortels. Je suis celle dont il est écrit : *Qui racontera sa génération* (Is 53, 8) *? Je suis sortie de la bouche du Très-Haut, je suis née avant toute créature* (Si 24, 5). *Et ma sortie remonte au principe, aux jours de l'éternité* (Mi 5, 2). *Je suis comme le canal d'une rivière, et comme un aqueduc qui sort du paradis* (Si 24, 41).

*J'ai été établie dès l'éternité, dès les temps anciens, avant que la terre fût créée. Les abîmes n'étaient pas encore, et déjà j'étais conçue ; les sources des eaux n'avaient pas encore jailli ; les montagnes ne s'étaient pas encore dressées avec leur pesante masse ; j'étais enfantée avant les collines. Il n'avait pas encore fait la terre, ni les fleuves, ni les bases du globe terrestre. Lorsqu'il préparait les cieux, j'étais là ; lorsqu'il environnait les abîmes de leurs bornes, par une loi inviolable ; lorsqu'il affermissait l'air dans les régions supérieures, et qu'il équilibrait les sources des eaux ; lorsqu'il entourait la mer de ses limites, et qu'il imposait une loi aux eaux, pour qu'elles ne franchissent point leurs bornes, lorsqu'il posait les fondements de la terre, j'étais avec Lui, réglant toutes choses, et je me réjouissais chaque jour, jouant sans cesse devant Lui, jouant sur le globe de la terre, et mes délices sont d'être avec les enfants des hommes* (Pv 8, 23-31). *Heureux l'homme qui m'écoute, et qui veille chaque jour à ma porte, et qui se tient à la porte de la maison. Car celui qui me trouvera trouvera la vie, et il puisera le salut dans le Seigneur* (Pv 8, 34-35). Ainsi donc, j'étais l'aimé qui demeure toujours dans l'aimé, et l'aimé qui s'écoule toujours de l'aimé[4], j'étais ce qui *joue* (Pv 8, 30) éternellement dans l'aimé. Tu sais maintenant qui je suis et de qui je procède.

3. Parfumeurs.
4. Voir Ct 5, 9.

Quant à comprendre pleinement ce que je suis par essence, la raison prescrit de renoncer à y prétendre, car une nature bien réglée ne tend pas à l'impossible. »

LE DISCIPLE : Quand j'entends cela avec une souveraine émotion, je puis à peine me contenir dans la joie de mon cœur, et tout mon esprit exulte dans le Seigneur. *Oh, qui me donnerait de te trouver dehors,* toi, Époux aimé, engendré du Père aimé, *et de te baiser sans que personne ne me méprise* (Ct 8, 1) *!* Mais je te supplie de me dire, Aimé, pourquoi tu as l'habitude de te comparer dans ton amour aux choses matérielles, alors que, selon tes paroles et l'avis de tous ceux qui philosophent correctement, tu n'es ni un corps ni une puissance se trouvant dans un corps.

LA SAGESSE : L'intelligence humaine est incapable de saisir les vérités relatives aux êtres les plus nobles pris dans leur simplicité ; il faut donc les lui communiquer par des images et des similitudes usuelles. Ma beauté est en effet si grande que, si quelqu'un s'exposait de nombreuses années à de grands tourments pour pouvoir, même un seul clin d'œil, me voir en si grande beauté, l'effort dépensé resterait sans nul doute bien en dessous du prix à payer.

LE DISCIPLE : Puisque, comme tu l'affirmes, nous ne pouvons parler des choses supra-célestes et divines autrement qu'à la façon des choses corporelles, qu'il soit permis au disciple très simple de proposer au maître très prudent un simple fait dont je désire l'explication. Voici : la splendeur du ciel s'apprécie par la gloire des étoiles, et la beauté du champ à la multitude des fleurs. De même parfois la beauté des jeunes filles ou des fiancées terrestres est rehaussée par la parure et le vêtement. C'est pourquoi elles vont bellement couvertes d'or, chargées de gemmes éclatantes, vêtues de fins tissus, le front ceint de brillants diadèmes. Mais toi, que fais-tu ?

LA SAGESSE : Un peintre habile apporte maintes retouches à un sujet défectueux. Ce qu'il sait taché, il se hâte de l'enduire de rouge, pour que, la forme ainsi truquée, on ignore que le serpent se cache dans l'herbe. Il fait apparemment sourire ce qui n'est même pas sensible ; il trompe ainsi les yeux des hommes en couvrant ce qui est laid, en l'embellissant de charmantes couleurs. En cela, l'artiste mérite les éloges plus que ce qui est représenté par l'artiste[5]. Au contraire, le soleil rayonnant de tout son éclat n'a pas besoin d'une beauté mendiée, étant en lui-même immensément lumineux. De même, et bien plus encore, la Sagesse éternelle, *soleil de justice* (Ml 4, 2), dont le soleil et la lune admirent la beauté, qui *habite une lumière inaccessible* (1 Tm 6, 16) *dans les splendeurs des saints, qui est engendrée avant l'aurore du sein* de Dieu (Ps 110 (109), 3). Débordant de splendeurs infinies, elle n'a pas besoin d'ornements extérieurs. Elle est tout être, toute beauté, tout charme, toute grâce. C'est tout un pour elle d'être et d'être belle et délectable. *Toute sa gloire est à l'intérieur, dans les franges d'or, [elle est] vêtue de couleurs variées* (Ps 45 (44), 14, 15). *Ceinte de lumière comme d'un vêtement* (Ps 104 (103), 2), elle est toute parée d'une si grande beauté lumineuse que l'œil humain ne saurait supporter l'excès de sa splendeur. Car *l'homme ne peut me voir et vivre* (Ex 33, 20).

Après tout, qu'est-ce que la beauté de toute créature, sinon un miroir où resplendit la maîtrise du souverain artisan ? Si, comme tu l'affirmes, tu admires la beauté du lis et l'éclat de sa parure, pourquoi n'admires-tu pas l'auteur des lis ? Si un bel aspect, un visage bien orné a tant plu naguère à tes yeux mondains, oh, qu'elle est digne, la Sagesse ineffablement belle et gracieuse par essence, de plaire aux yeux de ton cœur ! Car à bien voir, toutes les choses ornées avec leurs décorations sont sa louange à elle, qui produit dans les êtres la substance et la qualité, et tous les autres accidents. Il est donc évident que tout cela qui, au temps de la vanité, t'attirait d'habitude vers les créatures, devait plutôt t'attirer vers leur Créateur à toutes, *sans compter ce qui se cache au-dedans* (Ct 4, 1).

LE DISCIPLE : Et qu'est-ce donc qui se cache au-dedans ?

LA SAGESSE : La vision très agréable de mon Essence très simple, la jouissance très recherchée de ma Divinité supersubstantielle, la possession en même temps totale et parfaite de la Vie sans

5. L'artiste mérite d'être loué plus que la personne représentée par l'œuvre : le portrait est plus beau que l'original.

terme. Dans toutes ces légions d'esprits bienheureux, une si grande jouissance est donnée, de si grands sujets de joie s'accumulent, que la grandeur de l'amour et l'immensité de l'exultation font que *mille ans sont à leurs yeux comme le jour d'hier écoulé* (Ps 90 (89), 4). Toute la compagnie céleste, voyant sans cesse des merveilles et entendant de nouveaux cantiques, a sans arrêt les yeux fixés sur moi. Ils se tiennent là, le visage levé, le cœur brûlant d'amour : ils me regardent. Ils ont les pieds croisés, comme pour jubiler, *le visage découvert* (2 Co 3, 18) pour contempler ; et ainsi, levant leur cœur bien haut, ils aspirent de la bouche du cœur vers les flots coulant de la source de vie. Heureux celui qui méritera d'être présent à la jouissance très heureuse, à la félicité très délicieuse, et de faire partie des chœurs célestes de jeunes filles qui, menant des rondes avec moi sont ravies de bonheur dans les cieux, *là où le chœur sacré des vierges court après moi en chantant et fait entendre de doux hymnes*[6]. Vois, un seul mot de tendresse sorti de mes lèvres d'amour à l'adresse du cœur amoureux dépasse toutes les mélodies angéliques, toutes les harmonies des joueurs de cithare, toutes les symphonies de tous les instruments.

Ah, considère, je t'en prie, en la joie de ton âme, combien je suis digne d'être aimée, aimable à embrasser, souverainement délectable à couvrir de baisers, pour l'âme sincère. Ô doux et très précieux baiser, très affectueusement imprimé à des lèvres de miel. Heureuse l'âme à qui, même une fois dans toute sa vie, ce baiser a été accordé ! Et si elle en meurt, la mort lui sera légère.

Je suis enfin toujours prêt à aimer en retour celui qui m'aime ; je lui suis présent au chœur, au lit, à table, en voyage, au cloître, sur la place : il n'y a pas de lieu où ne soit présente la charité-Dieu, qui répond partout à l'amant par l'amour. Entre toutes les épouses, la Sagesse divine revendique en propre de pouvoir être présente partout au vœu de l'amant et de connaître, à l'instant même, tous les soupirs poussés vers elle, tous les désirs tendus vers elle, tous les services rendus à elle. *C'est pourquoi,* dit l'amoureux de la Sagesse, *j'ai toujours le Seigneur devant mes yeux.* Et encore : *C'est pourquoi mon cœur s'est réjoui et ma langue a exulté* (Ps 16 (15), 8-9).

6. Extrait de l'*Hymne* XIX d'Ambroise : « Ô Jésus, couronne des vierges » ; *Bréviaire*, *Hymne du commun des saintes vierges*, laudes.

J'ajoute, que si grande est la prérogative singulière, si unique l'excellence de ma bonté que, si quelqu'un, une seule fois, en a goûté une petite goutte, il tiendra pour ordure tous les délices de ce monde. Mon amour décharge du fardeau des péchés, purifie la conscience, fortifie l'âme, donne aux parfaits la liberté et les unit à leur principe éternel. Ce n'est pas tout. Qui me choisit pour épouse et m'aime par-dessus tout vit en tranquillité, meurt en sécurité, et en quelque façon commence dès à présent [à goûter] les joies qui dureront les siècles éternels. Nous parlons beaucoup, et la parole manque, car l'éminence de mon amour, *aucune langue humaine ou même angélique* (1 Co 13, 1) ne suffit à la raconter : on peut en faire l'expérience, non la dire. Ce qui concerne la qualité de l'amour divin, on doit le jeter brusquement, et non le dire.

LE DISCIPLE : Ô immense bonheur de mon cœur ! N'est-ce pas là cette heure de salut, heure de joie spirituelle, temps de visite et de grâce, *jour que le Seigneur a fait* (Ps 118 (117), 24), où les cieux sont devenus ruisselants de miel, où la crainte se fond en amour et l'aimable expérience de ta familiarité fait oser parler avec plus de confiance ? J'ouvrirai donc ma bouche et te dévoilerai maintenant les secrets que j'ai si longtemps tenus enfermés dans mon cœur, et la blessure d'amour cachée jusqu'à présent dans mon cœur languissant.

Tu le sais, car je m'adresse à quelqu'un de très expert en l'art d'aimer, l'amour intense ne souffre pas le partage ni ne supporte la division. Ni les royaumes ni l'amour, nous l'avons appris autrefois, ne s'accommodent de rivaux. Même un grand fleuve qui divise son cours s'amoindrit. Ainsi, l'amour qui se partage diminue et succombe.

Ô unique et singulier possesseur de mon cœur, l'impétueuse affection de mon cœur s'élance vers toi d'un tel élan que, n'aimant que toi, elle prétend être payée d'un retour d'amour singulier. Oh, que je souhaiterais être connu de toi par mon nom et aimé singulièrement et, ainsi aimé, choisi par toi comme un de tes amis plus intimes ! Ô mon Dieu, qu'il te plaise de me regarder gracieusement avec les yeux de ta clémence, et de diriger toutes mes œuvres, et de me prendre pour ami et serviteur très familier ! Oh, que je serais heureux que cela fût conforme à mon souhait. Je m'estimerais possesseur des trésors de Crésus et des délices de tous les hommes. Or, maintenant, mon cœur te le dit par ses gémissements, chère Sagesse, n'aimant que toi seule, je suis contraint de me contenter des lois communes de l'amour[7]. Je vous en prie, tous, pieux amoureux, tendez l'oreille, soyez indulgent avec moi, et jugez entre moi et mon aimée.

Mon Aimé est mon unique trésor, et j'ai fait de lui mon miroir d'amour. Les rochers pourraient être amollis plus facilement que mon âme détournée de son amour. S'il me quitte, je ne le quitterai pas. Vive Dieu ! S'il me méprise, je lui serai fidèle et constant. Comme la tourterelle, je resterai assis solitaire jusqu'à ce que je retrouve l'Aimé. Je n'accepterai aucune consolation, n'aurai de regard pour aucun consolateur. Que dis-je ? Ils me seront tous à charge. C'est lui seul que je cherche ; lui seul pourra me consoler. À cause de lui, *mon âme préfère la mort violente, mes os la mort* (Jb 7, 15). S'il s'en va, il emporte mon cœur avec soi ; s'il revient, il remplira ma bouche de jubilation. Que je mange, que je boive, que je fasse n'importe quelle autre chose, il m'est présent. C'est lui que mon intention vise, lui que je cherche. *Je suis devenu fou* (2 Co 12, 11), l'amour m'a forcé. Vois, je n'ai pas attendu pour aimer que la vieillesse m'ait refroidi ou que mes forces brisées aient défailli, ou qu'ait péri la beauté de mon visage rose, ou que les rides aient plissé ma face, et d'être devenu incapable d'inspirer l'amour et inapte à l'amour terrestre, d'être contraint par la nécessité – faute d'un autre à aimer ou de qui je pusse désirer l'amour – à me réfugier dans son amour à lui.

Que dis-je ? C'est dans la fleur de la jeunesse, quand mon âge encore tendre me promettait une longue vie, que j'avais d'agréables compagnies, que mon tempérament, ma nature, souriaient à l'amour, que beaucoup d'amis me priaient et me retiraient, essayant de me détourner[8], c'est alors que je dédaignai tout, méprisai les plus belles violettes au doux sourire, et détournai d'elles le visage, renonçant à elles, gémissant [vers toi]. J'ai tout rejeté avec joie et t'ai choisi pour mon prix d'amour. Serait-il donc impie, ô mon amour, ma joie et la douceur de mon âme, de prétendre que tu m'aimes d'amour singulier et que tu répondes un peu à un si grand amour, non en m'aimant seul plus que tous les autres, mais en m'accordant, entre tous, un amour familier ?

7. D'être aimé de toi seulement d'un amour commun.

8. De l'amour de l'aimé.

Voilà bien ce qui m'angoisse et me rend soucieux : tant de cœurs t'aiment d'une très ardente charité, me dépassant en amour et en démonstration d'amour. Hélas, hélas ! Qu'en sera-t-il de moi ? Je crains fort que, *paissant parmi les lis* (Ct 6, 2), amateur de lis que tu es, et respirant leur parfum, tu n'oublies, hélas, le malheureux chardon, l'ortie que je suis ; je crains ainsi d'encourir, du fait de l'amour des autres, la perte de ton amour. Pardonne-moi, Aimé, si je te parle ainsi : Tu le sais, la violence de l'amour intense revendique le droit de ne pas imposer de loi aux paroles, de ne faire attention à personne qu'à l'Aimé occupé avec l'aimé. Tu es, si j'ose dire, un amant dispersé. *Vois : Il y a soixante reines et quatre-vingt concubines, et des jeunes filles sans nombre. Mais une seule est ta colombe* (Ct 7, 7-8)*, ta parfaite et ton immaculée* (Ct 5, 2), qui revendique pour elle la primauté sur toutes les autres. Enfin, dans toutes les limites d'Israël, on cherche des jeunes filles vierges, et une seule est choisie par Isaac, introduite près du roi. Beaucoup furent ainsi amenées à Assuérus, une seule fut préférée à toutes et élevée jusqu'au partage du pouvoir[9]. Ô unique, qui es [vraiment] unique et sans seconde ; que tu es créée heureusement, dotée excellemment, toi qui possèdes cet unique trésor au gré de ton cœur ! Qui me donnera de me rassasier *des miettes qui tombent de la table* (Mt 15, 27) de tes restes !

LA SAGESSE : L'amour t'a transporté tout à fait *hors de toi* (Ps 31 (30), 23), tes paroles affectueuses et ton visage en larmes en témoignent. Eh bien, si je te montrais maintenant que je t'aime avec un amour singulier, autant que ton cœur le désire, que voudrais-tu faire ?

LE DISCIPLE : Je voudrais mille fois t'embrasser, et je désirerais dix mille fois te couvrir de baisers, avec une affection reconnaissante ; et tout ce que l'amour me commanderait de souffrir en fait d'adversités, je le porterais volontiers. Voici, que mon âme se dresse, mon Seigneur, toute suspendue à tes paroles, et attend de toi un mot consolateur. Ô désir de mon âme, parle au cœur de ton serviteur ! Ô pieux consolateur, pourquoi me provoques-tu ? Pourquoi,

9. Cf. Est 2, 16-17.

par tes délais, affliges-tu mon âme languissante d'amour ? Vois : l'amour est impatient, et il ne peut pas attendre plus longtemps, car *les désirs frustrés affligent l'âme* (Pv 13, 12).

LA SAGESSE : Ton amour, quoiqu'intense, semble pourtant voir un peu trouble, puisque tu crois devoir entendre les choses divines et célestes sur le modèle des terrestres : c'est pourquoi *tu juges comme à travers l'obscurité* (Jb 22, 13). Or il n'en va pas ainsi. Oui, certes, la Sagesse de Dieu est amour ; de là vient que tout comme l'essence qui est en tous ne se divise pas ni ne diminue, pareillement l'amour, Sagesse de Dieu, ne diminue pas en s'étendant à tout ce qu'il a fait. Il est si attentif à chacun qu'il semble n'avoir cure de l'ensemble, et il préside de telle sorte à l'ensemble qu'on croirait qu'il ne s'occupe pas de chacun en particulier[10]. Il ne faut pas non plus t'imaginer que c'est toi qui, dans ta jeunesse, aurais prévenu mon amour, et pourrais, pour cette raison, faire valoir un droit d'être aimé de moi. En réalité, c'est l'inverse : c'est parce que je t'ai aimé depuis toujours et que *je t'ai connu par ton nom* (Ex 33, 12), et t'ai choisi d'avance par amour singulier, c'est pour cela que tu aimes, ce qui revient à dire, si tu le permets, que l'effet de la prédestination requiert l'effet de la dilection. Retiens donc fermement que je suis, en tout temps et à toute heure, aussi amoureusement attentif à toi que si, négligeant tout, je m'occupais de toi seul pour répondre à ton amour par un amour singulier.

LE DISCIPLE : *C'est là une parole digne de foi et qui mérite d'être acceptée* (1 Tm 1, 15) ; *maintenant, mon âme reçoit plus de gloire que dans toute ma vie* (Jdt 12, 18). Qu'avec moi soit donc charmé, se réjouisse et se félicite *l'univers entier et tout ce qu'il enferme* (Ps 50 (49), 12), avec un amour si miséricordieux de l'Aimé, et une dilection si immense et souhaitable. Ah, mon Aimé, *détourne tes yeux de moi, car ils me troublent* (Ct 6, 4). Quel cœur de fer si dur, quelle poitrine de rocher pourraient entendre tes paroles porte-étincelles et ne pas concevoir tout d'un coup le feu de ton amour ? Qui, enfin, est assez froid ou assez tiède pour ne pas brûler de la torche de l'amour intime, s'il te mettait, toi, si

10. Voir AUGUSTIN, *Confessions*, III, 11, n. 19 ; HUGUES DE SAINT-VICTOR, *Les arrhes de l'âme*, *PL* 176, 958D-959B.

beau, devant les yeux de son cœur, s'il avait souvent les yeux de son amour fixés sur toi, s'il entendait souvent *ton langage enflammé* (Ps 119 (118), 140) et s'il le méditait souvent. Comme le soleil montant au-dessus de notre hémisphère et décrivant le cercle méridien, brûle la terre, ton colloque enflammé embrase pareillement de son amour les cœurs froids.

*Ô vous tous qui avez soif* (Is 55, 1), venez maintenant à la source de tout amour et au fruit désiré de la dilection très délicieuse. Pourquoi épuisez-vous vos biens et votre corps et, en même temps, exposez-vous votre âme au péril éternel, et cependant travaillez-vous en vain ? Car vous persistez dans l'aridité hydropique[11], Vos dents rongent un os sec, pour un petit goût de chair qu'il garde. Oh, malheureux, vous aimez vraiment la misère, tant que, ce que vous cherchez, vous ne le trouvez pas selon votre vœu. Voyez, je vous prie, voyez comme il est bon et agréable d'aimer le souverain bien, de chérir l'épouse suprême ! Amoureux très doux[12], rentrez en vous-mêmes, revenez à votre cœur et appréciez comme il est heureux celui qui, délaissant tout, s'accorde à elle et à elle seule, rend d'un cœur pieux tous les services dus à l'amour. De quelle grande consolation, douceur et suavité intérieure, connue de lui seul et *cachée aux yeux de tous les vivants* (Jb 28, 21), pensez-vous qu'il jouira ? C'est donc avec joie, ô délicate amoureuse de la Sagesse éternelle, très bienheureuse Agnès, très belle pierre précieuse parmi les vierges, que tu t'es félicité du choix d'un si grand époux disant : « Il m'a donné son anneau en gage ; il m'a ornée de bijoux sans nombre[13]. J'ai reçu le miel et le lait de sa bouche, et son sang a orné mes joues[14]. »

Vraiment, je l'avoue, mon Aimé, ton entretien très doux, imprégné d'amour enflammé, a réveillé mon âme endormie ; il a liquéfié et renforcé mon âme triste. Il a illuminé les ténèbres, rouvert les clôtures et m'a amenée à n'avoir qu'un dessein : désirer de tout mon cœur être, moi aussi, digne de ses épousailles très douces. Ce

11. *Nam in hydropica ariditate persistitis* : en d'autres termes, vous continuez à avoir soif comme les hydropiques. Bède le Venerable, *Comm. Luc*, 14, 2 (*PL* 92, 511A), écrit à leur sujet que « c'est le propre d'un hydropique que plus il est envahi par une humeur déréglée plus il a envie de boire ».

12. Ou très aimés.

13. *Office de sainte Agnès*, noct. 2, rép. 4.

14. *Ibid.*, Rép. 5.

que nous avions entendu, nous en avons fait l'expérience, *car tu ne fais pas acception des personnes* (Ac 10, 34 ; Rm 2, 11). Tu invites tous les cœurs à ton amour, tu les rassasies tous, et tu leur fais boire les breuvages du salut.

Je vous adjure tous, ô très ardents amoureux de la Sagesse éternelle, très heureux amants de cette épouse divine, daignez, par vos prières, me pousser vers elle. Mon corps et mon âme, *qui attendez-vous donc maintenant* (2 M 7, 30) *? Pourquoi êtes-vous négligents* (Gn 42, 1) *?* Pourquoi retardez-vous si longtemps l'accomplissement d'un projet si salutaire ? *Déposons le vieil homme, revêtons le nouveau* (Eph 4, 22-24), et secouons la torpeur de négligence qui nous empêche de recevoir de si grands biens. *Pourquoi sommes-nous nés* (1 M 2, 7) *?* Car *nous vivons seulement pendant cette vie* (Si 48, 12) ; de simples illettrés, des ignorants se lèvent et sont enivrés de la plénitude très féconde de l'amour : nous tissons des subtilités, montrons aux autres la voie de la vérité, les invitons à boire la suavité intérieure, et nous restons dans la sécheresse d'âme. Allons, frères et compagnons : *Dieu a le pouvoir de tirer des pierres* (Mt 3, 9, Lc 3, 8) que nous sommes le feu de l'amour divin[15]. *Qui sait s'il se tourne* et envoie la salutation gracieuse à ceux qui la demandent ? Qui sait s'il *laisse après lui une bénédiction* (Jl 2, 14) bienveillante pour que nous puissions nous aussi, qui sommes des misérables devenus participants de son amour, partager le sort de ses aimés et élus ?

Le souvenir de cette épouse gracieuse est très plaisant. Se rappeler l'excellence et l'avantage de sa dignité, est comme *la musique dans un festin où l'on boit du vin* (Si 49, 2), comme l'odeur de parfums suaves. *Il y en a qui se croient quelque chose et qui ne sont rien, qui se trompent eux-mêmes* (Ga 6, 3) et égarent tous les imprudents. Oh, c'est toujours pareil : on aime d'autant plus un être qu'on le connaît moins, et on s'en soucie d'autant moins qu'on le connaît à fond ! Et celui dont on supportait avec peine l'absence à cause de l'intensité de l'amour, on le rejette, possédé à volonté, avec une force de haine d'autant plus grande qu'on l'attendait plus ardemment quand on ne l'avait pas. J'avoue qu'aux jours de ma vanité, j'ai examiné trop curieusement ces choses, et j'ai trouvé le proverbe qui dit : Ceux qui me manquaient quand je les recherchais, mes yeux ne les regardent plus.

15. Cf. Lc 3, 8.

Où que je me tournasse, je trouvais quelque défaut contrariant l'amour. Car, si la beauté du corps était là, la beauté de l'âme manquait. Une créature délicatement belle péchait parfois par le désordre des mœurs ou montrait une stupidité inepte qui éloignait l'amour. Tantôt elle avait le nez aquilin ou camus, tantôt les dents de travers, perdait ses cheveux ou portait des vêtements sordides. Si tout était à souhait, elle était pressée d'une grande pauvreté, contraire à l'amour ; si elle florissait d'opulence et de beauté, la rusticité de sa naissance la rendait odieuse. La mélancolie noircissait l'une, une bile coléreuse l'autre, une réputation à éclipse la troisième. Et là où toutes les convenances étaient réunies, cette créature n'était pas pour moi, ou bien la malice des hommes et les langues méchantes mêlaient au doux breuvage une amertume et me retenaient de l'aimer. Mon esprit qui respirait le parfum de l'amour se plaignait d'avoir une rose épineuse entre les mains. Il lui était insupportable que les lis ou les violettes servissent à l'usage des rustres ou à la pâture des troupeaux, comme au prince. Il supportait mal que le paon brillant d'un plumage d'or eût des pieds difformes. Que dirai-je encore ? Parcourant tout, j'ai trouvé tout taché ou défectueux. Et j'ai dit dans mon cœur : je n'abandonnerai pas la chasse d'amour avant d'avoir trouvé l'aimée exempte de tout défaut. Pourquoi perdre mon temps avec de nombreuses autres ?

Voici que *l'abîme* a trouvé *l'abîme* (Ps 42 (41), 8). L'abîme des désirs est entré dans l'abîme de toutes les grâces et perfections. Que dirai-je ? Que *tu es belle, mon amie* (Ct 1, 14 ; 6, 3), douce et belle comme Jérusalem, vertueuse et généreuse ! Pour la richesse, tu dépasses tout ; pour la gloire, tu précèdes tout ! Non seulement tu es sage, mais tu es la Sagesse. Tu n'as pas ta pareille dans le pouvoir d'amour et l'art d'aimer. Celui qui voudra te chérir et t'épouser n'aura nul souci de crainte ou de honte. Ta familiarité n'engendre ni la haine ni le mépris, mais plus tes amoureux te voient parfaitement, plus ils s'attachent intensément à toi par l'amour. Car l'Artiste céleste a dessiné, au compas de son art achevé, toutes les lignes de la taille et la beauté de mon aimé ; retranchant tout superflu, il a dégagé des traits de toute beauté, et il a mis en lui la somme de l'amour. Dites-le, je vous prie, quel est celui dont la beauté de l'aimé, offerte à ses yeux, ne troublera pas l'esprit, dont le doux langage de l'aimé n'enivrera pas l'âme, dont l'amour de l'aimé ne soumettra pas le cœur ? Toutes ces qualités surpassent ce que peut en dire la parole, et échappent à toute mesure. Elles veulent être enfermées uniquement dans le cœur de l'amant, et elles renforcent en quelque sorte l'aimé. Je lui ai *vendu pour rien* tous mes biens, je les ai mis pour toujours à son service, et j'ai juré, par *celui qui vit dans les siècles* (Ap 6, 10), de ne pas m'écarter de son bon plaisir.

Ô mon doux [aimé], combien ton amitié est plus que douce, laquelle ne m'a pas repoussé quand j'errais hors de moi, mais s'est offerte à mon amour comme une récompense désirée ! Ô quel heureux aliment de mon affection ! Sa douceur rend amères toutes choses douces, et plus que douces toutes choses amères. *Que mon aimé vienne en son jardin* (Ct 5, 1), et là qu'il se refasse doucement, car il aime avec véhémence. Viens, Bien-Aimé, cueillons ensemble les roses de la roseraie, je te montrerai de petites pommes réservées à toi seul et je ne te défendrai de goûter aucun fruit désirable qui y pousse. Je vois mon aimé debout, entouré de trois cent jeunes hommes très délicats, éclatants, de toute beauté, vêtus de fins tissus, *une ceinture d'or sous les seins* (Ap 1, 13). Au milieu d'eux, il brille, le visage couleur de rose et d'une blancheur de neige. La chevelure fauve de chacun renvoie comme l'or les rayons du soleil, au point qu'ils semblent habiter le palais de la vive lumière. Et lui-même, au milieu d'eux, il brille, le visage resplendissant de la couleur des roses et d'une blancheur de neige. *Son nom et son souvenir sont dans les désirs de l'âme* (Is 26, 8). Oh, qui me donnera que son nom de miel soit écrit en lettres d'or sur toute l'étendue de mon cœur ? Que ce nom y demeure en signe d'amour et qu'aucun oubli désormais ne l'ôte. Ô ma très douce, très bienheureuse Sagesse, je demande que ni la vie ni la mort, ni aucun accident de fortune ne me séparent de toi, mais que notre amour demeure à jamais plus fort que la mort.

# CHAPITRE 7

## QUE LA SAGESSE DIVINE EST TOUT ENSEMBLE AIMABLE ET TERRIBLE

Une autre fois, tandis que le soleil qui avait brillé auparavant avec une extrême clarté, s'était caché sous un nuage, et que le froid de la nuit avait imposé le silence aux petites fleurs riantes, et alors qu'une tempête faisait rage, et que la nacelle était ballottée *par les flots au milieu de la mer* (Mt 14, 24) : « *la crainte et le tremblement me saisirent*, dit le disciple, *et les ténèbres me couvrirent* (Ps 55 (54), 6). J'étais assis tout seul, et je commençai *à repasser toutes mes années dans l'amertume de mon âme* (Is 38, 15). » D'une manière ineffable fut proposée à l'œil de l'intelligence cette vision prophétique où il est dit que *les trônes furent placés et l'Ancien des jours s'assit. Son vêtement était blanc comme neige et les cheveux de sa tête comme laine pure. Son trône était comme des flammes ardentes, et [les roues du trône] comme un feu brûlant. Un fleuve de feu rapide coulait devant sa face* (Dn 7, 9-10), et, de sa bouche, sortait un glaive de feu à deux tranchants, aigu (Ap 1, 16). Stupéfait donc et frappé d'une trop grande crainte, tous les poils de ma chair se hérissèrent (Jb 4, 15). Je voyais ouvertement devant moi tous mes péchés et les délits de ma jeunesse, du petit au grand (Ps 25 (24), 7), et tous les voyaient. Les anges, forçant et pressant, me conduisirent, chagrin et dolent, devant le Juge irrité. Lorsque le Roi siégeant en majesté impériale eut élevé le visage et indiqué par ses yeux ardents la fureur de son cœur, je m'effondrai et, tombant jusqu'à terre, j'appuyai, comme je pus, ma tête sans force sur mon bras.

Je me tus un moment, saisi de crainte ; à la fin, revenant à moi, gémissant beaucoup, je me disais en moi-même : Malheur, malheur à *ceux qui marchent en suivant les convoitises de leur cœur* (2 P 3, 3 ; Si 18, 30) ! Malheur à tous ceux qui accomplissent l'iniquité, car, s'ils connaissaient la peine future préparée pour eux et la stricte sentence du Juge irrité qui doit être proférée contre eux, et comment il a décrété de *commencer par son sanctuaire* (Ez 9, 6), ah, certes, ils se garderaient mieux des péchés ! Ils soutiendraient alors plutôt n'importe quelle peine temporelle plutôt que d'offenser les yeux de ce Juge.

Hélas ! *Dominateur souverain, Seigneur Dieu* (Ex 34, 6), combien trop terrible est ta face, quel ouragan que tes paroles et comme elles me transpercent ! Je tremble tout entier de tant d'indignation. Ô vision horrible et trop redoutable, et à prévenir avec un soin suprême ! Je te prie et supplie instamment, Roi tout-puissant, par ton immense bonté, protège-moi, je t'en prie, de cette vision horrible. Fais-moi, dans ce temps, tout ce qu'il te plaira, impose-moi des lois, augmente mes tourments, multiplie mes adversités, centuple mes infirmités. Tout ce qu'il te plaira, je le supporterai très volontiers, te suppliant seulement de m'épargner le visage de ta fureur. J'ai une si grande crainte du Seigneur que, quand naît même un léger soupçon, mes fautes l'exigeant, de te voir *détourner ta face de moi* (Ps 27 (26), 9) si peu que ce soit, et d'avoir offensé en toi mon juge, je ne puis plus avoir aucun repos, mais je sèche en moi-même de douleur et de chagrin. Comment pourrais-je soutenir cette face terrifiante, pleine de colère et d'indignation ?

Malheur aux misérables pécheurs endurcis, malheur aux âmes infernales et damnées et aux esprits pervers qui doivent voir sans nul espoir de grâce cette face furibonde en sa terrible disposition et entendre ce tonnerre horrible : « *Allez, maudits, au feu éternel* (Mt 25, 41) ». Ô malédiction éternelle ! Ô *opprobre sempiternel, qui ne sera jamais effacé* (Jr 20, 11) ! Qui peut soutenir la pensée de ce jour redoutable ? Enfin, la sévérité stupéfiante de ta face paternelle, pour la correction de tes fils, et non leur perte, est si intolérable qu'elle paraît semblable à l'enfer. Qui donc pourra voir ta face terrible, privée de toute espérance[1] ? Je supplie donc tous les hommes, surtout les pécheurs, de ne pas se fier à ton silence : *tu te tais et feins de ne pas voir les péchés* (Ha 1, 13 ; Sg 11, 24), mais quand *ta main a saisi le jugement, tu tires vengeance de tes ennemis et rétribues ceux qui te haïssent* (Dt 32, 41), Comment, je te prie, ö bonté très pieuse, pourra-t-il être vrai que tu sois aimable, quand tu es si terrible ?

**Le Jugement dernier**

*L'Horloge de Sapience*, Ms IV 111, Fol. 46v, Bruxelles, Bibliothèque royale. C'est une vision du Jugement dernier qui est donnée ici et qui demande de situer Suso par rapport aux autres représentations qui en ont été faites.

LA SAGESSE : Je suis terrible aux pécheurs, mais aimable aux justes et à ceux qui m'aiment. *Je suis Dieu,* et *je ne change pas* (Ml 3, 6) ; mais selon la qualité et la diversité de ceux qui me regardent, je parais différent. Il est utile qu'en ce monde mes élus aient constamment *la crainte et l'amour ensemble*[2], pour que la crainte, sollicitant toujours l'âme, la retire des excès nuisibles, et que l'amour, lui donnant joie, la dresse vers les choses d'En-haut.

1. Ne laissant aucun espoir à qui la voit ainsi courroucée.
2. *Bréviaire et Missel* OP, Dimanche de l'Octave du Corps du Christ, prière.

# CHAPITRE 8

## DE L'ALTERNANCE DE LA VISITE DIVINE, ET COMMENT L'ÂME DOIT ALORS SE COMPORTER

*Celui qui est le bien-aimé du Seigneur habitera auprès de lui en toute confiance ; le Seigneur habitera au milieu de lui tout le jour comme dans la chambre nuptiale, et il se reposera entre ses bras* (Dt 33, 12). Quand j'entends, avec l'oreille du cœur, ces paroles et d'autres semblables, qui font référence au parfait amour, je soupire fortement de me savoir si loin du fruit désiré de cet amour. Car l'absence de l'aimé qui s'en est allé contre la volonté de l'amant, que je confesse avoir expérimentée trop souvent, me semble être en amour *la peine et la douleur* (Ps 90 (89), 10) principales. Autant l'amant se réjouit de la présence de l'aimé, autant il s'attriste et souffre de son absence. Et cette règle d'amour, qui nous déplaît et nous afflige trop, j'ai voulu l'éviter dans l'amour terrestre, mais voici que je la retrouve maintenant dans l'amour divin !

Et c'est là ce que j'ai contre toi, *mère du bel amour* (Si 24, 24), Sagesse éternelle : j'attaque ton amour, qu'avant-hier tu as tant exalté. Car cette alternance semble avoir lieu non seulement dans l'amour terrestre, mais aussi dans le tien. Très souvent, en effet, quand l'âme de l'amant pense t'avoir plus tranquillement dans la retraite de son cœur et, t'étreignant des bras de son amour, se croit jointe à toi en une alliance éternelle, tout à coup, toi, qu'elle croyait présent, tu as fui je-ne-sais-où ; toi, qu'elle croyait tenir embrassé, tu t'en vas plus loin et ne parais plus, mais laisses derrière toi une âme pleine de douleur. Et quand le cœur de l'amant brûle après toi, que l'âme a soif de toi, que le corps sans force languit, désirant, du fond de ses entrailles, toi seul, unique joie du cœur, tu te caches et, comme si tu le méprisais, tu ne lui donnes absolument aucune réponse intelligible. Qu'est-ce à dire ? N'est-ce pas trop impie et trop cruel de ne pas vouloir t'abaisser au niveau de celui que tu as toi-même blessé ?

LA SAGESSE : La grandeur et la beauté de n'importe quelle créature pourront répondre pour moi.

LE DISCIPLE : Est-ce que cela suffit à l'âme amoureuse ? Sans doute, elle sait que ta Sagesse et ta bonté y reluisent, et elle comprend, y voyant une trace de toi, que tu es souverainement bel et bon ; mais c'est encore bien loin de sa fin désirée.

LA SAGESSE : Si cela ne suffit pas, qu'elle se contente au moins de la Sainte Écriture où, si elle est méticuleuse, elle pourra suffisamment me trouver. Qu'elle reçoive chaque page comme une lettre d'amour que je lui envoie pour consoler son amour. Car *tout ce qui est écrit est écrit pour sa consolation* (Rm 15, 4), pour soulever l'espérance et instaurer la charité. Ne te semble-t-il pas que ces preuves d'amour doivent suffire à l'amant ?

LE DISCIPLE : Ô maîtresse de tout amour et dilection, pourquoi parler ainsi ? N'es-tu pas un véritable amoureux[1] ? N'es-tu pas aussi précepteur[2] d'amour ? Et pour mieux dire, certes, tu es l'amour même. Tu sais donc vraiment et sans doute ce qu'éprouve un cœur amoureux. Il ne te sied donc pas de parler si étrangement de l'amour. Tu sais bien, ô amour éternel, que tout ce qui n'est pas son aimé est trop peu pour l'amant. Rien, en effet, ne suffit à l'amant que l'aimé même, et présent. *Il y avait en mon cœur comme un feu dévorant, enfermé dans mes os ; je m'efforçais de le contenir et je n'ai pas pu* (Jr 20, 9). Ô très affectueux objet d'amour, tu possèdes si puissamment la demeure de mon cœur, je te tiens si délicatement déposé dans le coffret de mon cœur, et la force de ton amour me contraint tellement tout entier que, même si *les langues des hommes et des anges* (1 Co 13, 1), dans leur

1. *Verus amator.*
2. Qui en donne le précepte, l'enseignement et l'exemple.

ensemble, t'exaltaient devant moi par un éloge extraordinaire, et me narraient de toi maintes choses ou me montraient tes écrits d'amour, ils ne gagneraient rien. Que dis-je ? Ils pourraient parfois empêcher le sentiment d'amour, ils ne pourraient pas combler le désir. Mais tout l'élan de mon cœur tend à ce but : te trouver, toi seul, unique trésor de mon cœur, et se reposer continuellement en toi seul, vrai bien. Une toute petite heure, sans ta très heureuse présence, me semble une année ; donc, pieuse douceur, je t'en prie, veuille na pas être étrangère à ton serviteur indigne. Car, quand, un jour seulement, je te sens plus étrangère avec moi que de coutume, je me lamente avec une grande aversion d'être bannie mille ans et une longue année platonicienne[3]. Tu es en effet *le paradis des délices* (Gn 2, 8), toi, le paradis supracéleste – que dis-je ? : toi qui es plus désirable que tout paradis. Car t'avoir à souhait, c'est être parfaitement heureux.

Or donc, s'il convient que soient ornés de piété et de clémence tous ceux qui sont investis du pouvoir, combien plus conviennent à une majesté si haute une grande miséricorde et une abondante compassion. Pourquoi donc, ô Sagesse bienveillante, ne regardes-tu pas avec clémence ces cœurs amoureux malheureux, qui regardent vers toi, poussent de très profonds gémissements, répandent de très abondantes larmes, et te crient à pleine voix : *Reviens, reviens,* aimé, *pour que nous te regardions* (Ct 6, 12). *Rends-nous la joie de ta présence salutaire* (Ps 51 (50), 14). Ils pleurent, inconsolables, craignant peut-être d'avoir offensé la face désirable de ta bonté ; ils sont assis, seuls et solitaires, car ils sont remplis d'amertume ; dans le secret de leur lit, ils se parlent à eux-mêmes et, d'une âme qui désire et soupire, disent les mots que voici ou d'autres pareils : « Oh, quand viendra-t-il ? Penses-tu que je le verrai ? Penses-tu que les yeux de mon cœur le verront, *celui en qui les anges désirent plonger leurs regards* (1 P 1, 12) ? »

À moi aussi, qui suis le moindre de tous ceux qui t'aiment, cette triste chose est arrivée parfois : Mon Aimé étant parti à mon insu, pendant que j'étais pris d'un doux sommeil, je disais en pleurant : Hélas, où est allé mon Aimé ? Hélas, où le chercher ? Penses-tu qu'il verra quelque chose qui l'attire et retarde les pas de son amour

3. Durée au terme de laquelle, pensait-on, les astres reviendraient au lieu exact où ils furent créés, c'est-à-dire 25 920 années (*Timée* 39 d).

vers moi ? Hélas, douleur, que n'ai-je veillé, que ne l'ai-je retenu ! Mon doux Aimé, montre-toi à moi ! Rends-toi à moi ! Ton absence blesse trop celui que réjouit ta présence. L'alternance de la venue et du départ m'afflige fort. *Indique-moi donc l'ombre où tu te reposes* (Ct 1, 6 ; Is 25, 4), cherchant la fraîcheur, évitant la chaleur, parce que le soleil est monté, pour que je ne recommence pas à errer hors de moi, m'étant retrouvé moi-même en toi. Hélas, combien de temps manquerai-je de ce bien, en lequel seul, si je l'avais, je posséderais toutes choses désirables ? Je t'en supplie, mon Aimé, que l'élan de mon cœur vers toi te force à t'incliner vers moi. La violence de ce mouvement qui me dépouille de moi et me porte vers toi, me rend à charge toutes choses joyeuses ; et au final, manquant de moi-même, je suis à charge à moi-même. Considère cela de tes yeux de pitié. Je succombe, je ne puis en supporter davantage. Donne-toi, pour qu'en toi je me reçoive, moi qui me suis perdu par toi.

Ô vertu merveilleuse de l'amour ! J'atteste en vérité *que l'amour est fort comme la mort* (Ct 8, 6). Tu m'as ôté le cœur, ô amour, tu l'as donné à l'Aimé et le lui as si inséparablement soudé qu'il semble à certains moments m'avoir quitté et qu'il faut se demander à qui il appartient : au sujet qu'il vivifie ou à l'objet qu'il aime en grande ferveur ?

Ô cœur, je te prie, dis-moi à qui tu es. À celui que tu aimes de toutes tes entrailles ou à celui à qui tu donnes la vie ? Si tu es mien, ô combien peu tu es avec moi. Ô combien de fois tu es ailleurs ! Je ne sais où tu es, si tu n'es pas avec celui à qui tu es. Mais moi, je ne te confierais à personne plus volontiers qu'à l'Aimé, que je chéris plus que ma vie. Et comme je l'aime plus que moi-même, tu es d'autant plus mien que tu es plus à celui à qui je suis. Car, non seulement tu deviens son bien propre, mais, me tirant aussi tout entier avec toi, tu me revendiques pour lui en effet. Ainsi donc tu es à lui ; tu es à lui, non seulement par création et rédemption, et pour d'autres raisons semblables, comme les autres créatures raisonnables, mais encore par un privilège singulier, à savoir par une donation volontaire et libre, car tu es ce joyau que, aux premiers temps de ma jeunesse amoureuse, privé de tous les amours du monde et de la terre, je lui ai offert en gage d'amour, joyau de dilection et signe de charité : te marquant des lettres de sang de son nom, j'ai fait de toi un trône d'ivoire, un reposoir d'or, une chambre nuptiale pour qu'il s'y reposât.

Dis-moi donc comment tu veux recevoir ton amie et épouse spirituelle, la Sagesse éternelle, quand elle reviendra et que, *se tenant debout et heurtant à la porte de ton cœur, elle te demandera de lui ouvrir* (Ap 3, 20) ?

— Je ne tarderai pas longtemps, dit-il ; je ne laisserai pas l'Aimée attendre longtemps, mais, accourant en hâte au-devant d'elle, les bras de mes désirs très affectueusement étendus, tout en la saluant, j'étreindrai, en un embrassement intérieur, l'Aimée de mes vœux ; et, comme Jean, encore dans le sein de sa mère, tressaillit et sauta en présence du roi éternel[4], ainsi, dans la petite prison close, en présence d'une si grande épouse, j'exulterai intérieurement et, d'une voix jubilante, je la saluerai avec des paroles tirées du trésor d'amour, en disant : « Ô mon Aimé, l'abîme très profond de mes désirs, la force de mes entrailles et tout mon être t'adressent un salut fait des sentiments intimes et très cordiaux de mon âme, et ils t'envoient autant de saluts et d'hommages pieux qu'il est de feuilles aux arbres, d'astres brillants au ciel, et de grains de sable au bord de la mer. » L'ayant ainsi reçu dévotement, je le conduirai dans le lieu qui lui appartient, à savoir la salle de festin de mon cœur, sa chambre spirituelle. Mais, ô douleur, ce qui auparavant me force à gémir, c'est cette alternance de sa venue et de son départ ! Elle afflige fort l'âme non encore affermie dans le plus parfait degré d'amour. Ces soupirs intimes du cœur et colloques d'amour et d'autres pareils, ô Sagesse éternelle, tu les entends et ne les écoutes pas : tu feins de ne pas même les remarquer ou de n'en avoir cure.

LA SAGESSE : Je les vois, tous et chacun, et les regarde par le désir attentif du cœur. Mais attends un peu et dis-moi un seul mot, je te le demande. *Celui qui parle beaucoup n'entendra-t-il pas lui-même* (Jb 11, 2) ? Celui qui interroge beaucoup ne répondra-t-il pas lui-même ? Réponds-moi donc toi-même à la question que je te pose : qu'est-ce que les esprits célestes doivent chercher et se proposer dans leur action, avant tout ?

LE DISCIPLE : Ô Sagesse éternelle, évaluatrice très sage de toutes les vertus, comment, moi qui suis simple et malhabile,

4. Cf. Lc 1, 41.

pourrai-je répondre à cette question ? Mais toi, maîtresse suprême de la science céleste, réponds pour moi, je t'en prie.

LA SAGESSE : Sache donc que les esprits angéliques et les voyageurs parfaits ne cherchent rien tant, dans leur manière d'agir, que la conformité de tous leurs actes à ma volonté. *Ma nourriture,* dit la Sagesse divine, *est de faire la volonté de mon Père, qui est aux cieux* (Jn 4, 34). C'est également la nourriture des anges et celle des parfaits voyageurs de se délecter de voir la volonté de Dieu accomplie en eux-mêmes et universellement en toute créature. Ils se porteraient donc à une œuvre vile en son genre avec plus de plaisir qu'à une plus noble, si ma volonté l'agréait davantage.

LE DISCIPLE : Ô Sagesse souveraine, de quel coup caché ta présente réponse frappe mon imperfection ! Tu veux corriger, si je ne me trompe, avec une grande courtoisie, ma manie de me plaindre, et condamner mon manque de longanimité, à moi qui cherche les douceurs et, autant que je le puis, fuis les difficultés.

LA SAGESSE : Le détachement affectif d'un disciple éprouvé devrait être si grand que, non seulement il ne fût pas attaché aux plaisirs corporels, mais ne soupirât pas après les délectations spirituelles, jusqu'à les désirer plus tendrement que le souverain Bien lui-même. Considère donc, toi aussi, ce que tu cherches ou ce que tu aimes. Tous les êtres imparfaits cherchent les biens de l'Aimé, non l'Aimé même. En effet, ou bien ils évitent les dommages comme des esclaves, ou bien ils recherchent leurs avantages, comme des mercenaires. Mais, pour répondre plus pleinement à ta question principale sur l'alternance de mes visites, affligeante, dis-tu, pour une âme amoureuse, tu dois savoir que parfois, et le plus souvent sans parler d'autres causes, l'âme elle-même est cause de ce retrait lorsqu'elle occulte le rayon solaire par quelque impénétrable volet, et témoigne à cet hôte si noble si peu de révérence intérieure qu'il est forcé de sortir de l'aimée, en cela non aimée, lui dont les *délices sont* d'être *avec les enfants des hommes* (Pv 8, 3). Parfois aussi, je viens et fais exulter l'aimée en demeurant chez elle d'une façon non manifeste, mais si mystérieuse, si cachée, que très peu, et seuls des hommes de grande expérience, peuvent connaître les mystères d'une si présence haute.

LE DISCIPLE : Seigneur, je le vois, tu es un amoureux très sage. Je te prie donc instamment de daigner me montrer quelques signes distinctifs de ta présence très secrète et très certaine.

LA SAGESSE : Si tu désires connaître ma présence, tu dois examiner avec soin comment tu es en l'absence de la grâce : aussitôt tu trouveras ce que tu cherches. Vu que je suis le souverain Bien, ma présence remplit de bonté toutes les choses. Tout comme la cause est connue par son effet, et que le soleil, quand il n'est pas visible en lui-même, le devient par le reflet de ses rayons, pareillement on perçoit ma présence par sa bonté très féconde. Si donc tu as éprouvé une fois la bonté de ma présence ou la stérilité de mon absence, dis-le publiquement, afin de pouvoir, comme un homme qui s'y connaît, reconnaître les fleurs parmi les graines.

LE DISCIPLE : Si tous les membres de mon corps étaient changés en langues, si toutes mes jointures retentissaient d'une voix humaine, ils ne pourraient pas encore exprimer ni raconter parfaitement ce que tu demandes. Mais à vrai dire, j'ai très souvent élevé mon cœur vers la grandeur des merveilles de Dieu *pour que Dieu fût exalté* (Ps 64 (63), 7-8), disant en moi : Oh, si la bonté de la présence de Dieu est à ce point immense dans l'homme pécheur, dont la vie est si petite et les efforts nuls, qu'est-elle donc dans les autres, dont la vie est si innocente, et les vertus et les grâces si abondantes ?

Je tirerai parti de cette petite expérience que j'ai, pour recevoir de toi dans ce domaine une direction plus complète. Ô Bonté souveraine, quand tu détournes de moi ta face si gracieuse, pleine de bonté et suavité, quand tu me retires ta consolation intérieure et que *tu caches la lumière dans tes mains* (Jb 36, 32), mon âme misérable est soudain changée et devient comme languissante et desséchée. Il en résulte, pour le corps, de la lassitude ; quant à l'âme, elle ressent une dureté de cœur et une tristesse d'esprit. Un fort dégoût s'empare ainsi de tout mon être, *mon âme est prise de l'ennui de vivre* (Jb 36, 32). Tout ce que je vois ou entends, même si c'est bon, provoque alors une nausée spirituelle. Ton éloignement produit encore en moi l'horreur du lieu [où j'habite], le dégoût de la cellule, le mépris des frères qui vivent avec moi ; mon âme commence *à somnoler de dégoût* (Ps (119 (118), 28), au point que, par pusillanimité, elle ne sait plus *d'où elle vient ni où elle va* (Jn 3, 8). En outre, par expérience très certaine, j'ai la persuasion d'être alors plus enclin aux vices, plus faible pour résister aux tentations et moins vaillant en tous les exercices spirituels[5]. Quiconque me cherchera en ce temps trouvera la maison vide, parce que le bon Père de famille, qui remplit de bénédiction et de gaîté tous ceux de la maison, est parti et l'a laissée vide.

Mais lorsque cet *orient* glorieux, *splendeur de la lumière éternelle*[6], se lève au milieu des ténèbres de mon cœur et monte, magnifique, ô *changement venant de la droite du Très-Haut* (Ps 77 (76), 11), alors toutes les nuées assemblées du tempérament mélancolique se dissipent, *la nuit* obscure *est illuminée par le soleil* (Ps 139 (138), 12), tout sujet de tristesse est écarté. Le cœur est inondé de joie, la bouche remplie de jubilation. L'âme se réjouit, la conscience est rassérénée, tous mes os applaudissent et exultent, louant Dieu et disant : *Car il est bon, sa miséricorde est éternelle* (Ps 106 (105), 1) ; et *ils chanteront sur les routes du Seigneur que sa gloire est grande* (Ps 138 (137), 5). Alors, la volonté commence à courir de joie, la raison à festoyer, à exulter. C'est au point qu'inondé de joies si grandes, je jurerais que, pour fêter la terre, le mouvement des étoiles a ramené le jour souverainement lumineux de la résurrection du Seigneur. *Je m'étais cru éteint* (Jb 11, 17), et je me lève, comme l'étoile du matin ; et *sur ceux qui habitaient dans la région de l'ombre de la mort, une lumière s'est levée* (Is 9, 2).

Alors tout ce qui auparavant paraissait dur, âpre et en quelque sorte impossible, devenait doux et facile : le jeûne paraissait doux, les veilles courtes, tous les exercices petits, de par la grandeur de l'amour. En cette heure de grâce spirituelle, je me proposais aussi d'amender ma vie, de corriger mes mœurs et d'accomplir maintes bonnes œuvres, toutes choses qu'hélas, la grâce partie, je ne faisais pas. L'âme est remplie d'une charité, d'une vérité et d'une douceur si grandes qu'elle en vient presque à oublier elle-même et toutes choses. Les méditations d'où coule le miel affluent à volonté ; *la*

5. Ce passage, on le voit, est plein de réminiscences des descriptions de l'*acédie* fréquentes dans la « littérature du désert », comme chez CASSIEN, *Conférences*, IV, n. 4-5.

6. « Ô Orient, splendeur de la lumière éternelle » : *Bréviaire*, 19 déc., grande antienne (à partir de Za 6, 12 ; Sg 7, 26). Cette antienne est reprise plus bas dans le *Livre d'heures* de Suso (« *Cours de la Sagesse éternelle* »), pour les Vêpres.

*langue de l'enfant devient diserte* (Sg 10, 21) ; le corps paresseux est rendu prompt aux ordres de Dieu, et, pour parler bref, l'abondance de grâce est si grande coulant de partout, que *quiconque demande reçoit, et qui cherche trouve, et à qui frappe on ouvre* (Mt 7, 7). Alors, élevé au-dessus de tout le visible, je crois avoir foulé aux pieds tous les biens temporels et me tenir *aux portes de la Jérusalem céleste* (Ps 122 (121), 2), et je commence à goûter quelque avant-goût et commencement du siècle futur. Tous les sentiments unis dans la joie d'amour se reposent dans la seule jouissance du Créateur.

*Ces choses et d'autres semblables* (Tb 1, 8) se passent dans la retraite de mon cœur. Est-ce de moi ou de toi ? Je demande à en être instruit.

LA SAGESSE : *Ta perte* vient de toi *; ton secours est en moi seul* (Os 13, 9). De toi-même, tu ne fais que défaillir et tendre au néant. Ces faveurs et leurs pareilles, sache que c'est ma présence qui te les accorde. C'est le jeu d'amour que j'ai coutume de jouer dans l'âme amoureuse.

LE DISCIPLE : Et qu'est-ce que le jeu d'amour ?

LA SAGESSE : Le jeu d'amour est l'alternance de la joie et de la douleur, qui est due à la présence ou à l'absence de l'aimé. C'est le propre de l'amour que, l'aimé présent, sa vraie grandeur échappe et que, l'aimé absent, elle soit mieux perçue.

LE DISCIPLE : Il me semble que ce jeu d'amour n'est pas un jeu de joie mais d'affliction. Dis-moi, cependant, y a-t-il en ce temps quelques voyageurs qui soient exempts de cette alternance de la visite, par un privilège unique ?

LA SAGESSE : Fort peu. Assurément, dans l'homme, une participation si grande à la stabilité des choses divines est comme un début de l'éternité.

LE DISCIPLE : Oh, qui ou de quelle condition sont ceux qui parviennent à une si grande conformité ?

LA SAGESSE : Ce sont ceux qui, séparés qu'ils sont des choses basses par des sentiments très purs et rendus en quelque sorte déiformes par un long usage et exercice, sont continuellement unis aux réalités divines ; et ceux qui, l'âme dégagée, ont, avec vigueur, très parfaitement déposé tout intermédiaire séparant Dieu et l'âme.

LE DISCIPLE : A entendre cela, je gémis encore plus profondément, me sachant encore si loin de tels hommes par la vie et l'expérience. Aussi, puisque ce sommet de perfection dépasse mon pouvoir, je veux savoir de toi comment un disciple inexpérimenté doit se comporter durant cette visite.

LA SAGESSE : *Aux jours des biens, n'oublie pas les maux ; aux jours des maux, n'oublie pas les biens* (Si 11, 27), de façon à ne pas t'élever outre mesure en présence de la grâce, ni à te déprécier plus qu'il n'est utile en son absence, mais, tel *Aod, à te servir des deux mains comme de la droite* (Jg 31, 15)[7]. Si tu es un plant nouveau (Ps 144 (143), 12) et qu'un arrosage assidu te soit encore nécessaire, au moins prends garde à ne pas subir avec impatience cette alternance, bien que tu doives toujours chercher ma face avec empressement.

LE DISCIPLE : Oh, si tu voulais considérer cela, tu saurais sans doute que la longue attente de l'aimé est une grande affliction dans le cœur de l'amant.

LA SAGESSE : Sans doute. Mais cette révolution de la roue d'amour, quiconque veut aimer la subira. Et quoi d'étonnant ? Tout ne réussit pas non plus toujours aux amants de ce monde : il leur survient parfois des contrariétés. Si tu as peu d'expérience, interroge n'importe lequel d'entre eux, et il te dira que quiconque veut aimer peine. Sans doute est-il des amants, trop mous sans doute, qui, servant l'amour ponctuellement, prétendent être amants eux aussi, mais sans labeur. Si le vent souhaité ne leur sourit pas à leur gré, aussitôt ils renoncent sur-le-champ à leurs entreprises. Ils ne parviennent pas du tout au fruit d'amour et on leur dit, comme à des indignes : l'amour est un

7. Aod le Benjamite se servait des deux mains comme de la droite. Cet ambidextre est donné en exemple par CASSIEN (*Conf.*, VI, 10), dont Suso était abondamment nourri.

combat. Lâches, retirez-vous ! L'amoureux fervent, pour parvenir au désiré fruit d'amour, doit être assidu, longanime, prêt à servir ; il ne doit pas non plus facilement renoncer, souffrît-il mille rebuts, mais toujours garder bon espoir qu'« un labeur acharné triomphe de tout[8] ». Quoi de moins résistant que l'eau ? Quoi de plus dur que la pierre ? Or, l'eau qui tombe goutte à goutte creuse la pierre.

Pour t'apprendre des bonnes nouvelles, agréables à entendre à de vrais amoureux, sache que cette épouse très divine, pour qui tu travailles, veut être priée et se plaît aux offices. Qui donc, même dans les amours qui passent, obtient si soudain ce qui plaît à l'amour ? Qu'il prie donc et demande, supplie sans cesse, et moi, je lui promets vraiment de lui accorder l'entrée, selon le vœu de son cœur. On n'a trouvé personne, *dans toutes les terres d'Israël* (1 R 1, 3), qui fût si facile à prier, si prompte à exaucer, si bonne pour rendre, que cette épouse divine, la tienne. La grandeur de son amour la rend incapable de se retenir longtemps. Elle ne peut attendre qu'on la prie, mais elle *prévient ceux qui la cherchent et se montre à eux la première* (Sg 6, 13). Elle se tient sur la place, au milieu des boulevards, *elle élève la voix dans les embrasures des portes* (Pv 1, 21), attirant tous les cœurs, les tirant tous à son amour. Celui qui veut m'aimer, qu'il s'efforce en tout temps de me regarder, moi, son amour, comme moi j'ai coutume de regarder constamment celui qui m'aime, puisqu'il ne sait si celle qu'il attend vient du levant ou du couchant, du nord ou du midi, qu'il ignore même si elle *frappera à la porte* (Ap 3, 20) et demandera qu'on lui ouvre, *le matin, ou à midi, ou au chant du coq* (Mc 13, 35). Car, fort souvent, c'est quand l'esprit à ma recherche est anxieux de ne pas trouver, et donc au moment où il y pense le moins, que l'Aimé lui est présent. Toujours, en effet, je désire que l'aimé soit prêt à l'amour, et je ne veux pas qu'il se fie en ses mérites plus qu'en ma considération. Il ne suffit pas de passer une petite heure avec l'Aimé ; mais il est nécessaire de souvent *vaquer et voir* (Ps 46 (45), 11), si l'on veut entendre ses murmures secrets, si l'on désire capter sa précieuse présence.

Et, pour mêler à ces doux entretiens des paroles de reproches, non moins amoureuses pourtant, il me faut te reprendre fort, car, en ces exercices d'amour, tu es vraiment répréhensible. Pourquoi, ô honte,

8. VIRGILE, *Géorgiques*, I, 145.

toi qui t'es engagé au service de l'amour, qui as professé notre philosophie, soumis ton épaule à son joug suave, pourquoi, dis-je, as-tu l'audace de te tenir, le cœur vagabond et les yeux errants, tournés vers tous les horizons, en présence d'une si grande épouse qui, elle, d'un regard alerte, le visage serein, gracieux, te regarde sans cesse et jamais ne détourne les yeux de toi ? Quelle honte de prêter l'oreille à n'importe qui, au point de ne pouvoir entendre ce que la Sagesse divine dit en toi ! Quelle honte pour le disciple de l'amour, de s'oublier lui-même au point de ne pas remarquer les paroles intérieures de celle dont la présence, partout, l'entoure ! Il est donc juste qu'elle se retire de toi comme de quelqu'un d'indigne, quand elle ne te trouve ni en toi ni en elle, mais hors de toi et hors d'elle, dans le tumulte du monde. Je t'en prie donc : souviens-toi de te corriger. Soupèse quelle inconvenance commet l'âme qui porte en soi le royaume de Dieu, à chercher au-dehors quoi que ce soit. Car c'est *en vous* qu'est *le royaume de Dieu* (Lc 17, 21), qui est *justice, paix et joie en l'Esprit Saint* (Rm 14, 17).

**La roue de l'amour**

*Horloge de la Sagesse*, Paris BNF, Site Richelieu, Ms 22922, Fol. 70.
La Sagesse dit à Suso : « Le jeu de l'amour est l'alternance de la joie et de la douleur, due à la présence ou à l'absence de l'aimé ». Ici, un ange présente la croix au Disciple, par l'intermédiaire de la Sagesse.

# CHAPITRE 9

## POURQUOI LA SAGESSE DIVINE PERMET QUE SES AMIS AIENT EN CE MONDE TANT DE TOURMENTS

*Tu es juste, quoique je dispute avec toi ; pourtant je te dirai des choses justes : pourquoi la voie des impies prospère-t-elle ? Pourquoi tous les prévaricateurs et les impies sont-ils heureux ? Tu les as plantés, et ils ont pris racine ; ils croissent et portent du fruit (Jr 12, 1).*

Il n'est pas nécessaire de reprendre un sujet traité de maintes façons, souvent discuté et retourné, mais le renouvellement des tourments et le retour des adversités demandent aussi qu'on réitère une plainte contre toi, Recteur de l'univers. Est-ce que je persuade les hommes par un vain esprit d'ostentation ? Dieu le sait. Ou *ma dispute est-elle contre l'homme* (Jb 21, 4), ou s'adresse-t-elle à l'homme ? N'est-elle pas plutôt pour rafraîchir l'ardeur d'un cœur contrit et humilié et, depuis l'enfance jusqu'à ce jour, accablé de souffrances et de misères ? Qui donc, sans avoir souffert des douleurs semblables et pires, saurait compatir comme toi, qui, par les douleurs que tu as souffertes, as appris la compassion ? De même, en effet, qu'un aveugle-né raisonne mal à propos des couleurs qu'il n'a jamais vues, ainsi celui qui n'a pas souffert l'adversité, et qui a dès lors moins d'expérience, juge moins bien des tourments. Ceux *dont les maisons sont sûres et en paix, qui n'ont pas sur eux la verge de Dieu* (Jb 21, 9), *qui passent leurs jours dans les biens* (Jb 21, 13), délicatement nourris, élevés dans les consolations, robustes, sains, heureux, honorés de dignités, promus aux grades, bien apparentés, dont *les entrailles sont pleines de graisse* et les os *irrigués de moelle* (Jb 21, 24), comment pourraient-ils croire ceux qui ont des *mois vides et des nuits laborieuses* (Jb 7, 3), sont remplis nuit et jour de douleurs et dans une continuelle amertume d'âme, ont *au-dehors des combats, au-dedans des craintes* (2 Co 7, 5), que tu ne laisses même pas se reposer un instant, puisque, pour eux, la nuit, consacrée au repos de l'homme, est changée en inquiétude par les *craintes nocturnes* (Ps 91 (90), 53) ?

L'honneur temporel leur est ôté ; la gloire du monde leur est dérobée. Ils sont méprisables aux yeux de beaucoup, saturés d'opprobres. On fait d'eux *un exemple et un proverbe* (Ez 14, 8), ils deviennent ainsi *la balayure du monde et le rebut de tous jusqu'à présent* (1 Co 4, 13). Oh, qu'il était sage celui qui, pensant à cela, disait : « *Il est des justes à qui arrivent de nombreux malheurs, comme s'ils avaient fait les actions des impies ; et il y a des impies qui vivent en sécurité comme s'ils avaient fait les œuvres des justes* (Qo 8, 14). » En raison du labeur qui l'accompagne, ton amour ressemble à *un livre qui vole* (Za 5, 1), *doux comme du miel à la bouche qui le goûte, mais une fois absorbé, amer aux entrailles* (Ap 10, 9). Les rudiments, les apprentissages enfantins de ton amour sont des tourments et des misères.

Car le premier pas de ceux qui t'approchent, la première page de ceux qui te lisent, le premier cadeau et joyau de ceux qui t'aiment, le voici : « *Mon fils, lorsque tu entreras au service de Dieu, demeure ferme (...) dans la crainte, et prépare ton âme à la tentation* (Si 2, 1). » Il dit bien : « *à la tentation* », autrement dit véritablement la misère et au tourment, si bien que, tous les jours de ton service[1], tu es en butte au conflit et à la lutte, et la fortune souhaitée te sourit rarement ou même jamais. Je ne parle pas de tous : Seigneur, tu connais ceux que tu as choisis pour cette œuvre si ardue.

Jouissent-ils de la santé, de la force ou de l'élégance physique, tout à coup, touchés de maints fléaux, ils commencent à défaillir et, accablés de peines extrêmes ou de très graves maladies, ils sont contraints de languir. Ont-ils de l'or ou de l'argent *les voleurs*

1. *Militia,* temps de service de guerre, de chevalerie spirituelle.

*viennent et les volent* (Mt 6, 19), ou, ce qui est plus difficile, tu leur retranches l'affection à ces biens. Ont-ils des champs, des vignes, des oliveraies quand la température sourit aux autres, favorable, la grêle et la gelée les consument. *Ce qu'a laissé la chenille, la sauterelle l'a dévoré ; ce qu'a laissé la sauterelle, le ver l'a dévoré ; ce qu'a laissé le ver, la nielle l'a dévoré* (Jl 1, 4). *Seigneur, tu leur donneras... Que leur donneras-tu ? Le pain d'angoisse et l'eau de détresse* (Is 30, 20). Voilà cet aliment royal qui suit tes serviteurs. Si ton serviteur passe les mers, le vent lui est contraire. S'il se résout d'aller à terre et si le ciel avait accordé de nombreux jours de beau temps, voici, lorsque cet homme, ton amant – amant malheureux, il faut bien le dire – sort pour se mettre en route, les nuées s'assemblent, la terre est inondée et ton serviteur est accablé, soit de pluie, soit de chaleur excessive, ou de gelée hors de saison.

Chose aussi étonnante, stupéfiante : tantôt les rats cachés l'empêchent de dormir, tantôt s'il sort, des milans dans le ciel ou même des corbeaux croassent contre lui, l'assaillent comme par dérision ; qu'il se taise ou qu'il rie, il déplaît. Si quelqu'un s'élève contre lui, il a beau se taire et ne blesser personne ni en parole ni en acte, tous, de concert, le maudissent, aiguisent leurs langues et, comme des chiens enragés coursant *un levraut*, poursuivent, déchirent et dépècent *le menu peuple sans force* (Pv 30, 26) et soumis à tous. Mais, pour rapporter aussi cela qui concerne ta grâce, voici ce qu'ils disent eux-mêmes : « *Dieu aime ceux qui le haïssent, et il hait ceux qui l'aiment* (2 S 19, 6). Il dispense des biens aux premiers et des maux aux seconds. »

Et qui plus est, toi aussi, le Juge juste, tu témoignes ou fais semblant de témoigner de la faveur à la partie adverse, au point de te taire comme si tu n'avais cure de la ruine de tes serviteurs. Ainsi *le juste périt et personne n'y pense* (Is 57, 1). *Et parce que l'impie prévaut contre le juste, on rend* maintenant comme autrefois *un jugement inique* (Ha 1, 4). N'est-ce pas là ce dont se plaignait d'un esprit impatient cet aimable prophète du Seigneur, prophète par son action et par le sens de son nom[2], qui disait : « *Pourquoi ne regardes-tu pas ceux qui font l'iniquité et te tais-tu quand l'impie dévore un plus juste que lui* (Ha 1, 13) ? » Le juste agit bien, et il reçoit des malédictions. Il te sert de tout son pouvoir, et l'envieux

2. Habacuc signifie « celui qui embrasse ».

méprise sa vie. Il est accablé de dérisions par les transgresseurs de ta loi ; et il est en lui-même tourmenté de mille tourments.

Et ce qui est encore pire, voici que *Satan sort devant ta face* (Jb 1, 12), et lui tend des embûches de quelque côté qu'il se tourne. Ô *gardienne des hommes* (Jb 7, 20), ô immense piété de Dieu, comment pourras-tu supporter ces maux multiformes en tes élus ? Ou comment peux-tu voir ces choses et d'autres semblables sans venir à la rescousse ? *C'est pourquoi, dans l'angoisse de mon esprit, je te parlerai, moi aussi,* maintenant, *dans l'amertume de mon âme* (Jb 7, 11). Toi seul, en effet, considères *la peine et la souffrance* (Ps 11 (10), 11), et tu sais qu'elles ne procèdent pas de la légèreté d'esprit, mais du trop-plein d'amertume de mon âme, ces paroles pleines de douleur entrecoupées de tels gémissements, tandis que les larmes qui coulent dirigent ma plume.

LA SAGESSE : Tu es un chevalier délicat, toi qui ne fais que craindre l'adversité. *Mais tu n'as pas encore résisté jusqu'au sang* (He 12, 4) et tu n'as pas mené le combat jusqu'à la mort. N'es-tu pas un homme ? Mais, ô honte, tandis qu'au temps de la prospérité tu es comme un rhinocéros plein d'audace, tu deviens, au temps de l'adversité, plus fragile qu'une toile d'araignée. Pour s'exercer et s'éprouver, un guerrier invaincu désire trouver le tourment et la misère. Ne se glorifiait-il pas bien à propos, celui qui disait : *Volontiers je tirerai gloire de mes infirmités* (2 Co 12, 5) ? Sans combat préalable, on ne saurait remporter de victoire. C'est dans la tempête que se distingue le pilote ; dans l'action que le soldat fait ses preuves. La jactance a beau jeu loin du danger. Le combat dans l'adversité, voilà l'épreuve de la vérité.

LE DISCIPLE : Suis-je seul à porter cette plainte contre toi ? Vois comme ils sont nombreux, innombrables, ceux qui, pareillement accablés de souffrance, s'accordent avec moi sur ce point, tellement que, si je ne puis l'emporter sur toi par la raison, je te convaincrai par le nombre des témoins. Ne serait-il pas plus aisé d'être puni de mort en une heure que d'être mortifié par toi tous les jours ? Ne m'oppose pas, ne me réponds pas que nous souffrons peut-être ces maux parce que nous avons péché, désobéi à tes commandements. Sommes-nous donc seuls pécheurs ? N'est-il pas vrai qu'aux pécheurs échoit l'abondance, et à tes fils l'abandon, qu'en ce monde les justes sont opprimés, tandis que les impies sont florissants ?

LA SAGESSE : *Comme mon Père m'a aimé, j'aime les* miens (Jn 15, 9). *Le disciple n'est pas au-dessus du maître* (Lc 6, 40). *Si le monde vous hait, sachez qu'il m'a haï avant vous* (Jn 15, 18). Rien de nouveau ne t'arrive qui doive être pour toi un sujet de tristesse. C'est notre habitude d'éprouver par des tentations tous les élus, surtout les courages virils et de vertu robuste. Pourquoi donc ce flot de paroles, comme s'il t'arrivait une chose insolite, pourquoi te plaindre avec tant d'ardeur et d'excès, *obscurcir les textes par des discours inconsidérés* (Jb 38, 2) ? Regarde : quel est celui, parmi mes élus, c'est-à-dire parmi ceux qui ont singulièrement plu à Dieu, qui a traversé ce monde sans épreuve ? « *Vous avez,* dit-il, *entendu la souffrance de Job, et vous avez vu la fin que le Seigneur lui a ménagée* (Jc 5, 11). »

LE DISCIPLE : Maintenant, s'il est permis de le dire, j'ai ce que je veux. C'est bien là ce que je déplore, ce sur quoi je pleure, ce pourquoi, du fond de mon cœur, je gémis et soupire. Écoute, je te prie, ton serviteur ! Voici ce qu'ils disent : « *Il n'y a pas de salut pour lui en Dieu* (Ps 3, 3). *C'est en vain qu'ils servent Dieu* (Ml 3, 14). » Et pourquoi ? Ils répondent par la raison évoquée ci-dessus : le tourment continu des justes. Et ils ajoutent que si tu as si peu d'amis, c'est qu'avec eux tu as coutume de jouer ce jeu.

Hélas, affligé et malheureux que je suis, c'est là ce qui, ô douleur, maintenant et naguère, m'a forcé maintes fois à pleurer des larmes très amères, m'a causé tristesse sur tristesse : le dommage spirituel et l'insuccès de mon labeur, mes sueurs vaines pour le salut du prochain. Car, avec bien de la peine, j'en ai amené beaucoup à la conversion, au fruit d'une vie meilleure ; et, *les enfantant dans la douleur* (Ga 4, 19 ; 1 Co 4, 15), les portant doucement sur mes épaules, je leur ai offert, dans leurs tendres années, *le lait de la consolation* (1 Co 3, 2), je me suis mis tout entier à leur service, j'ai souffert de nombreuses et grandes adversités, quand fondaient sur eux les jours dont tu as l'habitude, à savoir ceux des tentations et des mises à l'épreuve, *pour les conduire, par l'eau et le feu, au rafraîchissement* (Ps 66 (65), 12) ; certains sont revenus en arrière, à la suite de Satan, en disant : *Ce discours est dur, qui pourrait le supporter* (Jn 6, 61) *?* ; et en répétant le proverbe vulgaire : « Il est difficile d'être bon longtemps ». Ainsi, les malheureux, qui t'ont quitté pour leur perte et ma misère, se sont à nouveau empêtrés dans des choses nuisibles.

LA SAGESSE : Ce problème qu'ils posent ébranle d'habitude le courage des hommes de peu de foi ou peu de science, qui pensent que les mérites des saints sont récompensés dans cette courte vie, tandis que le prix n'en est pas donné à présent, mais réservé pour le futur. Ils ignorent *les jugements impénétrables de Dieu, le fond des richesses de la sagesse et de la science de Dieu* (Rm 11, 33), et oublient que Dieu ne voit pas comme un homme. L'homme ne regarde en effet que le présent, Dieu connaît l'avenir et l'éternité. Mais toi, autrement instruit dans notre sagesse, lève-toi, dépasse en esprit tout le visible ; *le visible est transitoire, l'invisible est éternel* (2 Co 4, 18). Éloigne-toi donc loin de l'obscénité visqueuse des délectations temporelles. Ouvre les yeux de ton âme et vois qui tu es, où tu es, où tu vas ! Alors, sûrement, tu auras raison de toutes ces difficultés. Tu es le miroir de la divinité, dans lequel Dieu brille plus noblement que dans les autres créatures, l'image de la Trinité, dans laquelle resplendit son image, le modèle exemplaire de l'éternité, dans lequel tu jouis d'une inviolable incorruptibilité. Et comme je suis infini dans mon essence, le désir de ton âme est comme un abîme sans bornes, que toutes les joies du monde ensemble ne suffiraient pas plus à combler qu'une seule goutte d'eau ne saurait, vu sa petitesse, remplir l'océan.

Ensuite, considère où tu es. Tu es dans la vallée de misère, en exil, en pèlerinage, où, mêlés aux maux, les biens sont roulés dans un tourbillon continu. Ici, *le rire est mêlé de douleur, et la tristesse prend la place de la joie* (Pv 14, 13). Dès le commencement, en effet, ce monde a trompé ses amants, en leur promettant la prospérité tout en leur infligeant l'adversité ; et maintenant encore, il ne cesse de faire cela. Mais, pour dissiper plus complètement tous ces nuages, il nous faut prendre un peu de champ et remonter plus haut, jusqu'aux principes de la foi.

# CHAPITRE 10

## DES TOURMENTS INFERNAUX

Quand ce fut fini, le disciple commença à *repenser aux jours anciens et à méditer en esprit les années éternelles* (Ps 77 (76), 6). Profondément recueilli, son intelligence soustraite, autant que possible, aux objets sensibles, il vit de loin paraître à ses yeux comme une région d'ombre, inconnue et très redoutable. Tremblant, il demanda ce que c'était, et il lui fut répondu : « Cette région séparée que tu vois, c'est le lieu des peines futures qui, à la sortie de ce corps, échoient aux différentes âmes, selon la diversité de leurs fautes, soit pour leur purification, soit pour leur damnation éternelle. Tu vois ces peines comme elles furent montrées aux âmes : ces peines et autres châtiments semblables étaient des sortes de tourments si effroyables et si terribles, qu'aucune langue ne suffirait à les dire, qu'aucune intelligence mortelle ne pourrait les estimer pleinement. » Lorsqu'il fut revenu à lui, revenu comme d'un autre monde, à ce qu'il lui semblait, de la présence émouvante de cette vision, par excès de crainte et d'horreur, comme un homme à moitié mort, gisant quelque temps, il se consuma en lui-même. Mais il ne vit certaines de ces choses qu'avec les yeux de la foi commune.

Il regarda donc ; et voici qu'une puanteur intolérable s'exhalait de ces lieux. On entendait résonner des marteaux, les ténèbres très profondes s'épaississaient, et l'on y voyait d'horribles faces de démons. Il percevait des plaintes et des gémissements ; des maux, en alternance, déchiraient sans pitié les impies : *des eaux glacées,* ils passaient à *une chaleur excessive* (Jb 24, 19). Il contemplait là la justice et la grandeur des jugements de Dieu, et, parmi les angoisses de son cœur oppressé, les gouttes de sueur que lui faisait répandre l'horreur de la vision, il constatait que *chacun était tourmenté par où il avait péché* (Sg 11, 17). Parmi les damnés, ceux qui avaient vécu ici-bas dans la folie et l'injustice recevaient les tourments de ce qu'ils avaient cultivé.

Les ravisseurs, les pillards, leurs complices, ceux qui, de leur vivant, avaient dépouillé ou indûment affligé par des exactions les pauvres et les amis de Dieu, étaient enlevés et suspendus de force à des gibets infernaux, recevant une punition au-delà de toute mesure humaine, et y étaient tourmentés : ils ne mouraient pas, mais étaient indiciblement torturés. Quelques-uns même, qui avaient caché une âme de lion sous un pelage d'agneau et avaient molesté, comme des chiens enragés, des serviteurs de Dieu par des discours médisants, des paroles outrageantes ou dérangeantes, lésé leurs confrères par une injuste persécution, étaient rongés là par les morsures très amères des chiens infernaux. Les orgueilleux, par mépris, étaient ensevelis *en des fosses d'ânes* (Jr 22, 19), et *comme des cadavres décomposés* (Is 14, 19), brûlés et rejetés ; ils étaient livrés *à l'opprobre éternel qui ne finira jamais* (Jr 20, 11). Pour une gloire temporelle et une élévation de l'esprit par quoi, en leur enflure, ils ambitionnaient de précéder les autres, ils étaient pressés d'une masse et d'un poids de peines qui les écrasaient comme une énorme tour écraserait un homme. Les buveurs et les crapuleux, *les serviteurs de leur ventre* (Rm 16, 18), étaient, comme des loups faméliques, affligés d'une faim incroyable et d'une soif intolérable. Ils désiraient recevoir, pour rafraîchir leur langue brûlée par l'incendie de la flamme, la plus petite goutte d'eau, *et personne ne la leur donnait* (Lc 15, 16). De très noirs démons, munis de seaux ardents, se tenaient près d'eux et, versaient, de force, par la bouche dans leur ventre perforé, un breuvage de soufre semblable à du plomb fondu, les brûlant d'une chaleur excessive. Les luxurieux aussi, ceux qui avaient nourri leur chair dans les délices et s'y étaient obstinés, étaient dévorés jusqu'aux entrailles par des serpents et tourmentés par des crapauds à aiguillons de feu. Ceux qui s'étaient livrés aux amours charnelles et terrestres, hommes et femmes, mordaient de douleur le sol d'enfer, car les démons les affligeaient à l'excès. Car ces derniers, munis de dards de feu, mettaient à leurs trousses une chaleur insoutenable et les lardaient de blessures très cruelles.

Mais ces damnés avaient alors pour compagnes dans la peine leurs complices dans la faute. Les cupides et les avares, les trafiquants étaient tourmentés outre mesure, car ils baignaient dans des fosses pleines de métaux en fusion, et, quand ils cherchaient à en sortir, ils y étaient replongés sans pitié.

*Ceux qui commandent étaient jugés avec une extrême rigueur* (Sg 6, 6). *Les plus grands sont menacés de plus grands supplices* (Sg 6, 9), *et les puissants étaient puissamment tourmentés* (Sg 6, 7). Oh, qui peut dire combien de peine trouvaient là les juges impies, les chefs iniques, les clercs avides de gain honteux, les moines lascifs, les laïcs violents, les femmes licencieuses, danseuses et ambitieuses, et tous les genres de faux chrétiens. Quels rugissements misérables, quelles clameurs lamentables ils poussaient ! La seule affliction de les voir semblait plus grande que toute peine du monde. *Une multitude d'ours* infernaux, *de lions audacieux, d'animaux inconnus pleins de colère, de bêtes inconnues soufflant des vapeurs de feu, répandant une odeur infecte et jetant par les yeux d'horribles étincelles* (Sg 2, 18), les déchiraient de très amères morsures[1]. Enfin, nombre d'entre eux étaient jetés *dans le puits de l'abîme d'où sortaient une fumée* (Ap 9, 2) horrible et une puanteur insupportable. Leur visage, incandescent comme fer au feu, brûlait comme des braises, et les démons les replongeaient dans cet abîme. *Ils se mordaient la langue de douleur, blasphémaient le Ciel pour leurs douleurs et ulcères, sans se repentir de leurs œuvres* (Ap 16, 10-11). *Entravés dans les liens des ténèbres et de la longue nuit, ils* étaient retenus *dans le voile* obscur et *ténébreux* de l'oubli. *Le son descendant les troublait et de tristes personnages apparaissant* les épouvantaient. *Même les feux limpides des astres ne pouvaient éclairer cette nuit d'horreur. Tous étaient liés ensemble par une seule chaîne de ténèbres ; l'ensemble de l'univers était illuminé d'une lumière limpide, et sur eux seuls pesait la lourde nuit, image des ténèbres. Mais ils étaient plus lourds pour eux-mêmes que les ténèbres* (Sg 17, 2-5 ; 19-20), *et la fumée de leurs tourments devait monter dans les siècles des siècles* (Ap 14, 11).

1. Pour les besoins du tableau littéraire (hypotypose), Suso insiste ici davantage sur la peine du sens, que sur celle du dam, à savoir l'abandon par Dieu et la déréliction éternelle des damnés.

Et voici qu'une voix retentissait d'en-haut comme un tonnerre, qui, d'un ton d'insulte et de reproche disait : « Où sont maintenant ceux qui, dès le commencement, dès les jours anciens, ont servi ce monde de tout leur désir, qui, vivant dans la volupté, se sont livrés à des désirs variés ? Eh, à quoi maintenant leur servent tous ces plaisirs qui, *comme une ombre, ont disparu* (Sg 5, 9) rapidement ? Que le plaisir est court, qui traîne après soi le reste si long de la misère éternelle ? Ô fous et insensés, où sont maintenant ces paroles que vous aviez coutume de dire avec une si grande joie et exultation de cœur : *Venez et jouissons des biens présents ; usons des créatures avec l'ardeur de la jeunesse* (Sg 2, 6) ? À quoi vous servent maintenant toutes les douces choses dont vous avez joui si brièvement ? Puisque maintenant, au contraire, votre lot est de vous plaindre et de crier cette lamentation : « Malheur, malheur à nous maintenant et pour l'éternité ! Malheur à nous d'être nés et de ne pas pouvoir mourir ! Malheur à nous qui sommes cruellement tourmentés et ne serons jamais délivrés des tourments !

Oh, quel est celui qui pense à ces supplices et prend à cœur ces tourments devenus les nôtres ? Ils sont tels que tout ce qu'on pourrait imaginer de plus horrible au monde ne saurait leur être comparé en cruauté. Oh, heureux le pur, qui n'a pas couru après les joies de ce monde, *qui n'a pas arrêté son regard sur des vanités et des folies mensongères* (Ps 40 (39), 5) ! *Insensés que nous étions, nous regardions leur vie comme une folie, et leur mort comme une honte ; et voilà qu'ils sont comptés parmi les fils de Dieu, et leur part est avec les saints. Nous nous sommes donc égarés loin du chemin de la vérité, la lumière de la justice n'a pas brillé, le soleil de l'intelligence ne s'est pas levé sur nous. Nous nous sommes lassés sur la route de l'iniquité et de la perdition, et nous avons emprunté des voies difficiles, en ignorant la voie du Seigneur. À quoi nous a servi l'orgueil ? De quel profit nous a été la vaine ostentation de nos richesses ? Tout cela s'est enfui comme une ombre* (Sg 5, 4-9).

Ce qui était temporel est passé ; mais, ô douleur, il reste maintenant ce qui restera éternellement. Ô supplice éternel de la mort sans fin, qui durera toujours ! Ô fin sans fin, mort plus grave que toute mort, toujours mourir et ne pouvoir mourir ! Ô mon père aimé, qui m'as engendré en ce monde, ô douce mère qui m'as allaité à tes seins maternels, ô vous tous, mes amis et mes chers compagnons aimés, adieu vous, mes proches[2], car voici l'heure de la séparation très amère, plus amère que toute mort. Adieu terre, adieu compagnons, que j'ai entourés d'une faveur si bienveillante ! Voici qu'on nous conduit à une horrible pendaison infernale, qu'on nous traîne au supplice redoutable ; jamais plus nous ne vous verrons avec joie. Ô larmes, coulez sans arrêt ! Pleurez, mes yeux, et toutes mes entrailles, hurlez sur cette malheureuse séparation du souverain Bien, de cette face glorieuse et ravissante, de la compagnie des anges et de cette multitude bienheureuse d'élus. Nous devons être unis à cette misérable troupe de démons, qui n'a de cesse de supplicier sans fin. Ô bruit des mains jointes de désespoir, ô gémissements intimes de nombreux cœurs ! Ô *grincement de dents* (Mt 8, 12), immense frémissement d'esprits ! Ô pleurs et hurlements nombreux ! Ô clameur qui doit durer éternellement, qui durera toujours et n'aura jamais de fin, qui toujours se renouvellera et jamais ne sera exaucée ! Nos yeux misérables ne verront jamais que la misère, nos oreilles n'entendront jamais que le malheur, le malheur et aussi la tristesse. Ô cœurs pieux, regardez cette éternité interminable et cruelle. Regardez, prenez le deuil et pleurez !

Ô *montagnes, tombez sur nous, collines, écrasez-nous* (Os 10, 8). Qui espérez-vous, qu'attendez-vous ? *Cachez-nous de devant cette face terrible de la fureur du Seigneur, du visage de colère* (Ap 6, 16) de la gloire de Dieu ! Hélas, hélas ! Pourquoi n'avons-nous pas prévenu ces maux futurs très grands, quand nous en avions la force, quand il était encore le temps ? Plût à Dieu que, de tout ce temps gaspillé, nous fût accordée même une petite heure, pour remédier à une peine si grande. Mais hélas, la justice divine a rendu l'arrêt, la voie du salut nous est fermée, la miséricorde refusée, toute espérance ôtée. Ô douleur, misères et angoisses qui doivent durer éternellement en cette terre d'oubli, où *il n'y a pas d'ordre mais une horreur éternelle* (Jb 10, 22) !

Qu'ajouter ? Malheureux, misérables, nous sommes si affligés et endoloris de ce malheur éternel, que n'importe quel terme concevable, pourvu qu'il fût limité, nous serait une consolation. Supposé donc que, par impossible, il y eût une meule de moulin assez grande pour toucher de toute part le ciel et que quelque petit oiseau vînt, après cent mille ans, enlever de son bec à cette pierre tout juste un

2. *Litt. :* mes entrailles.

petit bout gros comme un dixième de grain de mil, et, de nouveau après cent mille ans écoulés, enlevât comme la première fois un autre dixième, de sorte qu'en un million d'années, la pierre ne diminuât que de la grosseur d'un grain de mil, ô douleur, eh bien, nous, malheureux, serions reconnaissants qu'après une si lente usure totale de la pierre, la sentence de notre damnation éternelle prît fin. Mais hélas, cette consolation même est absolument refusée à nous, malheureux, par la justice divine. »

Ici prennent fin les paroles des misérables damnés. Voilà donc, ô mon fils, comment seront flagellés ceux qui sont ici-bas exemptés des *fléaux des fils* (Si 30, 1). »

LE DISCIPLE : Ô juge redoutable, voici maintenant que mon âme est effrayée et prostrée d'avoir eu cette horrible vision ; mes genoux fléchissent, je puis à peine me tenir debout. Ô *mon Dieu, mon aide* (Ps 18 (17), 3), ô mon Dieu, je t'en supplie, détourne de moi ta fureur ! Loin de moi cette sentence redoutable de damnation éternelle. S'il me faut souffrir des adversités, *que ta volonté s'accomplisse* (Mt 6, 10) ici-bas en moi ! Tu as de ma part une pleine permission, et, à l'avenir, tu n'auras plus en moi un disciple geignard. Fais une seule chose : ne permets pas que je sois éternellement séparé de toi.

# CHAPITRE 11

## DES JOIES SUPRACÉLESTES

*Éveille-toi, ma gloire, éveillez-vous, ma lyre et ma harpe, que j'éveille l'aurore* (Ps 57 (56), 9) ! Fort heureusement. Voici maintenant que nous apportons un *délicieux psaltérion* (Ps 81 (80), 3), nous chantons pour toi sur une douce cithare, nous faisons entendre des mélodies suaves et, toute crainte dont tu souffres étant bannie, toute douleur chassée, nous t'éveillons avec joie, des enfers, aux cieux. *Lève-toi* donc, *lève-toi* (Is 51, 9) ! Lève les yeux de ton âme, secoue les ailes des désirs et dispose-toi à voler sur *les ailes des vents* (Ps 18 (17), 11). Lève les yeux vers l'Orient, regarde ce qui t'est montré. Vois la terre de promesse, le lieu d'immortalité, la patrie céleste, le paradis céleste, le paradis de délices, le royaume de l'éternelle félicité. Assurément tu es un étranger, un pèlerin en ce monde ; c'est pourquoi tu dois, comme en voyage, te hâter vers tes amis chers qui t'attendent si nombreux ; ils t'attendent avec un grand désir, pour te recevoir doucement et, au milieu d'heureuses embrassades, te *faire asseoir* (Eph 2, 6) avec eux pour l'éternité. Oh, si tu pouvais savoir avec quelle grande affection sans cesse ils souhaitent pour toi, qui a fixé au ciel ton campement, que tu ne sois secoué d'aucun tremblement par les tempêtes et les cyclones du monde, mais que, robuste chasseur devant le Seigneur et preux guerrier, tu te comportes avec tant de courage et de prudence qu'aucune prospérité ne t'émeuve, qu'aucun danger ne te brise, qu'aucune adversité ne t'effraye. Eux-mêmes, ils ont si fortement, si heureusement triomphé de tout ! Et maintenant ils repassent ces jours et ces ans de leur affliction dans la douceur de leur cœur.

En vérité, plus tu endureras ici-bas une grande peine pour le nom du Sauveur, plus tu recevras une grande récompense dans l'éternité. Oh, à quelle gloire sublime sera élevé ce guerrier ! De quel honneur excellent il sera exalté quand, devant le Père aimé assis sur le trône céleste, il sera loué glorieusement d'avoir montré un tel triomphe de patience et de constance, par un si grand Roi, et entouré d'un collège d'anges ! Avec quelle grande gloire, penses-tu, brillera la couronne de gloire acquise avec tant de peine ! Plus claires que le soleil, plus limpides que l'astre céleste, brilleront les blessures, les meurtrissures et les stigmates reçus ici-bas pour son nom. Or, dans la patrie céleste une multitude innombrable et très fidèle de nobles parents et amis demeure à t'attendre, tels que même le plus étranger d'entre eux t'est joint de plus près par une vraie dilection et t'aime davantage de charité sincère, que nulle mère ici-bas n'aime son unique enfant.

LE DISCIPLE : Ô prince de la cour céleste, je t'en prie, daigne m'entretenir de cette patrie céleste, pour que mon désir augmente encore et que me soit donnée une patience plus grande dans l'adversité. Eh, mon Seigneur, comment, je te prie, est ordonnée cette cour céleste, qui sont les citoyens et les membres d'une si grande cité, savent-ils ce qui nous concerne, comme tes paroles semblent le faire entendre ?

LA SAGESSE : *Réveille-toi, réveille-toi, lève-toi* (Is 51, 17), et avance avec moi d'un pas précipité, et je te conduirai au lieu que ton âme désire, et tu y verras les plus profonds mystères des divines merveilles. Vois, au-dessus de la huitième sphère, qui est bien plus de cent mille fois plus grande que la terre entière : il y a encore un plus haut ciel, appelé empyrée, que l'on nomme ainsi à cause de son extrême luminosité, et qui est uniforme, immobile, parfaitement lumineux, d'une capacité immense. Là se tient cette cour royale, cette curie céleste des esprits bienheureux où, *les astres du matin me louent ensemble, et où tous les fils de Dieu jubilent* (Jb 38, 7). Là sont établis les sièges célestes et les trônes lumineux, d'où s'est précipitée cette malheureuse multitude des esprits malins, que doit remplacer la multitude des élus.

Vois maintenant cette cité glorieuse et sublime, merveilleusement rutilante d'or et de pierres précieuses, des portes de laquelle émane un parfum extrêmement vivifiant. *Ses places sont pavées de l'or le plus pur* (Ap 21, 21), *comme d'un cristal translucide. Elle est fondée sur des saphirs, ses remparts de jaspe* y sont toujours verts (Is 54, 11-12). Elle-même est construite de *pierres vivantes* (1 P 2, 4), pavée de fleurs, tout ornée de gemmes brillantes.

Mais pourquoi te retenir plus longtemps ? Regarde toi-même de tes yeux ouverts et vois le champ très vaste, magnifiquement décoré, des demeures astrales, orné de tous les genres de joies. Ah, quelles [joies] ! Le charme du printemps, la fécondité de l'automne, la sérénité de l'été, la liesse des noces. Vallée de joie, vision d'amour. Des harmonies célestes résonnent, des vièles divines[1] se font entendre, des voix jubilantes chantent. Ici des légions en liesse applaudissent et de douces modulations se mêlent en chœurs joyeux. Ici, les vierges dansent et courent après le Seigneur. Une est la voix des élus charmés ; une, l'ardeur des cœurs. Abondance de délices, affluence des biens souhaitables. Nul sujet de tristesse, tous les sujets de joie ! Joies toujours neuves et éternelle sécurité !

Ah [quelles] joies ! Et maintenant, tout fondu d'amour céleste par leur goût de douceur, tourne les yeux à l'entour, contemple cette multitude innombrable et considère comment, buvant tous d'une bouche altérée, ils s'enivrent du Principe jaillissant comme une source, comme ils sont ravis de contempler ce miroir très divin en lequel tout resplendit ! Ils admirent sans défaillir, ils jouissent sans satiété du Bien dont ils ont soif de jouir davantage.

Approche encore plus près, écoute comment la reine des Vierges, que tu vénères d'une affection souveraine, dépasse par un singulier privilège d'honneur et de gloire, le sommet des ordres, tendrement *appuyé sur son Aimé* (Ct 8, 5), entre les parterres d'aromates, entourée de roses et de lis des vallées. Vois comment son extrême beauté charme tous les élus et les ravit tous d'admiration. Et maintenant, qu'accoure aussi au-devant de toi le délicieux regard longtemps désiré du fond de ton cœur. Vois comment la mère de clémence et de bonté, la mère des miséricordes du Seigneur a ses yeux si cléments tournés vers toi et tous les pécheurs ; avec quel empire, quelle puissance, elle commande à tous, défend les malheureux et réconcilie les coupables.

Et maintenant, tourne les yeux de l'intelligence vers la nature angélique : vois comment les anges suprêmes de l'ordre des

1. *Divinae figellae.* La vièle est une sorte de petite viole.

séraphins et les âmes du même chœur, brûlant d'amour divin, avec ferveur et sans que rien puisse les faire dévier, s'élèvent vers Dieu comme une flamme ardente ; comment l'ordre des chérubins, recevant plénitude de la lumière divine, la répand avec abondance dans les autres, comment les trônes et les âmes associées reposent suavement en Dieu et Dieu repose en eux ; puis, comment la seconde hiérarchie est illuminée par la première et comment ils sont mus à des actes particuliers. Ah, regarde, aimé, avec quelle extrême beauté et noblesse cette multitude sans nombre est ordonnée et quelle grande diversité de mérites en distingue les membres. Ô joies admirables, regards d'une admirable beauté et d'un charme exquis !

Tourne-toi encore et vois comme les saints apôtres et *mes amis* (Jn 15, 14), en suprême honneur, siègent en qualité de juges et comme les martyrs sont rutilants de la couleur des roses, les confesseurs rayonnent de splendeur de feu, les vierges brillent d'une blancheur de neige. Enfin, comme toute l'Église céleste abonde en douceur divine, est comblée de joie ! Ces légions célestes se joignent et forment des chœurs : avec une joie ineffable, devant le trône, elles éclatent en mélodies. *Le fleuve impétueux* (Ps 46 (45), 52) qui en sort enivre leurs âmes de volupté, remplit leurs bouches de délices. Ô heureuse cité, ô constante solennité, et quelle délicieuse cour, ignorant absolument le souci ! Heureux et bienheureux ceux qui ont été invités à un si grand festin, qui, par élection divine, ont mérité de faire partie d'une telle assemblée !

Oui, en cette patrie céleste, région glorieuse, l'épouse fidèle qui doit régner sans fin sera conduite heureusement pour être enfin revêtue d'un corps glorieux, elle aura sur la tête la couronne d'or et, outre la couronne, l'auréole[2].

LE DISCIPLE : Dis-moi, je te prie, pieuse douceur, qu'est-ce que la couronne d'or et qu'est-ce que l'auréole ?

LA SAGESSE : Par couronne d'or, entends la récompense essentielle, par auréole, la récompense accidentelle[3]. La récompense accidentelle est la joie d'avoir accompli des œuvres ayant le caractère

2. Cf. Ex 25, 25.

3. THOMAS D'AQUIN, *Sent.*, IV, dist. 49, q. 5, a. 1 ; *Somme théol.,* Suppl., q. 96.

de victoire éclatante, comme le glorieux triomphe des martyrs, comme aussi le triomphe excellent des docteurs et des vierges sur le diable et leur chair.

Mais la récompense essentielle consiste dans la parfaite union de l'âme avec Dieu, dont elle jouit parfaitement par une vision et un amour parfaits. Car le désir infini de l'âme ne sera jamais pleinement satisfait, à moins d'être totalement immergé dans l'abîme de la divinité. C'est ainsi seulement que, jouissant parfaitement de cette suprême Trinité et de cette très simple Unité, elle sera enfin pleinement béatifiée. Et plus parfaitement elle aura quitté toutes les choses temporelles, plus librement elle s'élèvera dans la contemplation des réalités de l'Esprit. Plus elle s'est donnée aux actes spirituels, plus heureusement elle sera absorbée, là, dans l'abîme de la très divine clarté et sera faite avec lui un seul esprit, au point de « devenir par grâce ce que Dieu est par nature[4] ». Oh, qu'elle est heureuse l'âme associée aux chœurs angéliques qui, rassasiée du nectar du Christ, adhérant à la souveraine Trinité, lui sera unie par d'heureuses étreintes, doucement, inséparablement ! Ô repos ineffable et douceur très suave de ce repos merveilleux !

Mais toi, disciple de la Sagesse éternelle, déjà tout *hors de toi* comme un autre *petit Benjamin* (Ps 48 (47), 28), rafraîchis un peu ton cœur ému dans le repos très tranquille de cette délicieuse société, que tu vois maintenant face à face. Considère la splendeur des visages de ceux qu'accablait la folie, que molestaient les insultes et les dérisions des impies. Élève ton cœur ravi et, d'une voix reconnaissante, comme saluant de loin ces citoyens de la cour céleste, ces membres de la maison de Dieu, harangue-les, dis-leur : « Où sont maintenant les réprobations de ceux qui vous insultent, qui autrefois vous accablèrent ? Où sont les têtes inclinées, les yeux baissés, témoins de votre cœur alourdi ? Où, je vous prie, les angoisses mordantes et intimes du cœur ? Où les gémissements et les larmes, où le visage pâle, émacié, consumé, à cause des mille périls ? La pauvreté, le dénuement et le manque, où sont-ils passés ? Comment s'est-elle tue, cette voix misérable et gémissante qui disait d'habitude : “Ô mon Dieu, que je souffre ! Combien longtemps durent mon tourment, mon épreuve et mon affliction !”

4. Maxime le Confesseur, *Ambigua*, VII (*PG* 91, 1088 C 3-11) ; Bonaventure, *Sent.*, I, dist. I, a. 3, q. 2 ; Thomas d'Aquin, *Somme théol.*, p. III, q. 9, a. 2, ad 3.

Où sont tous ceux qui vous méprisaient, vous tourmentaient, *dédaignaient vos travaux* (Sg 5, 1) et menaient votre vie à l'amertume ? On n'entend plus de voix excitant au combat et disant : "Comportez-vous hardiment et combattez l'ennemi, le monde et la chair. *Prenez le bouclier, saisissez l'écu, fourbissez la lance* (Jr 46, 4), restez au camp ; nuit et jour soyez en armes, ayez *les reins ceints de la vérité* (Eph 6, 14)". On n'entend plus cette voix secrète qu'au temps des visites de la grâce vous aviez coutume d'entendre vous exhorter ainsi : "Maintenant, *prépare ton âme à l'épreuve*, afin que, la joie spirituelle partie, la *tristesse* désordonnée *ne t'absorbe pas* (2 Co 2, 7)." On n'entend plus ce cri qui vous était habituel autrefois : "*Ô mon Dieu, pourquoi m'as-tu abandonné* (Mt 27, 46 ; Ps 22 (21), 2), pourquoi m'as-tu oublié, et pourquoi faut-il que je marche attristé, parce que l'ennemi m'afflige ?" J'entends plutôt doucement retentir en vos cœurs cette voix agréable et joyeuse, qui dit : "*Venez les bénis de mon Père, possédez le royaume qui vous a été préparé depuis l'origine du monde* (Mt 25, 34)". Où sont maintenant tous les tourments et les adversités, les angoisses et les misères et tous les maux du monde que vous avez soufferts ? Ô Dieu, avec quelle rapidité toutes ces choses ont passé, et maintenant, c'est comme si elles n'avaient jamais été. C'est merveille comme tout cela est vite apparu et a vite disparu ! Ô mon Dieu très pieux, que tes jugements sont incompréhensibles et cachés aux fils des hommes !

Et vous, élus et bien-aimés fils du Très-Haut, voici, l'heure n'est plus de fuir et de vous cacher dans les coins, vêtus de vils habits, comme si vous étiez humbles et abjects, indignes de tout honneur, comme *l'opprobre des hommes et le rebut du peuple* (Mt 21, 7). Vous êtes couronnés de gloire et d'honneur si grands, élevés en dignité et excellences telles, pour l'éternité et au-delà, qu'aucune intelligence ne peut apprécier ni aucune langue suffire à célébrer votre louange. Ô vous, célestes princes, ô très nobles rois et empereurs, *ô fils du Dieu très haut, participants de la nature divine* (Ps 82 (81), 6 ; 2 P 1, 4), de quelle immense joie vos visages sont pleins, en quelle abondance et suréminence on voit vos cœurs déborder d'exultation ! Vous portez des guirlandes d'or ineffablement brillantes, vos visages sont éclatants, vos vêtements splendides, votre chant agréable, vos fronts ceints de guirlandes ! Avec quelle douceur résonnent vos voix harmonieuses, qui rendent grâces et disent : "Eh ! *Bénédiction et clarté, sagesse, action de grâces, honneur, vertu et force dans les siècles des siècles* (Ap 7, 12) à celui par la grâce de qui nous sommes protégés, par la miséricorde de qui nous sommes sauvés, par la bonté de qui nous devons régner : à toi gloire et honneur dans tous les siècles !" » Maintenant regarde autour de toi et vois tour à tour [les parties de] ce glorieux royaume plein de délices où, avec le Christ, se réjouissent tous les saints. C'est la patrie céleste, demeure de repos, lieu de rétribution et royaume d'éternelle félicité.

LE DISCIPLE : Ô stupeur et admiration immense de si grands et profonds mystères, dépassant toute intelligence et pleinement connus de Dieu seul ! Ô abîme incompréhensible divinement profond, quelles grandes merveilles sont cachées en toi ! Oh, qu'entends-je, que vois-je, qu'éprouvé-je en moi-même des magnificences des œuvres divines en cette cité glorieuse, qu'aucune langue ne saurait dire ! Bien des choses glorieuses ont été dites de toi, cité de Dieu, mais ce n'est rien auprès des insignes merveilles cachées en toi. Maintenant je la sais *vraie, la parole* souvent *entendue sur tes merveilles et ta gloire ; je ne croyais pas ceux qui les racontaient avant de venir et de voir de mes yeux, et j'ai fait l'épreuve qu'ils n'avaient pas dit la moitié de ce qui est. Ta sagesse et ta gloire sont plus grandes que ce qu'on en publie. Bienheureux tes hommes, et bienheureux tes serviteurs, qui toujours se tiennent devant toi, entendent ta Sagesse* (1 R 10, 6-8) et voient ta gloire.

Et maintenant, roi de gloire, qu'il soit permis à ton serviteur de présenter à son Seigneur une petite requête : *ne confonds pas mon visage* (1 R 2, 20). Que ton serviteur demeure ici désormais, je t'en supplie, qu'il ne rentre pas dans sa maison. Car *il est* très *bon pour nous d'être ici* (Mt 17, 4 ; Mc 9, 5 ; Lc 9, 93). Écoute, je t'en prie, ton serviteur, humblement prosterné devant toi, et fais-moi place pour que je reste avec toi dans cette cité glorieuse !

LA SAGESSE : Nullement. L'humilité de Sion n'est pas encore complète, ton heure n'est pas encore venue. Pour toi, c'est le moment de combattre, l'heure de régner n'a pas sonné. Le temps presse de mériter ; il n'est pas venu le temps de la récompense. Sois vaillant : tu as encore bien *des combats à livrer pour la foi du Christ*[5].

5. *Bréviaire* OP, Fête de S. Laurent, 1re noct., 3e antienne.

**Des joies supra-célestes,**

*L'Horloge de Sapience*, Ms IV 111, Fol. 62, Bruxelles, Bibliothèque royale. Dame Sagesse avait exhorté son Disciple à contempler les peines de l'enfer. Maintenant, elle l'amène à considérer la gloire et la beauté du Paradis : d'abord, la vision de Dieu en majesté, puis les anges et les archanges, la Vierge Marie, proche de la Trinité, Jean-Baptiste, les Apôtres, les Évangélistes, les martyrs, les confesseurs, « les vierges et les saintes matrones », et « la tourbe populaire » qu'on ne peut dénombrer.

# CHAPITRE 12

## RÉSOLUTION DE CERTAINES OBJECTIONS OMISES DANS LES PRÉCÉDENTS CHAPITRES

Sache que, si ce lieu bienheureux de béatitude éternelle t'a été montré dans un regard de très pure contemplation, ce n'est pas que tu doives dès maintenant y demeurer, mais pour qu'en tout combat et adversité tu saches tourner les yeux de ce côté, afin de pouvoir mieux supporter toute adversité et répondre aux attaques de ceux qui se plaignent en disant : « *Pourquoi la voie des impies est-elle prospère* (He 12, 6 ; Ap 3, 19), et pourquoi Dieu a-t-il en ce monde l'habitude de châtier ses aimés ? » C'est aussi pour répondre à ta propre plainte contre moi, quand tu me disais en pleurant que, précisément à cause de l'étroitesse du chemin qui mène à la vie, beaucoup parmi ceux que tu te réjouissais d'avoir, avec beaucoup de peine et avec grande douleur, acquis au Seigneur, étaient revenus en arrière.

Car, si tu considères plus attentivement, tu verras que c'est là chose trop commune, que tu n'es pas seul en ce cas, que très manifestement la même chose est arrivée à tous les plus saints Pères. Ceux qui ont cru à mes paroles et à celles de mes apôtres ont-ils donc tous persévéré ? Paul, *le vase d'élection* (Ac 9, 15), *le docteur des nations* (1 Tm 2, 7), se plaint-il pour autant d'avoir couru et travaillé en vain ? Au contraire, courant de tous côtés très vaillamment, il prêcha partout à grand peine et sollicitude, annonça très libéralement l'Evangile aux Gentils, envoya des épîtres, *comme une nourrice qui a soin de ses enfants* (1 Th 2, 7), et porta le nom de Jésus *devant les païens, les rois et les fils d'Israël* (Ac 9, 15). Mais quoi ? Où sont maintenant les Ephésiens et les Galates, pour qui il se glorifiait d'avoir tant travaillé et de s'être si souvent exposé aux plaies, à la mort ? Paul et les autres apôtres ont-ils laissé là la prédication et le salut des âmes en voyant leurs fils regimber et se laisser prévenir par de faux apôtres ? En agirent-ils plus mollement ? Certainement pas ! Mais, semant partout la parole de Dieu, faisant ce qui était en eux, ils confièrent le fruit à venir à la disposition et à la volonté divines. C'est pourquoi tu lis dans les Actes des Apôtres : *Et tous ceux-là crurent, qui étaient prédestinés à la vie éternelle* (Ac 13, 48).

Ainsi procède la sage nature. Elle orne les arbres de rameaux et de fleurs : à un certain moment, au temps des fleurs précisément, on ne voit pas de feuilles dans les arbres, mais chaque arbre chargé de fleurs éclate de belles couleurs, répand de délicieux parfums. Et quand arrive la saison des fruits, pour la plupart des arbres, les belles promesses ont coulé et péri, à peine est-il resté la millième partie. Cependant, le père de famille prudent ayant beaucoup d'arbres en son jardin, n'oublie pas, quand il en tombe un ou plusieurs, d'en planter de nouveaux ; à la place de chacun qui tombe, il se hâte d'en mettre un autre. L'ignores-tu ? *Un arbre a de l'espérance, coupé, il peut verdir encore, il ne cesse pas d'avoir des rejetons* (Jb 14, 7). *Le juste* lui-même *tombe et se relève sept fois* (Pv 24, 16) en une journée. Elle est imprescriptible la sentence : *Le Seigneur connaît ceux qui sont à lui* (2 Tm 2, 19). *Mais qui connaît la pensée du Seigneur* (Rm 11, 34) ? Ou quel mortel peut discerner ceux qui doivent être damnés et ceux qui seront couronnés éternellement ? Fréquentes sont les volte-face du libre arbitre. Tu vois celui-ci quitter le cloître, la communauté du Christ, se détourner du souverain Bien et se ruer à la damnation éternelle, à l'enfer ; et tu vois cet autre sortir, le cœur contrit, de la maison infâme, se joindre au collège des anges pour être éternellement sauvé.

Il faut donc dispenser la parole du salut à tous indistinctement ; car c'est dans le gouffre où tu t'y attends le moins, que tu trouveras le poisson. Que ton hameçon pende donc partout. La louve s'élance vers les brebis en troupeau, mais n'en ravit qu'une. *La course* du combat glorieusement *achevée* (2 Tm 4, 7), *il entrera dans les joies du Seigneur* (Mt 25, 21) celui qui, prêchant à cent mille, rapportera ne serait-ce qu'une seule âme gagnée à son Seigneur. Il ne le sera pas moins glorieusement, n'en rapportât-il aucune, pourvu que, fidèlement et de toutes ses forces, il ait fait ce qu'il fallait pour leur salut[1]. Le soldat vaillant au combat est loué d'avoir constamment et *loyalement combattu* (2 Tm 2, 5), même s'il n'a pas remporté de victoire pour son seigneur. C'est ainsi que *le Docteur des Gentils se glorifiait que la couronne de justice l'attendît* (2 Tm 4, 8), non moins que si tous ceux qu'il avait convertis avaient persévéré dans la vraie foi et l'unité de la mère Église. Ce n'est douteux pour personne, l'expérience l'apprend aussi en ce cas, l'âme de l'enseignant est parfois plus affligée du labeur et de la douleur quand il croit avoir travaillé en vain, que s'il pense avoir agi avec fruit. Dans ce dernier cas, il se réjouit et se complaît dans le Seigneur ; dans le premier, son âme douloureuse se trouble (Ps 42 (41), 7) et en outre il est blessé par les traits empoisonnés des jaloux.

Moïse, qui fut pris et choisi par le Seigneur pour tirer son peuple du pays d'Égypte et le conduire dans la terre promise, combien de milliers de personnes crois-tu qu'il en tira ? Or, de tout ce grand nombre, deux personnes seulement parvinrent au but ; les autres périrent en route. Gédéon, que *l'Esprit du Seigneur avait investi* (Jg 6, 24) pour qu'il délivrât son peuple du joug des Madianites, avait choisi, pour lutter contre eux, de nombreux compagnons : par instinct divin, il les mit à l'épreuve au bord des eaux ; il en rejeta des milliers, qui revinrent chez eux ; trois cents hommes seulement restèrent avec lui, livrèrent bataille et défirent l'ennemi[2]. Saül avait plusieurs fils distingués ; seul David fut choisi pour roi. Le peuple juif a eu beaucoup de rois : entre eux tous, trois seulement détruisirent les hauts-lieux[3]. C'est ainsi que, parcourant toutes choses une à une, tu verras ton erreur de vouloir refaire à ton gré l'ordre magnifique de l'univers, qui a été placé par la seule Sagesse divine dans la génération et la corruption et dans le libre-arbitre flexible.

Garde toi donc désormais avec soin d'avoir l'esprit mesquin, comme le jour où, tendant tes pieds meurtris et enflés des fatigues de la route, tu les montrais au Créateur de toutes choses et, l'âme impatiente, lui demandais pourquoi il ne considérait pas *ta peine et ta douleur* (Ps 10 (9), 14), puisqu'il avait permis la rechute d'une

1. Voir Augustin, *Règle*, IV, n. 7.
2. Jg 6, 34-7, 7.
3. À savoir Asa, Ezéchias et Josias. Voir 2 Ch 14, 2 ; 31, 1 ; 34, 3.

petite brebis, que tu avais jadis arrachée au gosier de l'ennemi, pourquoi il ne l'avait pas plutôt fait sortir de ce monde, quand elle était encore en son saint projet, et ne t'avait pas vengé, ainsi que lui-même, de celui qui avait été l'occasion de la ruine pour cette brebis. Mais tu penseras plutôt à la grande peine avec laquelle j'ai racheté le genre humain, et le peu de profit que j'ai obtenu chez beaucoup. De là vient que, quand tu argumentais, l'esprit troublé, contre moi, j'ai fait cette réponse divine à ta simplicité, par une illumination céleste : « *Il suffit au disciple d'être comme son maître* (Mt 10, 25). *S'ils* n'*ont* pas *gardé,* dis-je, *ma parole*, *ils* ne *garderont* pas non plus *la vôtre* (Jn 15, 20). » Rappelle-toi que, dans l'armée du ciel, tu n'as vu exceller en gloire et honneur que les pierres vivantes polies par des coups et des tourments multiples.

Mais peut-être prétends-tu, par une pensée cachée, parer le coup en disant qu'il n'en était pas de même autrefois, qu'il en va ainsi maintenant parce que, dans les derniers temps, *la charité s'est* presque *refroidie* (Mt 24, 12), que les saints prophètes sont morts, que les miracles ont cessé en grande partie et que les maux se sont multipliés sur la terre ; que les fidèles qui mènent une vie dépravée sont plus difficiles à convertir, du fait du grand nombre qui les retiennent, et plus enclins à récidiver, et qu'il faut donc cesser de vouloir produire de tels fruits.

À quoi je [réponds] : plus les hommes, aux approches de la fin du monde, tombent dangereusement et empirent, plus ils auraient besoin d'être renouvelés par quelque fervente doctrine et grâce. Plus damnablement on a fait périr les saints prophètes et amis de Dieu – les faux prophètes se sont élevés d'ailleurs pour prendre leur place –, et plus il est nécessaire d'enseigner avec ferveur et d'exposer sa vie pour la vérité désormais en sommeil.

J'appelle faux prophètes tous ceux dont les actes contredisent les paroles, tels ceux qui enseignent qu'il faut fuir l'avarice et qui, de tout leur être, ont soif d'argent ; qui crient qu'il faut mépriser la gloire du monde et qui s'efforcent de chercher les vains honneurs et les promotions ; qui proclament qu'il faut rejeter les objets précieux et rechercher les simples, mais qui sont eux-mêmes à l'affût des objets de luxe avec excès.

Et, pour ne rien dire du reste, tu vois la plupart d'entre eux chercher à mettre un tel raffinement dans leurs habits que les saints Pères ont prescrit à leur postérité de porter un habit modeste en signe de simplicité et d'innocence[4], pour qu'ils ne paraissent pas céder à la pompe de ceux qui vivent dans le siècle. Tu vois celui-ci marcher dans une robe de drap très précieux dont les plis partent des épaules, des centaines de plis tout autour : on le croirait vêtu de la toge du philosophe ; il marche tout orné *comme une cariatide* (Ps 144 (143), 12). Un autre porte aux mains des gants, aux pieds des souliers étroits et à bout recourbé[5] comme pour danser. D'autres, par un nouveau relâchement, portent des tuniques de forme et de coupe imitant la mode séculière, des manches fendues et si étroites que les bras n'y peuvent entrer qu'à grand effort, des pendentifs d'ivoire, des ceintures de soie brillantes et d'autres objets semblables, qui témoignent de leur légèreté et de leur relâchement. En voulant par-là plaire aux petites bonnes femmes, ils déplaisent à Dieu et aux prélats des Églises et à toutes les personnes honnêtes des deux sexes.

Que penseront, à ton avis, ceux à qui de tels prophètes seront envoyés pour les instruire, quand ils les verront venir, non pas vêtus de sacs comme les anciens prophètes, mais avec de nombreux scandales et pierres d'achoppement ? Ils les mépriseront et leur diront ce proverbe : *Médecin, guéris-toi toi-même* (Lc 4, 23). Celui dont on méprise la vie, il est logique, dit quelqu'un[6], que l'on méprise aussi ce qu'il enseigne. Que de médisances, de moqueries, de dérisions, ils récolteront de la part de ceux qui sont dehors ! Combien de fois et de quelle façon ils seront moqués ! Et non sans raison, car c'est assurément une chose risible. « *Rougis de honte, Sidon !* », *dit la mer* (Is 23, 4).

On leur dira sans doute aussi ce que disait le démon à un moine tenté de porter un long manteau. Ne pouvant en avoir un, celui-ci s'affublait d'une natte en guise de manteau, alors le diable, assis sur la queue de la natte que ce frère traînait derrière soi, lui dit : « Ô moine, si tu pouvais faire davantage, tu ferais certes davantage. » Ne seraient-ils pas fondés à s'excuser de leurs fautes, ceux qui luttent pour le pouvoir temporel, en voyant faire cela si souvent et sans aucune hésitation à des hommes censés être voués à la pauvreté et avoir renoncé au monde ? Pas étonnant qu'il y ait de tristes litiges

4. Cette consigne se retrouve par ex. chez Cassien, *Instit. cénob.*, I, chap. 3.
5. Souliers à la poulaine.
6. Grégoire le Grand, *Hom. sur l'Évangile*, hom. 12, n. 1.

et des luttes pour l'empire, quand on fait un si grand procès pour un si pauvre royaume. Si encore cet abus de la recherche n'était que dans les sujets, il serait plus facile d'appliquer un remède à un mal si contagieux.

Or maintenant, beaucoup, qui devraient précéder les autres *par la parole et l'exemple*[7], dont les habits et les mœurs devraient, par leur caractère religieux, convaincre les autres, ne craignent pas d'en faire autant et, ce qui est plus damnable, de le justifier. Ce qui relève de l'arrogance ou de la prétention intellectuelle, ils le baptisent honnêteté et utilité, sous prétexte que ces objets sont donnés gratuitement ou qu'il est prouvé qu'ils en font un bon usage. Mais, ô douleur ! C'est prudence du siècle, *sagesse animale ou diabolique* (Jc 3, 16), que de préférer l'utilité temporelle au bien spirituel. Que feront donc *le petit troupeau* (Lc 12, 32), les vases plus fragiles, les femmes, en voyant les esprits des hommes succomber à de telles frivolités ? Assurément, quand le groupe des bergers entame la descente en prenant les pentes abruptes, le troupeau va forcément les suivre dans le précipice.

Anciennement, on ne se contentait pas d'exhorter aux œuvres nécessaires au salut, mais on exaltait les œuvres surérogatoires ; on présentait ces exercices de piété aux fidèles comme le moyen d'obtenir plus commodément les grâces nécessaires au salut et, les ayant obtenues, de les conserver. Maintenant, sur ce point, la plupart gardent le silence, craignant d'être taxés de malhonnêteté, si leur langue venait à rendre un autre son que leur vie. Et ce qui est plus damnable, non seulement ils omettent de parler de ce qui est le plus utile à faire, mais ils ne cessent de molester tant qu'ils peuvent ceux qui le font et convainquent d'autres de le faire. C'est ainsi que saint Jérémie[8], prédisant pour un proche avenir la ruine d'Israël à cause des péchés du peuple, leur a offert, par ordre du Seigneur un joug de bois pour pouvoir plus facilement les amener à pénitence, mais les faux prophètes s'opposèrent à lui et, l'accablant de maintes injures, brisèrent les chaînes et les jougs de bois. C'est alors qu'il leur dit : *Paix, paix, alors qu'il n'y avait point de paix* (Jr 6, 14). N'a-t-il pas prophétisé excellemment à ce

7. *Bréviaire* OP, Prière pour le pape ; HUMBERT DE ROMANS (général OP de 1254 à 1263), *Épîtres des trois vœux*.

8. Voir Jr 27-28.

sujet celui qui disait : *Celui qui méprise les petites choses tombera petit à petit* (Si 19, 1).

Et tu trouves ce défaut déplorable, non seulement chez ceux qui sont censés voler, comme l'aigle[9], plus haut que les autres dans la connaissance, mais encore très véritablement chez ceux que représente le bœuf, lequel se montre d'habitude d'aspect humble et serviable. Tu le trouves très abondamment chez le lion, dont on dit qu'il remplit les oreilles de ses petits de ses rugissements et de ses clameurs pour les réveiller. Le quatrième animal pris mystiquement, l'homme, par une défection qui dure déjà depuis longtemps, est tombé dans une telle faiblesse que plus personne ne doute plus que son état ne soit désespéré, puisqu'il considère si manifestement que toutes les choses interdites lui sont permises et qu'il peut marcher sans crainte après les désirs de son cœur. Quant aux autres créatures qui habitent ensemble à part dans les grottes et les forêts, et se tiennent loin des regroupements et des villes, elles commencent aussi à reprendre les raffinements des villes avec autant d'application que de danger. C'est au point, ô douleur ! qu'on sait à peine où fuir, maintenant que, aux approches de la fin du monde, *l'homme ennemi* se hâte de tendre son filet et de *semer l'ivraie* (Mt 13, 25). Heureux, ah oui ! Heureux *les morts qui déjà sont morts dans le Seigneur* (Ap 14, 13) !

Rappelle-toi ce fait remarquable, arrivé à l'un de ceux dont on vient de parler. Faisant le prophète et exhortant le peuple au salut, il criait très fort que la charité, l'affection de beaucoup pour Dieu et ses saints avaient chuté et que le Christ ne trouverait plus dans le monde sa Marie-Madeleine, laquelle lui montra autrefois tant d'égards[10]. Le sermon terminé, une demoiselle alla le trouver et lui dit d'un ton un peu aigre : « Ô frère, le Christ trouverait aujourd'hui sûrement sa Madeleine comme autrefois, si Marie pouvait trouver maintenant son Christ comme autrefois. » Elle voulait dire que, si quelques-uns des prophètes en question étaient ce qu'ils devraient être, il y aurait encore des gens pour les recevoir en toute piété.

9. L'image des quatre animaux est reprise d'Ez 1, 10.

10. Voir Lc 7, 37-38, du moment que l'on veut bien identifier avec GRÉGOIRE LE GRAND (*Homélies sur l'Évangile*, XXXIII, n. 1) cette Marie avec Marie de Magdala. On trouve cette référence dans le *Bréviaire* OP, pour la fête de Marie-Madeleine, 2e nocturne, 4e lecture.

T'ayant énoncé cette pure vérité, qui ne sait pas flatter les vices, en paroles mesurées, mais avec insistance, je te vois l'âme consternée : tu crains que ce que je te dis en secret, ne soit négligé, une fois parvenu aux oreilles des coupables, ou en tout cas reçu de moins bon gré. C'est cela qui me déplaît, qui te rend répréhensible : ta timidité à dire ce qui, je le sais, intéresse le salut de beaucoup. Que dis-tu, en effet ? Tu n'es pas Jérémie, tu n'es pas *sanctifié dès le sein de ta mère* (Jr 1, 5), tu n'es pas prophète. Qu'es-tu donc ? Un pécheur, *cultivant les sycomores* (Am 7, 14). Mais tu es envoyé par le même qui envoya ces prophètes. C'est ce qu'attestent ton nom et ta profession religieuse, confirmée par le souverain Vicaire, Jésus-Christ. Pourquoi crains-tu ? Si tu déplais aux hommes vains et relâchés, tu plairas à beaucoup qui ne marchent pas dans la légèreté, mais vivent honnêtement selon les instructions des saints Pères, qui gagnent à Dieu eux-mêmes et beaucoup d'autres. Cherches-tu donc *encore à plaire aux hommes* (Ga 1, 10) ? Je dis cela, non certes en approuvant des singularités, mais en définissant et témoignant qu'il est bon de suivre la voie commune. Seulement, ce qui était autrefois singulier commence maintenant à être commun ; et ce qui est maintenant singulier, autrefois était commun.

Et un disciple *fidèle et prudent* (Mt 24, 45) ne doit pas se retirer de ses entreprises sous le prétexte que tu invoques, que tu n'as pas d'auditeurs [dociles], que ce discours ne prend pas sur eux parce qu'il ne contient pas de questions subtiles et ne présente pas d'utilités temporelles, et que désormais cela seul qui donne les moyens de se pousser aux honneurs ou de faire des opérations lucratives est avidement recherché, acheté plus cher et utilisé par beaucoup, qui négligent tout le reste. Or, le présent volume ne contient que *des lamentations, des plaintes et des malédictions* (Ez 2, 10) pour réveiller les âmes de la torpeur des vices et soulever les cœurs vers les réalités divines. Considère que le Seigneur a envoyé Ezéchiel à un peuple au cou dur en lui disant : *Ils ne t'entendront pas, car ils ne veulent pas m'écouter* (Ez 3, 7). Ainsi le saint prophète est envoyé, mais il est averti au préalable qu'il n'obtiendra rien. Cela fait apprécier la bonté du Seigneur, qui *veut que tous les hommes parviennent au salut* (1 Tm 2, 4) et ne manquent pas de remèdes salutaires ; et cela souligne la dureté des Juifs qui, sans gratitude pour les bienfaits du Seigneur, persévèrent dans leur obstination. Considère également le prophète Jérémie : il écrit le livre du

Seigneur, mais ce livre n'est pas reçu par le roi, mais *découpé par le canif du secrétaire et jeté au feu* (Jr 36, 23). Jérémie ne se retire pas pour autant : sur l'ordre du Seigneur, il fait un autre livre pour remplacer le premier[11]. Si tu ne veux même pas considérer cela, suis au moins le conseil d'un sage : chante pour toi et les tiens, puisque les autres sont sourds[12]. Ainsi donc, depuis le commencement du monde, différents saints et amis du Dieu très-haut ont mérité les récompenses éternelles que tu as contemplées en supportant maintes adversités et en souffrant tout patiemment. Maintenant, *ils sont couronnés et reçoivent la palme* (4 Es 2, 45). Ce qui précède te montre donc à l'évidence combien il est bon de servir Dieu plutôt que le monde, et combien il est agréable d'aimer les biens célestes plutôt que les terrestres, qui périront.

LE DISCIPLE : Je n'ai absolument rien à répondre à tout cela, qui dépasse beaucoup ma force : je me mets le doigt sur la bouche et remets mon imperfection à ta volonté très bienveillante et à ta majesté très parfaite, ne concluant qu'une chose, par ta grâce : que ceux-là sont fous et pareils aux discoureurs sans sagesse, qui tentent de comparer ensemble ton amour très précieux et le très vain amour du monde. Comme des gens sans noblesse, *ils regardent comme des délices d'être dans les ronces* (Jb 30, 7), car leur raison même est vaine, puisqu'ils s'efforcent, en arguant du grand nombre de ceux qui aiment le monde, d'approuver cet amour et, au contraire, en arguant du petit nombre de ceux qu'un amour parfait unit à toi, de désapprouver ton amour. Ô douleur, *ce sont des aveugles et des conducteurs d'aveugles* (Mt 15, 14) !

Il est plus facile, ce faisant, de prouver la thèse opposée que la leur, car il est constant que la multitude ne se gouverne pas par la raison, mais se conduit plutôt par le sentiment désordonné. Je reconnais donc bien m'être égaré, et je m'accuse, le cœur douloureux, d'avoir trop soupesé les moindres exercices et labeurs accomplis au service du prochain et d'avoir été trop impatient dans les adversités. Oh, avec quelle miséricorde tu épargnes, quand tu accordes ici-bas des malheurs, et quelle sévérité dans ta colère quand tu octroies toujours le succès ! Ta correction paternelle est très aimable. Tu

11. Voir Jr 36, 32.
12. Cette sentence semble condenser Si 32, 6 et 15.

*châties celui que tu aimes, comme un père châtie l'enfant qu'il chérit* (Pv 3, 12). Que nul ne se plaigne donc que tu oublies les tiens dans les malheurs. Tu *oublies* bien plutôt, *d'un oubli* éternel (Os 1, 6), ceux que tu épargnes maintenant pour peu de temps, en récompensant certains petits biens qu'ils ont faits ; mais tu veux les damner pour l'éternité en punissant sans fin leurs œuvres mauvaises. Je trouve donc très juste que ceux que tu as décidé d'exempter de misères si grandes et de mettre en possession d'une gloire si immense soient ici-bas sans cesse aux prises avec l'adversité.

# CHAPITRE 13

## COMBIEN IL EST UTILE AU SERVITEUR DE DIEU DE SOUFFRIR EN CE MONDE MAINTS TOURMENTS

*Consolez-vous, consolez-vous, mon peuple, dit votre Dieu* (Is 40, 1). Un esprit spirituellement malade et sujet plus que de raison aux vicissitudes du monde était tombé dans la nuit de l'adversité, après le jour de la prospérité. Oublieux des remèdes précédents, il recommença à s'angoisser et à se répandre, d'un cœur très triste, devant Dieu ; le cœur mis en feu par un sentiment d'apitoiement qui le brûlait comme des *charbons dévorants* (Ps 120 (119), 4), il se mit à rappeler à sa mémoire les adversités qu'il avait souffertes et à répandre force larmes.

Comme le disciple de la Sagesse[1] n'avait pas sous la main de quoi ranimer son esprit en travail pour le Christ, un jeune homme fort beau se présenta en vision à lui, qui était plein de désirs et de soupirs : il lui tendit alors un instrument de musique, du nom de psaltérion, marqué d'une croix, il féconda à nouveau son âme de sentences spirituelles, et lui ordonna de chanter avec agrément et sagesse et de réjouir les cœurs tristes et chagrins en leur Seigneur. Cependant, beaucoup d'hommes en proie à *diverses langueurs* d'âme (Mc 1, 34) et autres incommodités, s'approchaient de lui de plus près, et le suppliaient humblement de consoler leur

1. Il y a, dans ce chapitre, comme un dédoublement entre le Disciple et son esprit affligé.

esprit. Le disciple, après avoir pris l'instrument de la main de l'ange, revint à lui, et, comprenant ce qu'il lui avait dit, entonna devant son malade un chant tiré des paroles du prophète : *Consolez-vous, consolez-vous, mon peuple, dit votre Dieu* (Is 40, 1).

Mais bien qu'il chantât ces paroles consolantes et d'autres pareilles pour adoucir la douleur de son esprit chagrin, le malade *ne voulut pas être consolé* (Mt 2, 18 ; Jr 31, 15) ; au contraire, il devenait de plus en plus triste. En effet, de douces paroles, entendues dans le chagrin, rendent parfois les cœurs tristes encore plus tristes. Ne dit-on pas que l'harmonie rend le joyeux encore plus joyeux et le triste encore plus triste ? Ainsi, plus l'esprit pieux qui brûle d'amour divin ressent avec douceur la présence divine après l'épreuve amère, plus il fond en larmes de joie imprévue.

De même il advint en cette circonstance que dans l'esprit languissant le sujet de joie tournât en motif de tristesse. Lui qui aurait dû plutôt rire se mit à pleurer avec excès. Interrogé par le disciple sur la raison de ses pleurs et sur ce qu'il avait, l'esprit répondit : « *Laisse-moi exhaler ma douleur, mon âme est dans une grande amertume* (2 R 4, 27). » Son interlocuteur lui dit : « Qu'as-tu souffert ? Dis-le-moi. » Il répondit : « Malheureux que je suis ! Encore adolescent j'étais sorti prendre une amie pour jouir de sa compagnie et vivre avec elle une vie heureuse. Comme j'en avais vu plusieurs et que j'avais le choix, l'une d'entre elles, plus belle que les autres, à ce qu'il me semblait, charma mes yeux. Elle se présenta à moi en effet avec des discours séduisants et des promesses magnifiques : je délaissai donc toutes les autres et m'accordai avec elle pour la prendre pour épouse[2]. Quand j'eus demeuré quelque temps avec elle, espérant un grand salut de son union avec elle, ô douleur, d'amie elle devint mon ennemie. L'agneau se mua en lion, et par elle toute ma vie fut remplie de douleur et de misère. Je croyais être en sécurité dans ma maison, et comme un jeune arbre aux belles frondaisons auprès des saules du torrent, je commençais à étendre mes rameaux et à fructifier : celle que j'avais crue mon amie étendit alors sa main contre moi, sécha les tendres fleurs

2. Il ne s'agit pas ici des épousailles de Suso avec la Sagesse mais avec l'Église, et donc en particulier de son entrée dans l'Ordre des Prêcheurs. Ce qui suit peut se rapporter aux épreuves qu'il a subies en tant que religieux, dues notamment à sa fidélité personnelle à Eckhart.

qu'un froid rigoureux avait contractées, arracha le feuillage, *enleva l'écorce au figuier* (Jl 1, 7), et elle *m'a tranché le fil, tandis je m'apprêtais à tisser* (Is 38, 12). Elle suscita contre moi les plus cruels ennemis, lesquels, m'affligeant nuit et jour, ne m'épargnèrent en rien. Je voulais certes leur résister, mais, trop affligé de leurs insultes récurrentes, je commençai à languir en mon cœur juvénile, et mon âme se desséchait, laquelle s'était d'abord réjouie et avait maintenant maints sujets de tristesse.

Puis, ajoutant douleur à douleur, faisant blessure sur blessure, elle[3] m'ôta un parent très doux, l'unique consolation de mon cœur dans le temps, que j'aimais comme mon âme[4], et elle me laissa désolé. Oh, si tu avais vu en ce temps avec quelles larmes dans la voix, quels cris, je levai les yeux vers le ciel, pour que le Dieu miséricordieux changeât sa colère en douceur et *retirât* quelque peu *sa main* (1 S 6, 5) qui s'est très lourdement appesantie pour affliger le malheureux, ton bon cœur en eût été très ému ! Mais voici ce que je suis forcé de te dire avec des larmes dans la voix : l'épouse très cruelle dont je parle exerça contre moi sa fureur de la façon que voici. Deux brebis seulement me restaient, qui mangeaient dans l'écuelle avec moi, buvaient avec moi et me rendaient tous les services. Au moment où j'y pensais le moins, surviennent *les loups du soir* (Ha 1, 8), ils ravissent les petites brebis et les mettent en pièces, en les déchirant plus cruellement que toute mort. Pleurant, me lamentant, je courus après elles ; à grand-peine et labeur, j'arrachai enfin de force quelques lambeaux des cadavres, *comme un berger arrache deux pattes* de sa bête *de la gueule du lion* (Am 3, 12). Ce que voyant, mon ennemie trempa sa main dans le sang des cadavres et, me touchant au visage, me frottant de sang, *m'exposa aux insultes des insensés* (Ps 39 (38), 8). Elle m'envoya des tourments plus atroces que la mort et *éteignit* la lumière de *la lanterne* brillante (Pv 20, 20). *Elle fit cesser le chant d'allégresse* (Ba 2, 23), m'enleva tous les chers objets de ma joie. Elle blessa

3. L'amie devenue si sévère est ici l'Église. Suso ne sépare pas cependant la Sagesse et l'Église : il préfère considérer en effet que la Sagesse a cherché à le mettre à l'épreuve par le biais des persécutions endurées au sein de l'Église.

4. Il s'agit probablement d'Eckhart, dont certaines thèses ont été condamnées par le pape dans la Bulle *In agro dominico* du 27 mars 1329. Suso a commis l'imprudence généreuse en 1327 de défendre la doctrine d'Eckhart dans le *Petit livre de la vérité* (chap. 6), en la démarquant de celle des frères et sœurs du Libre esprit.

mon cœur de douleurs très cruelles, incroyables. Voyant cela, bien des cœurs pieux pleuraient et gémissaient plus fort : quelques-uns, *se frappant la poitrine* (Lc 23, 48), compatissaient à ma très dure affliction. Mais, quelques-uns qui se tenaient là, se moquaient du malheureux, *hochant la tête* (Mt 27, 39 ; Ps 23 (22), 8) et lui reprochant ses souffrances. Pourquoi insister longuement ? Cette souffrance cruelle monta si haut que *la mort et moi n'étions pour ainsi dire plus séparés que d'un degré* (1 S 20, 3).

Celle que j'aimais par-dessus tout ne s'arrêta pas là, mais ajouta à mes tourments de nouveaux tourments. J'avais en effet à grand effort, depuis mon enfance, planté un bois, agréablement verdoyant, contenant une *chaire d'honneur* (Si 7, 4) d'où j'espérais tirer gloire et louange. Le moment venu de jouir de mon labeur, la chaire fut renversée et le bois passa au domaine d'un autre, tout le travail fut perdu et la fin visée fut manquée[5]. Et ainsi, *après m'avoir élevé, elle m'écrasa* violemment (Ps 102 (101), 11). Mais ces maux s'épaissirent encore à cette époque : elle excita contre moi une multitude d'hommes qui, tels des serpents et des animaux venimeux, lancèrent contre moi un assaut puissant et m'affligeaient, tantôt ensemble, tantôt séparément : *j'étais alors le frère* des lions *et le compagnon des autruches* (Jb 30, 29). Des chiens enragés aboyaient contre moi, des scorpions me blessaient en secret. Et des serpents au souffle fétide soufflaient et sifflaient contre moi, *ne craignant pas de me cracher au visage* (Jb 30, 10). Et ainsi me lésant de tout genre de peine, se jouant de moi, ils plongèrent ma vie dans l'amertume. Quoi encore ? Le temps ne suffirait pas si je voulais raconter un à un les fléaux dont mon adversaire m'a accablé, jusqu'à présent. Mais il est permis de dire avec le prophète : *Mon secret m'appartient, mon secret m'appartient* (Is 24, 16) ! Mes paroles et les larmes de mes yeux ont été forcées de sortir de l'abondance et du trop-plein du cœur touché par tes paroles de douce consolation. »

Le disciple, ayant entendu cela, comprit que c'était là le mystère des épousailles de la Sagesse éternelle, qui a coutume d'éprouver ses amants par des tourments temporels et, après les

5. Vers 1327, Suso retourna à Constance, où il devint lecteur, afin d'enseigner les Frères du couvent ; mais il perdit cette fonction vers 1330, probablement lors du chapitre général de l'ordre, qui s'est tenu à Maastricht en 1330.

avoir éprouvés, de les unir à elle par l'amitié. Tourné alors vers elle, il dit : « Ô abîme insondable de Sagesse divine, ô mer sans bornes de toute bonté, pourquoi affliges-tu ainsi ceux qui t'aiment et laisses-tu marcher *la tête haute* (Jb 15, 26) ceux qui ne se soucient pas de toi ? Ignores-tu, Créateur de toutes choses, que la base de l'homme faible est trop fragile et que *le corps qui se corrompt appesantit l'âme* (Sg 9, 15) au point qu'elle ne peut plus regarder vers l'avenir, mais qu'elle est plutôt inclinée de force vers ce qu'elle a sous les yeux ? Ô Dieu très clément, considère avec clémence nos tourments, accorde-nous le courage de souffrir et, par tes consolations très gracieuses, raffermis d'en-haut les cœurs sans force. »

LA SAGESSE : Le faon nouveau-né se réfugie chez sa mère, se colle aux mamelles de la biche ; mais quand il grandit, quittant le lait, il gagne les sommets des monts, *broute parmi les lis* (Ct 2, 16) et se joint librement au troupeau. Tu as déjà dépassé, par la maturité de tes ans, l'âge des enfants qui ont droit au lait. Il est temps que, *sevré, éloigné des mamelles* (Is 28, 9), tu te joignes à *la troupe des forts* (2 S 24, 9). Apprends donc par leur exemple ce que tu dois faire et avec quelle patience tu dois souffrir toute adversité, pour que, éprouvé toi aussi par les tourments, tu sois associé à leur troupe avec joie et sans fin.

*Monte* donc *au sommet de ton cœur* (Ps 64 (63), 7), redresse-toi et regarde derrière toi l'innombrable phalange de tous les saints, depuis le commencement, et remarque combien tous ceux qui m'ont plu singulièrement ont été aussi singulièrement éprouvés par les malheurs qu'ils eurent à supporter. Et, pour ne rien dire de tous les autres, dont le nombre est infini, nous avons sous la main l'enfant qui joue de la cithare, *l'homme selon le cœur de Dieu* (1 S 13, 14) : *Ô Dieu, tu nous as causé des épreuves nombreuses et terribles, mais tu nous rendras la vie, et tu nous feras remonter des abîmes de la terre* (Ps 71 (70), 20). Joseph, futur maître de l'Égypte, vendu par ses frères et calomnié par une femme perverse, fut mis et gardé en prison[6]. Et je passe ici sous silence Abraham, béni du Seigneur, Moïse, choisi par le Seigneur et les autres patriarches, prophètes et amis du Dieu très haut, dont

6. Gn 37, 28 ; 39, 13-23.

l'espérance persévérante devrait justement être pour toi un miroir de patience et te rendre avisé face aux coups du sort.

*Remonte les générations une à une, et elles t'instruiront ; interroge tes aînés, et ils te diront* (Dt 32, 7) : car tu es comme un étranger, *ignorant d'où tu viens et où tu vas* (1 R 3, 7) ; alors tu verras que ce que tu souffres est plaisant, si tu veux le peser comme il faut et le comparer aux souffrances de tes Pères. Vois : Isaïe, ennobli par des grâces insignes, est coupé en deux avec une scie de bois[7]. Jérémie, *sanctifié dans le sein de sa mère* (Jr 1, 5), qui *n'a pas désiré le jour fatal* (Jr 17, 16), est lapidé et brûlé. À Ezéchiel, on brise cruellement la tête[8]. Daniel, *l'homme de désirs* (Dn 9, 23), est jeté *dans la fosse aux lions* (Dn 6, 16) ; les trois adolescents sont *livrés à la fournaise* (Dn 3, 20-23). Job, exemple de patience, est livré aux mains de l'ennemi[9]. Tobie devient aveugle[10]. Les Macchabées sont mis à mort dans des supplices raffinés[11]. Or, ces Pères avaient *reçu en promesse* des biens temporels (He 11, 39). Au contraire, depuis le commencement de l'Église naissante, *le royaume des cieux est assailli avec violence, et ce sont les violents qui l'arrachent* (Mt 11, 12).

Ne vois-tu pas que les apôtres, mes très chers amis, ont vécu en ce monde dévorés par *la faim et la soif, le froid et la nudité* (2 Co 11, 27) ? Ils se sont exposés *aux prisons et aux coups, à la mort* (2 Co 11, 23) ; ils se sont soumis à toutes les peines et les angoisses de la vie présente, *ils n'ont pas défailli dans leurs tourments* ( Co 4, 1-8), et n'ont pas persisté à se plaindre comme tu le fais ; *ils ont jubilé dans les outrages* (Ac 5, 41), et *se sont réjouis dans les tourments* (Rm 5, 3). Qui osera regarder les martyrs et manquer, après cela, d'ardeur et geindre ? *Eux, ils ont éprouvé les outrages et les coups,* enduré *les liens, la prison* (He 11, 36) ; ils ont souffert d'innombrables genres de tourments et ont été très glorieusement couronnés. Les confesseurs et les vierges, vivant un

7. *Ascension d'Isaïe*, V, 1-14 ; JUSTIN, *Dial*, chap. 120 ; TERTULLIEN, *La Patience*, chap. 14 ; ORIGÈNE, *Lettre à Africanus*, 9 ; HIÉRON, *Comment. sur Isaïe* 15, chap. 57, 1-2.

8. Suivant la tradition venue du PS.-EPIPHANE, *Les vies des prophètes*, chap. 9 (*PG* 43, 401).

9. Jb 1, 12-22.

10. Tb 2, 11.

11. 2 M 7.

long martyre, ont *crucifié leur corps avec ses vices et convoitises* (Ga 5, 24). Qu'a fait Alexis[12] ? Qu'a souffert Eustache[13] ?

Enfin, que souffrent encore aujourd'hui, pour l'amour de Dieu, dans toute la large étendue de la foi [non seulement] *des jeunes gens et des vierges* (Ps 149 (148), 12), mais aussi des femmes mariées et des veuves très pieuses, dont la grandeur des tourments, si tu la connaissais, imposerait le silence à ta bouche prompte à se plaindre ? Ne te rappelles-tu pas l'exemple très mémorable de la femme mariée, dévouée totalement à Dieu, qui te révéla, en confession, comment, vingt ans durant, elle avait vécu avec son mari ? Ce dernier s'était maintes fois précipité sur elle, non comme un homme, mais comme un lion furieux, le glaive dégainé, et avait frappé cette femme sainte et pudique d'innombrables coups et outrages, à tel point que, lorsqu'elle voyait son mari, elle était saisie à tout moment de l'horreur de la mort soudaine. Mais cette femme pieuse souffrait très patiemment tout cela, sans murmurer ni protester, et en plus elle te suppliait très pieusement de prier pour le salut de cet homme très impie. N'as-tu pas alors levé les yeux au ciel et, te frappant la poitrine, le cœur plein de honte, proclamé qu'en comparaison d'elle tu ne souffrais rien, mais te promenais nonchalamment ?

Il est, en outre, un lieu d'où tu tires les meilleurs arguments et prends les conseils plus salutaires : je veux parler de l'Achille de ton cœur, à savoir les *Conférences*[14] et les *Vies des Pères du désert*[15], que tu lis et relis chaque jour, et dont tu ne te sépares pas

12. Saint Alexis est supposé avoir été un aristocrate qui poussa à l'extrême le renoncement aux biens de ce monde. La légende (d'origine syriaque semble-t-il) assure qu'il a fini sa vie en mendiant à la porte de ses parents sans jamais révéler son nom.

13. Général de l'empereur Trajan, Eustache ou Eustathe, fut livré, avec sa famille, aux lions après avoir refusé les honneurs du triomphe païen, puis jeté dans un taureau de bronze rougi par le feu.

14. C'est-à-dire les *Conférences* de Jean Cassien, trad. E. Pichery, Paris, Cerf, « Sources chrétiennes », 3 vol., 1955-1971.

15. On entend au moyen âge par *Vitae patrum* un ensemble considérable de textes, comprenant le texte proprement dit des *Vies des Pères du désert* (qui commence par la *Vie de S. Antoine* par S. Athanase), puis des récits de voyage, comme *l'Histoire des moines en Égypte* (*Historia monachorum in Aegypto*, trad. du grec par Rufin) et l'*Histoire lausiaque* de Pallade de Galatie, et enfin un recueil de « dits » ou d'apophtegmes des Pères du désert (*Verba seniorium*). Voir plus bas, à la fin du chap. 3 du l. II.

volontiers, même pour peu de temps. Si tu les as étudiées avec soin, il est étonnant que tu n'en aies pas assez profité en ce point pour y apprendre la patience. Où est ton Arsène ? Macaire, où est-il allé ? As-tu oublié Antoine, rejeté Paul et Hilarion ? *Rassemble* ton cœur *dispersé* (Ps 147 (146), 2), et souviens-toi des Pères très saints qui, vivant dans la Thébaïde et dans les régions d'Égypte, et en d'autres lieux du désert, gagnant les retraites des montagnes, les escarpements des rochers, les replis des forêts, cherchèrent l'immensité horrible de la solitude désertique, et là, loin de la vue des hommes, endurant d'innombrables adversités, menèrent une vie admirable à tous.

Ne rougis-tu pas, quand tu les vois et que tu désires de toute l'affection de ton âme être agrégé à leur société, de ne pas vouloir au moins imiter en petit leurs souffrances ? Veux-tu, parmi tant de très vaillants chevaliers, être lâche et t'engourdir dans la somnolence ? À Dieu ne plaise ! Le temps est passé. Te voilà devenu un homme : rejette enfin les jeux puérils et prépare-toi à des combats plus rudes.

LE DISCIPLE : Vraiment, *le souvenir* de Pères si grands est *comme de la musique dans un festin où l'on boit du vin,* et pour toute âme tourmentée, *il sera plus doux que le miel* (Si 49, 2). En voyant avec les yeux du cœur ces hommes glorieux, *ces chevaliers* émérites *de la cour céleste*[16] et leur geste stupéfiante, moi, pauvre vermisseau, je m'écrie en gémissant du fond du cœur que je ne suis rien et ne souffre rien ; même si je pensais avoir quelque sujet de tristesse, à leur aspect je le perds et respire doucement.

Mais je voudrais savoir si les infortunes occasionnelles et les tourments involontaires sont salutaires ou méritoires ; et aussi pourquoi tu as coutume d'exercer tes amis par les échecs plutôt que par les succès.

LA SAGESSE : Tu poses, me semble-t-il, en une seule demande trois problèmes à résoudre, à savoir ceux du hasard, du mode et des causes des tourments. Quant au premier point, tiens fermement qu'aucun tourment ni aucun autre événement fortuit, quel qu'il soit,

16. *Bréviaire*, commun des apôtres, laudes, hymne « Les bienfaits éternels du Christ ».

ne peut être attribué au hasard, si on le réfère à la Cause première des êtres, quoique, par rapport à telle ou telle cause seconde, il relève de la loi du hasard. Conclus par conséquent que n'importe quelle adversité qui tombe sur toi arrive par le mouvement et la providence de Celui dont la vertu a créé et conserve toutes choses dans l'être.

Quant aux tourments involontaires, tu dois savoir que, si l'involontaire comme tel n'est pas méritoire, lorsqu'une âme prudente consent à souffrir de bon gré ce qui lui est advenu involontairement, et qu'elle incline sa volonté, précédemment rebelle, sous la verge de Dieu, faisant de nécessité vertu, nul doute que ce qui semblait d'abord empesté ne devienne salutaire et méritoire et que cela ne profite à l'accroissement spirituel des vertus. Ainsi, au vrai, la Sagesse de Dieu tire à soi d'innombrables cœurs depuis le commencement du monde et *contraint* les récalcitrants *à entrer* (Lc 14, 23). Maintenant, pourquoi les élus sont-ils ici-bas la plupart du temps oppressés par l'adversité ? Retiens-en cette raison manifeste : parce que *les pensées de l'homme sont portées au mal dès sa jeunesse* (Gn 8, 21), le chemin des élus doit être clôturé par les épines des tourments, de peur qu'un contentement nuisible n'offre matière à péché, tandis que tout élu oppressé, du fin fond de ses tourments sans trêve, est forcé de tendre aux biens d'en-haut même malgré lui.

LE DISCIPLE : Je ne refuse pas de croire que les tourments temporels soient utiles et salutaires, s'ils n'excèdent pas la mesure et les possibilités du patient ; mais leur présence affligeante angoisse et émeut si fortement qu'elles semblent même parfois dépasser les forces de l'homme.

LA SAGESSE : C'est généralement l'habitude de tous les malheureux d'estimer leurs maux plus lourds que ceux d'autrui, et chacun, sentant ses dommages, les déplore plus que ceux des autres ; et tel qui se croit surchargé outre mesure par sa peine, si celle-ci changeait, y trouverait encore motif à la même plainte. Soumets-toi donc, sans nulle exception, à la volonté divine et reçois avec affection toutes les peines qu'elle t'envoie. *Car Dieu est fidèle, il ne souffre pas que les siens soient éprouvés outre mesure, mais il ménagera l'issue avec la tentation, pour qu'ils puissent supporter*

(1 Co 10, 13). Pourquoi donc trembles-tu encore ? Que crains-tu ? Dieu est très bon pour vouloir, très sage pour savoir excellemment ce qui est utile à chacun, et très puissant pour soutenir de sa main toute-puissante l'homme lorsqu'il est de lui-même défaillant. Jette donc ta pensée dans le Seigneur ! Confie-toi à Dieu, remets-t-en à Dieu, *jette tout souci en lui, car il prend soin de toi* (1 P 5, 7). Approche et dis-lui en confiance : Mon *Père, que ma volonté ne se fasse pas, mais la tienne* (Lc 22, 42). Et quand le tourment viendra, sors au-devant de lui comme s'il s'agissait d'un hôte très important, reçois-le avec bienveillance et dis-lui d'un cœur enjoué : « Bienvenu soit mon ami le tourment ! »

LE DISCIPLE : Ô Dieu, que cela est facile à dire, et qu'il est difficile des mettre des paroles en face des faits ! Car les cruelles blessures des tourments oppressants sont fort dommageables.

LA SAGESSE : Si les tourments ne causaient pas de souffrances, on ne pourrait les appeler des tourments. Le tourment, lorsqu'il est présent, suscite l'abattement ; et il réjouit au plus haut point lorsqu'il est passé et vaincu. Il a ainsi une brève amertume et une longue consolation. Le tourment fréquent, enfin, est vaincu par l'habitude, au point presque de ne plus sembler un tourment ou de paraître léger. L'habitude du malheur fait qu'on a moins le souci des événements malheureux. Et cela d'autant plus, que l'abondance immense de la douceur divine n'est pas pour toi aussi méritoire, ni digne d'aussi grandes louanges que le tourment patiemment souffert en ferveur d'amour. On voit plus d'hommes, élevés par la prospérité et le succès, déchoir, qu'on n'en voit, brisés par l'adversité, ruiner leur projet spirituel. Enfin, si tu fleurissais dans la science des astres, si tu pénétrais les secrets de tous les arts libéraux, si tu paraissais admirable en toute sagesse, si, par l'éloquence et l'habileté à argumenter, tu l'emportais sur tous les rhéteurs et les dialecticiens, toutes ces choses ensemble contribueraient moins à te faire bien vivre que cette *unique chose nécessaire* (Lc 10, 42) au salut : à savoir, *par charité, d'un cœur pur, en bonne conscience et foi sincère* (1 Tm 1, 5), te quitter toi-même et te remettre tout entier à Dieu à chaque tourment, et obéir à sa volonté avec patience.

Car cela[17] est commun aux bons et aux méchants, mais ceci[18] ne peut être que dans les seuls élus. La gloire éternelle l'emporte tellement sur les souffrances temporelles et passagères qu'un examinateur attentif devrait plutôt choisir d'être tourmenté de nombreuses années *dans une fournaise de feu ardent* (Dn 3,6), que d'être privé de la plus petite récompense qui lui est réservée pour l'avenir, car le travail pénible a une fin, mais la récompense est sans fin.

LE DISCIPLE : Ô suprême et ineffable piété, avec quelle suavité, quelle excellence, ces orgues résonnent à l'oreille d'une âme trop triste. *Ô merveille de ta bonté*[19], *que de pencher* ainsi *ton cœur* (Jb 7, 17) vers l'homme malheureux, affligé, désolé ; de daigner ainsi oindre les endoloris et consoler les tristes et les affligés. Quand tu chantes si doucement, l'âme accablée de tristesse est allégée, et ta mélodie céleste met en fuite, au moins pour un temps, l'esprit de tristesse qui l'agite ; elle peut porter plus facilement ce qu'elle souffre. Même si le choix m'était donné, je préférerais souffrir continuellement l'adversité et être choyé de ta consolation très douce, plutôt que d'être exempt d'adversités et n'avoir pas ton onction très précieuse. Achève donc ce que tu as entrepris : celui pour qui la Sagesse éternelle joue, dans l'adversité, si doucement de la cithare estime ne souffrir presque rien.

LA SAGESSE : Veux-tu entendre la cithare spirituelle aux beaux sons ? Lève-toi et considère avec soin le précieux fruit des événements contraires. En effet, de même que dans la cithare les cordes bien accordées rendent un doux son, de même tout élu oppressé par l'adversité est comme tendu hors de soi par une force et pleinement adapté à rendre une douce mélodie céleste. Il faut donc savoir que le tourment temporel est vilipendé par ce monde très fou, mais estimé très précieux par Dieu, le souverain juge. Il éteint la colère du juge et change sa sévérité en amitié et bonté. Celui qui souffre volontiers l'adversité pour Dieu est assimilé au Christ qui a souffert,

17. La science.

18. Le cœur pur, *etc.*

19. *Missel*, Proclamation « *Exultet* » (« Exultez de joie ») pour les vigiles pascales.

et c'est pourquoi le Christ lui-même l'étreint comme son semblable d'un lien d'amour privilégié.

Son fruit balsamique donne une vigueur incorruptible. Comme l'étoile du matin annonce au monde le lever prochain du soleil, ainsi fait le tourment pour l'homme. Il atteste que le soleil supracéleste lui-même est proche et veut visiter l'âme en souffrance, il témoigne de la consolation qui va suivre. Et comme la nuit ténébreuse précède le jour lumineux, et l'hiver âpre l'été charmant, ainsi la souffrance précède d'habitude la consolation intérieure et éternelle des âmes bonnes. *Comme l'arc-en-ciel qui brille dans les nuées lumineuses* (Si 50, 8) est un signe de la paix divine pour le genre humain, ainsi le sort qui frappe est le signe que Dieu est propice à l'âme contrite.

L'adversité est avant-coureuse de la grâce, compagne de l'espérance, génératrice d'amour. Elle protège la vie active par ses retranchements et aiguise subtilement l'œil de la contemplation. C'est elle qui fait d'un homme charnel un spirituel et qui change une âme terrestre en céleste, car l'homme empêché de se répandre autour de soi est forcé de tendre vers le haut. Elle fait déserter ce monde et rend familier avec Dieu. Elle a coutume d'amoindrir le nombre des amis, mais elle a coutume d'augmenter la grâce. Car le monde rejette souvent comme vil l'élu du souverain Bien, qui a mérité d'être décoré de l'amour qui lui est réservé. Elle est *la voie étroite*, mais sûre, le raccourci qui *mène à la vie* (Mt 7, 14).

Que tout homme sensé suppute maintenant combien serait fou quiconque, après avoir réfléchi fréquemment à l'utilité de l'adversité, voudrait en être épargné. Quelle multitude innombrable d'hommes se sont endormis du sommeil très profond des péchés, ont péri de mort spirituelle, engloutis par la malheureuse iniquité et qui, la verge de la correction divine survenant, ont été comme réveillés du lourd sommeil et de *l'empire de la mort* (He 2, 14), ont corrigé leur vie et, rejetant les *œuvres de ténèbres*, ont revêtu les *armes de lumière* (Rm 13, 12) ! Ô combien y a-t-il au monde de captifs, animaux indomptés et oiselets farouches, tenus enfermés par la main du Très-Haut dans les tourments oppressants qui, si la faculté leur était laissée, se relâchant dans le repos, fuiraient l'état de leur salut ? Combien en est-il qui auraient commis de très graves péchés, se seraient précipités dans de nombreux crimes si la souffrance, par une disposition divine, ne les en eût préservés !

Car qu'est-ce qui apprend au cœur enflé, à l'esprit superbe et à l'homme ambitieux à mieux se connaître, à *ne pas aspirer à ce qui est élevé* (Rm 12, 16), mais à s'arrêter humblement en soi et craindre ? Qu'est-ce qui lui enseigne à venir en aide à son prochain qui souffre ? C'est l'adversité, nourrice de l'humilité, maîtresse de la patience, gardienne de la virginité, pourvoyeuse de félicité éternelle. Le tourment est si salutaire qu'à peine quelqu'un échappe-t-il aux effusions de sa bonté, qu'il soit du nombre des commençants, des progressants ou même des parfaits. Elle enlève la rouille des péchés, procure l'accroissement des vertus, confère l'abondance des grâces. Quoi de plus utile que ce précieux trésor ? Elle ôte les péchés, diminue le purgatoire, repousse les tentations, éteint les ardeurs de la chair, rénove l'esprit, fortifie l'espérance. Elle rend le visage joyeux, apporte à la conscience la sérénité et lui procure une continuelle abondance de joies intérieures. C'est une potion qui guérit, une herbe plus salutaire que toute herbe du paradis terrestre. Elle châtie, certes, le corps corruptible, mais elle fait vivre l'âme immortelle. L'âme pieuse est engraissée par le tourment comme les roses et les lis sont fécondés par la rosée céleste. Elle accorde la sagesse, produit la circonspection et rend l'homme inexpert plus exercé. Celui qui n'a pas souffert des coups du sort, que sait-il ? *Que sait-il, celui qui n'a pas été éprouvé* (Si 34, 11) *?* La souffrance est *un don choisi* (Sg 3, 14) de Dieu, une correction amoureuse, un coup paternel. Elle invite les volontaires et tire les volontés rebelles.

À l'homme patient, les malheurs servent à l'égal des bonheurs. Amis et ennemis sont ses serviteurs. Combien de fois, je te le demande, as-tu imposé le frein du silence à tes adversaires qui grinçaient des dents et à tes ennemis qui criaient avec aigreur contre toi, en les rendant impuissants par ta mansuétude et ta patience, et la joie de ton cœur ? Moi qui ai créé toutes choses du néant, je fais venir de tous côtés sur mes élus des tourments imprévus, pour qu'ils ne soient pas privés de leur immense bienfait. Car, par l'adversité la vertu s'éprouve, le prochain est édifié, Dieu glorifié. La patience dans les adversités est *comme une colonne de fumée exhalant la myrrhe et l'encens et toutes sortes de parfums* (Ct 3, 6), dont l'odeur très suave, dégagée par le feu du tourment, monte sans cesse devant mes yeux, me rend paisible, et ravit d'admiration toute la cour céleste.

Les mondains ne regardent pas, d'habitude, le chevalier luttant vaillamment dans le tournoi terrestre avec autant d'attention que toute la société du ciel a coutume de couver du regard l'homme spirituel combattant virilement sur la route. Et tous les saints font crédit à l'homme patient, car ils ont goûté d'avance, toute leur vie, *la coupe mêlée par le Seigneur* (Ps 75 (74), 9), et maintenant ils persuadent encore les craintifs que cette coupe n'a rien de mauvais, mais tous, d'une seule voix, proclament que c'est un breuvage salutaire. La vertu de patience est préférée à la résurrection d'un mort et à l'accomplissement d'autres miracles. C'est elle qui confère la gloire du martyre et qui offre la palme de la victoire. Elle est vêtue de pourpre, ornée d'une guirlande de roses rouges, armée d'un sceptre d'or, rehaussée d'un diadème royal. Grenat luisant parmi des joyaux d'or, telle est la patience se révélant dans l'adversité. Pierre précieuse rayonnante, parfum qui embaume doucement, rayon de miel coulant de partout, tel est le religieux vivant patiemment parmi ses frères et portant patiemment leurs défauts. Sa voix, douce au palais du ciel, montant d'un cœur agréable à Dieu, revendique un chant unique, que ne peuvent chanter ceux qui n'ont pas mérité de le chanter par leur force d'âme en face des malheurs de cette vie. *Ni la langue ne peut dire, ni l'écriture exprimer*[20] la grande utilité de la patience à souffrir les malheurs. Mais de tout ce que je t'ai dit, que cela seul ne tombe pas hors de ta mémoire : ce monde dit malheureux les souffrants ; à mes yeux, ils sont bienheureux, car ils régneront sans fin avec moi.

LE DISCIPLE : Oh, avec quelle évidence apparaît maintenant qui tu es ! Très manifestement, tu es cette glorieuse Sagesse, à qui aucune sagesse mortelle ne peut se comparer ; tu mets au jour la vérité qui se fait reconnaître à la saveur de miel, à l'arrière-goût très suave, sans laisser place à aucun doute. Il n'est donc pas étonnant qu'il souffre volontiers tous les malheurs celui qui, les supportant, est si doucement consolé par toi. Mon père très doux, voici que prosterné maintenant à tes pieds, je te rends grâce avec une pieuse affection du cœur, pour toutes mes épreuves présentes, mais aussi pour les très dures flagellations passées par lesquelles, jusqu'à

20. *Bréviaire*, Fête du saint Nom de Jésus, Vêpres, hymne « Jésus, douce mémoire ». Voir plus bas, le *Cours de la Sagesse éternelle*, Laudes.

cette heure, tu as daigné me châtier et m'instruire. Elles ne me paraissaient autrefois si lourdes que parce que je les croyais venir d'une sévérité hostile. C'est merveille de voir avec quelle rapidité toutes ces choses terribles *ont passé, comme les brumes du matin* (Os 13, 3), et comment tu as fait en sorte qu'elles soient à mes yeux comme si elles n'avaient jamais été. Je suis contraint de dire avec le Sage : *Avec un peu de travail, je me suis acquis un grand repos* (Si 51, 35). En effet, unique trésor de mon cœur, en te plaçant comme un miroir d'amour devant les yeux de mon cœur amoureux, en t'embrassant très affectueusement du fond le plus intime de tous mes désirs, j'oublie tout sujet de tristesse, et tout ce qui a pu m'imposer de la peine ou de la douleur tombe dans l'oubli.

# CHAPITRE 14

## COMBIEN IL EST UTILE D'AVOIR CONSTAMMENT EN MÉMOIRE LA PASSION DU CHRIST

Nous passons des roses aux roses, et, délaissant les violettes, nous nous hâtons de chercher les lis, en ramenant les yeux du cœur, avec un désir souverain, des fleurs écloses des souffrances de quelques hommes divins, au rosier de tes souffrances, ô *fleur des champs* (Ct 2, 1), rose sans épines, Sagesse éternelle. Tous les biens spirituels nous sont fournis très abondamment par ta Passion riche en fruits et vénérable. *Où est en effet le sujet de nous glorifier* (Rm 3, 27) ? Où sont l'espérance et la joie de notre cœur ? En vérité, en toi seul, suprême et vrai bien, et dans le trésor très précieux de ta Passion. Aussi, est-ce une joie de garder sans cesse dans le cœur un trésor si inappréciable et d'en parler toujours, de s'en occuper, en tout temps, d'âme et de corps. Plaise également à Dieu qu'il ne se fane jamais en nos cœurs, mais soit toujours nouveau, y renaissant toujours.

Heureux donc es-tu, ô lumière glorieuse de toutes les Églises, qui, survolant d'un vol sublime tout ce qui passe et pénétrant dans l'abîme de la clarté divine, la fixant d'un œil plus pur, qui seul as entendu *les paroles qu'il n'est pas permis à l'homme de dire* (2 Co 12, 4) ; et qui néanmoins, descendant vers les choses d'ici-bas, par un sentiment doux comme le miel, as fait jaillir pour tous du trésor de ton cœur ces mots à la louange de cette Passion : *Je n'ai rien voulu avoir parmi vous, si ce n'est Jésus-Christ et Jésus-Crucifié* (1 Co 2, 2). Ô parole de miel, *plus savoureuse que le miel et même que le miel en rayon* (Ps 19 (18), 11), que doivent constamment ruminer les esprits zélés, d'où coule une liqueur pleine de force, qui abreuve abondamment les malheureux des joies du salut.

Et toi aussi, violon céleste, doucement orné de la suavité du langage et illuminé par la majesté très divine du Verbe éternel, très bienheureux Bernard, pour qui le Verbe incarné et pendu à la croix avait une saveur si douce que tu disais avec grande douceur ces suaves paroles et d'autres semblables : « *Mon bien-aimé,* dis-tu avec l'épouse [du Cantique des cantiques], *est pour moi un sachet [de myrrhe], qui demeure entre mes seins* (Ct 1, 2)[1] », désignant ainsi l'amertume de la Passion du Seigneur. « Méditer la Passion, dis-tu encore, j'appelle cela sagesse. J'ai mis en effet dans les souffrances du Crucifié la perfection de la justice ; en elles la plénitude de la science ; en elles les richesses du salut ; en elles l'abondance des mérites. C'est d'elles que me vient parfois le breuvage d'amertume salutaire et de nouveau la suave onction consolatrice. C'est la Passion qui me redresse dans l'adversité, m'humilie dans la prospérité, et c'est elle, parmi les joies et tristesses de la vie présente, qui m'offre une conduite sûre pour marcher sur la voie royale, repoussant de tous côtés tous les maux menaçants. Je ne demande pas, comme l'épouse, *où se repais à midi* (Ct 1, 6) celui que j'embrasse, *qui demeure entre mes seins* (Ct 1, 12). Je ne demande pas où *se repose à midi* (Ct 1, 12) celui que je vois comme un sauveur pendu à la croix. Cette méditation-là est plus sublime, mais celle-ci est plus suave ou plus adaptée. Celle-là est du pain, celle-ci est du lait. Voilà donc, pour le moment, ce qui est pour moi la philosophie la plus haute : *savoir Jésus et Jésus-Crucifié* (1 Co 2, 2). » Voilà, dis-je, docteur vénérable, les consignes que j'ai reçues de ta bouche.

Je retire, ô Sagesse éternelle, cette conclusion qui résume tout ce qui précède : quiconque désire le salut éternel et une grande récompense au ciel, qui souhaite monter au sommet de la forteresse de toutes les vertus, obtenir la science et la sagesse, tenir son âme égale parmi les succès et les revers, marcher en sécurité sur la route, goûter à l'avance à la fois l'amertume de ta Passion et le très doux

1. Bernard de Clairvaux, *Sur le Cantique*, XLIII, 2, 2-3.

breuvage de ta consolation, doit constamment te porter dans son cœur, toi Jésus, toi Jésus-Crucifié. Ô bijou magnifique, choisi de préférence *à l'or et à la pierre précieuse* (Ps 19 (18), 11), pour être toujours porté *entre les seins* de l'épouse et n'être jamais laissé en oubli. Car jamais aucun joyau précieux porté sur la poitrine n'a paré aussi bien une belle jeune fille que Jésus-Crucifié porté sur la poitrine en ornant un cœur pieux. Jésus est dans le cœur de l'amant comme *des pommes d'or dans des filets d'argent* (Pv 25, 11). Le cœur fervent qui porte en lui ce nom est comme *un vase d'or massif, orné de toutes sortes de pierres précieuses* (Si 50, 10).

LA SAGESSE : Le souvenir fréquent de cette Passion rend l'ignorant très docte, et il fait des maîtres de personnes sans expérience ni instruction. Des maîtres, dis-je, non de *la science qui enfle*, mais *de la charité qui édifie* (1 Co 8, 1). C'est comme un *livre de vie* (Ap 3, 5) où se lit tout ce qui est nécessaire au salut. Ce livre qui enseigne tout, plus que tous les livres des philosophes, on le sent oint tout entier de la douceur du miel. Ne te semble-t-il pas ? Ta bouche et les lèvres de ton cœur inondé ne sentent-ils pas couler abondamment ce rayon très doux ? Les lettres, épelées une à une avec soin, ne te paraîtront-elles pas comme des *salles pleines d'aromates* (Is 39, 2) ? Heureux celui qui s'applique sérieusement à son étude, car il progressera dans le mépris du monde et l'amour de Dieu, et verra croître ses vertus et ses grâces.

LE DISCIPLE : Ô tout aimable Sagesse, rien en cette vie ne serait plus doux à mon cœur, tu le sais trop, que de pouvoir sans arrêt pleurer ta Passion d'un cœur zélé. Mais, ô douleur, le cœur resserré par la sécheresse et la dureté, je ne suis pas affligé comme il faudrait par son souvenir. Enseigne-moi donc aussi, ô bienveillante Sagesse du Père, comment agir sur ce point de si grande importance.

LA SAGESSE : Il faut faire mémoire de ma Passion, non par manière d'acquit ni à la hâte et pour en finir, surtout quand on a le temps suffisant et l'occasion, mais pour la commémorer mûrement et à loisir, de grand cœur et avec des larmes de compassion. En effet, si ce bois très doux n'est pas mâché avec les dents d'un discernement affectueux, sa saveur, quoiqu'infinie, ne touchera pas. Si tu ne peux *pleurer avec le Christ en larmes* (Rm 12, 15), l'accompagner dans ses souffrances en souffrant avec lui, au moins dois-tu par piété te réjouir des bienfaits si grands que la Passion te procure, et en rendre grâce. Si, au souvenir de la Passion, tu n'es pas ému de compassion ni du désir de rendre grâce, mais te sens déprimé par la sécheresse intérieure, parcours néanmoins comme tu peux le souvenir de cette Passion porteuse du salut, dans la dureté de ton cœur, à la gloire de Dieu, et, ce que tu ne peux avoir de toi-même, confie à ses mains très pieuses de te le donner. Continue à demander, à frapper, à chercher, jusqu'à ce que tu reçoives.

*Frappe deux fois le rocher* (Nb 20, 11), à savoir par le souvenir intérieur et par le travail corporel ; *exerce-toi à la piété* (1 Tm 4, 7) en tendant les mains, en levant les yeux vers le crucifix ou en te frappant la poitrine, en faisant des génuflexions dévotes ou d'autres pieux offices semblables, et continue jusqu'à ce que les eaux des larmes sortent, très abondantes, afin que la raison boive les eaux de la piété et qu'en même temps le corps animal, enflammé par la présence de celle-ci, soit rendu apte à la grâce. Et s'il est vrai peut-être que la raison pour laquelle tu goûtes trop rarement cette affection délectable et *plus douce que le miel et même que le miel en rayon* (Ps 19 (18), 11), est que tu es exercé par les tentations[2], tu agiras par conséquent bien plus virilement si tu poursuis la vertu avec toute ta volonté mais sans affection, non pour le plaisir que tu éprouves, mais pour les vertus elles-mêmes et le seul bon plaisir de Dieu. L'affection fait en effet partie de la béatitude, mais l'exercice relève de la vertu.

Or, sache que la méditation fréquente de ma Passion, entre autres [bienfaits] innombrables, sert surtout à te procurer deux soulagements : à repousser la tristesse désordonnée et à diminuer la peine du purgatoire. Comment ma douleur [méditée] expulse la douleur de l'âme, je te le démontrerai en utilisant un exemple plutôt que par un discours. Il y avait en effet un disciple de la Sagesse, *dont le nom est au Livre de vie* (Ph 4, 3), qui, vers les débuts de sa conversion, fut accablé si mortellement d'une tristesse désordonnée, qu'il ne pouvait ni lire, ni prier, ni faire quoi que ce fût de bon. Un jour que, dans sa cellule, il était oppressé lourdement de cette souffrance et affligé d'une douleur incroyable, il

2. Que Dieu veut t'exercer par l'épreuve.

lui fut dit d'en-haut comme une parole intellectuelle : « Pourquoi es-tu assis ici sans rien faire, à sécher en toi-même ? Lève-toi maintenant et explore pieusement ma Passion, car c'est dans mon amertume que tu vaincras ta douleur. » Ce qu'ayant entendu, le frère se leva et se mit à méditer ma Passion : cette médecine salutaire le guérit ; la reprenant continuellement, il ne sentit plus jamais son âme souffrir.

Et maintenant, de quelle façon cette méditation très utile peut relâcher la peine du purgatoire, je vais te l'indiquer : l'Auteur de la nature ne laisse dans la nature rien de désordonné, et la justice divine ne laisse passer aucun mal impuni, sans le soumettre à la correction due, ici-bas ou dans le siècle futur. Quand donc penses-tu que prendrait fin la peine d'un pécheur coupable de nombreux crimes, mort sans avoir satisfait pour la millième partie et forcé de payer *jusqu'au dernier centime* (Mt 5, 26) dans les lieux de tourments du purgatoire ? Ô attente trop longue de l'âme misérable ! Ô torture trop longue et trop acerbe ! Douleur persévérante et sans mesure, pénitence plus lourde que tout tourment terrestre ! Mais considère que quiconque saura puiser au trésor de la Passion de l'Agneau immaculé pourrait compenser cette peine par une satisfaction très légère et très brève. Ce trésor très précieux est suffisant et surabondant en raison de la charité très grande, de la personne très digne, et de la douleur très immense ; c'est pourquoi l'homme pourrait s'y appliquer tellement et puiser si pieusement aux mérites et satisfactions qu'il se libérerait de tout en peu de temps, dût-il subir mille ans de purification.

LE DISCIPLE : Je te prie, mon Seigneur, de m'enseigner par bonté cet art très utile, à moi, misérable pécheur, indigent au plus haut point ; car, hélas, mes mérites personnels ne suffisent pas, en sorte qu'il m'est fort nécessaire de me tourner vers ceux d'autrui.

LA SAGESSE : Si tu veux commuer la peine du purgatoire, longue et dure, en une peine temporelle, légère et brève, efforce-toi de faire ce qui suit : avant toutes choses, tu dois, le cœur contrit et *l'esprit brisé* (Ps 51 (50), 19), le cœur gémissant, soupeser l'énormité très lourde de tes péchés, *en confessant contre toi ton injustice au Seigneur* (Ps 32 (31), 5), en considérant très amèrement ce que tu as fait, qui tu as offensé, ce que tu as mérité. « *J'ai péché*, Seigneur, diras-tu ; *mes péchés sont plus nombreux que le sable de la mer*[3]. »

Ensuite, méprise-toi devant les yeux du Juge éternel, estime-toi vil, au point de ne pas même oser, comme le publicain, *lever tes yeux* impurs *vers le ciel* (Lc 18, 13), ni nommer ce nom glorieux de tes *lèvres impures* (Is 6, 5), ni même te considérer *comme un homme, mais plutôt comme un ver* (Ps 22 (21), 7) immonde, au point de tenir pour néant et de nulle importance tes œuvres satisfactoires ; et ainsi, malheureux, misérable, attends la grâce du Juge devant les portes, et dis, avec un profond gémissement de ton cœur : « *Mon Père, j'ai péché contre le ciel et devant toi, et je ne suis pas digne d'être appelé ton fils : traite-moi comme un de tes serviteurs à gages* (Lc 15, 18-19). » Tu dois ensuite exalter, magnifier avec une affection très élevée le mérite de ma Passion, en pensant qu'*on trouve en moi une rédemption très abondante* (Ps 130 (129), 7), que la plus petite goutte du sang très précieux, qui coula abondamment de toutes les parties de mon corps couvert de blessures, eût suffi pour la rédemption et la satisfaction [des péchés] du monde entier. J'ai voulu le verser surabondamment comme une preuve de grand amour et de débordante bonté, et pour la consolation de tous les malheureux.

Enfin, tu dois, avec une affection humble mais fervente, chercher la main secourable, appeler à ton aide le mérite infini du Rédempteur très miséricordieux, sans aucune hésitation, car, source de bonté et de miséricorde toujours jaillissante, il est plus enclin à faire miséricorde que toi à la demander.

LE DISCIPLE : Ô parole gracieuse et capitale, que moi et tous les malheureux pécheurs qui me ressemblent devons recevoir avec la plus haute exultation, car, dans sa Passion, nous avons sous la main de quoi laver nos péchés, supprimer les peines, trouver grâce et mériter la gloire éternelle. Oh, *qui me donnera* (Ct 8, 1) même la plus petite gouttelette, réduite à un point, de cette liqueur très précieuse, le sang rouge *de l'Agneau sans tache* (1 P 1, 19), pour y baigner mes blessures ! Que toute ma force s'emploie à obtenir, si je peux, ce médicament salutaire en remède à mes péchés. Ô goutte rose, sortie sous le plus petit des liens qui ligotèrent mon Seigneur,

3. *Bréviaire* OP, 2^e dimanche après l'Octave de la Trinité, 3^e nocturne, 8^e rép.

ô lent écoulement rosé de la couleur royale, la blessure du cœur, ou, au moins, de la plus petite piqûre du corps délicat, guéris et cicatrise les blessures de mes péchés ! *Salut, ô croix, mon unique espérance*, arrosée du sang précieux, *augmente leur justice aux hommes pieux et donne leur pardon aux coupables*[4] !

Ô Sagesse très miséricordieuse, qui me soutiens avec ces *paroles consolatrices* (Za 1, 13) sortant de tes lèvres de miel, une grande question tourmente mon âme, un sentiment pieux me fait te demander pieusement de la résoudre : tu as dit que ta Passion apporte au genre humain une satisfaction suffisante et surabondante. S'il en est ainsi, pourquoi donc la peine satisfactoire nous est-elle enjointe, et pourquoi, selon la qualité de la faute, la qualité de la peine est-elle exigée ?

LA SAGESSE : Pour que l'homme obtienne l'effet de cette Passion, il faut que lui-même y soit configuré. Or, il y est configuré par le baptême. C'est pourquoi ceux qui décèdent ainsi baptisés sont totalement délivrés. Il faut donc que ceux qui pèchent après le baptême soient configurés au Christ souffrant par une pénalité ou par une souffrance qu'ils subissent en eux-mêmes. Cependant cette peine suffit, tout en étant beaucoup moindre que ne le réclamait le péché, à cause de la satisfaction opérée par le Christ, qui agit de concert avec elle[5].

LE DISCIPLE : Après cette digression si longue, qui a tiré de la richesse même de la Passion l'occasion de saisir des mystères si hauts, revenons donc à ce sujet d'une utilité capitale.

4. *Bréviaire*, pour les vêpres du temps de la Passion, hymne « Les étendards du roi » de Venance Fortunat.

5. Reprise de Thomas d'Aquin, *Somme théol.*, p. III, q. 49, a. 3, ad 2.

# CHAPITRE 15

## COMMENT LE VRAI DISCIPLE DU CHRIST DOIT SE CONFORMER À SES SOUFFRANCES

Quand les fils des ténèbres m'eurent fixé au gibet de la croix, cet horrible supplice qu'ils m'infligeaient ne leur suffit pas ; mais, sévissant avec plus de cruauté, ils se tenaient debout devant moi souffrant et mourant, et ils me tournaient en dérision, et, blasphémant, ils se moquaient de moi, hochant la tête, et ils me lançaient, en ma misère, des insultes très impies. Quant à moi, qui n'était pas surpris par ces opprobres, et qui les souffraient patiemment, je disais : « *Père, pardonne-leur, car ils ne savent pas ce qu'ils font* (Lc 23, 34). » Condamné à subir le supplice en compagnie de deux brigands, ils me crucifièrent, moi, le Fils de Dieu. Et l'un d'eux se moquait de moi ; mais l'autre implorait ma protection : sur-le-champ je reçus ce dernier à pénitence, et lui accordant le pardon de ses péchés, lui promis le paradis céleste. *Je regardai : personne pour m'aider* (Is 63, 5). *Tous m'avaient abandonné. Ceux qui m'étaient connus se sont détournés de moi comme des étrangers* (Jb 19, 13). Certains, il est vrai, *se tenant à distance* (Mt 26, 58), considéraient ce qui se passait. Mes frères également, dans les angoisses de la mort, fuyaient, en se dispersant, loin de moi. Les bourreaux me retirant mes vêtements me laissèrent tout nu. La souveraine vertu, et puissance de Dieu, le Christ *Seigneur*, se tint alors debout, pitoyable, comme privé de tout pouvoir. Car, sans miséricorde, ils m'accablèrent de tourments très cruels. *Mais moi, comme un doux agneau qu'on va immoler* (Jr 11, 19), *je me taisais, n'ouvrais pas la bouche* (Ps 39 (38), 10). *L'angoisse m'environnait de tous côtés* (Dn 13, 22), les misères me pressaient de partout ; partout où je me tournais, je ne trouvais que douleur.

*Debout près de la croix* de son Fils pendu, ma *Mère* (Jn 19, 25), très affligée, souffrait toutes mes plaies, et portait dans son cœur avec une tendresse maternelle tous les douloureux tourments de mes blessures. En entendant sa voix éplorée et son deuil pitoyable, sachant la véhémence de sa douleur, ému de compassion, je la consolai pieusement. Comment alors l'épée de douleur pénétra les entrailles de ma très douce Mère et comment l'épée de chagrin remplit tout l'intérieur du Fils pendu, nul ne le peut estimer parfaitement[1].

LE DISCIPLE : Ô douleur très cruelle et au plus haut point très digne de compassion ! Ô cruauté sans mesure des bourreaux qui te torturaient si atrocement ! Comment, ô bêtes sanglantes, plus féroces que des lions, plus cruelles que des loups rapaces, avez-vous pu si cruellement torturer cet *agneau* (Jr 11, 19) très doux, *qui surpasse en beauté les fils d'hommes* (Ps 45 (44), 3), noble et délicat, pieux et plein de mansuétude ? Ô mon Dieu, que n'étais-je là, moi, ton serviteur, quand tu souffrais ainsi, pour suppléer à la pitié et la compassion qui leur manqua ! Certes, si c'eût été possible, sans compromettre la rédemption du genre humain, j'eusse exposé ma vie pour la tienne ou pour succomber avec toi, mon Aimé. Ou, si cela m'eût été refusé, du moins, prostré de douleur, j'eusse étreint des bras d'une très affectueuse compassion le pied de la croix où mourait mon Bien-Aimé, et j'eusse continué à me lamenter jusqu'au moment où *la terre trembla et les rochers se fendirent* (Ps 76 (75), 9), et le cœur de l'amant se fût aussi brisé. Oh, avec quel bonheur j'eusse quitté la terre si, l'Aimé mourant, j'étais moi aussi mort avec lui. Ne te souvient-il pas de ce que fit *l'écuyer* de Saül *aux monts de Gelboé* ? Quand il vit son maître, cerné par les ennemis, tué cruellement, désirant lui garder fidélité et société, *il se précipita* furieusement *sur son glaive* et mourut

1. Voir Lc 2, 35. La tradition, ainsi que l'enseignement de l'Église catholique, veut que Marie, par sa compassion exemplaire, participa au plus haut point à la Passion de son fils, au pied même de la croix (Jn 27, 56).

avec Saül (1 S 31, 1-5). Si le serviteur, voyant mourir malheureusement son maître, mourait avec lui, comment l'aimé, voyant l'Aimé mourir fidèlement pour l'aimé, ne mourrait-il pas avec lui ? Comment pourrait-il vivre et ne choisirait-il pas plutôt une mort courageuse qu'une vie malheureuse ? *C'est pourquoi*, en tout cas, *mon âme préférerait la mort violente, et mes os le trépas* (Jb 7, 15).

LA SAGESSE : Cette heure de la mort, je me la suis choisie dès l'éternité, afin de boire alors seul le calice de ma Passion et souffrir la mort pour tous. Maintenant, le temps est venu où *quiconque veut venir après moi doit renoncer à soi, prendre sa croix et me suivre* (Mt 16, 24 ; Lc 9, 23). Et qu'il tienne pour certain que, par cette imitation zélée, il m'est aussi agréable que s'il avait tout enduré avec moi et s'il était mort avec moi.

Et voici la croix que tu dois porter si tu veux être mon amant. Studieusement appliqué de tout ton pouvoir à la pratique des vertus, à l'accomplissement des commandements divins, tu en retires des moqueries et des méchancetés de la part de tes émules : tu es vil à leurs yeux et tu leur parais si méprisable qu'ils n'attribuent pas ton attitude à la vertu de patience ni *à la grâce qui est en toi* (2 Tm 1, 6), mais à l'impuissance et à la lâcheté, au fait que, voulant te venger, tu ne l'oses ou ne le sais pas faire. Et toi, non seulement tu souffres cela pour Dieu patiemment et de bon gré, mais par surcroît tu t'appliques à prier avec plus de ferveur *le Père qui est aux cieux* (Mt 5, 16), tu les excuses auprès de moi, les recommandant eux-mêmes à moi. Quiconque, face à cette adversité blessante, se sera vaincu lui-même, à la gloire et à l'imitation du Crucifié, qu'il sache que, chaque fois qu'il fait cela, il fait comme revivre toute fraîche la mort du Seigneur et porte en soi l'image du Crucifié.

De même, s'il devait arriver que, faisant de bonnes œuvres et marchant innocemment et simplement dans la voie du Seigneur, tes bonnes œuvres soient foulées aux pieds par des persécuteurs envieux, et que, en outre, ces derniers disent partout, non du bien mais du mal de toi, et qu'ils ne cessent, t'imputant ainsi à tort maints crimes, de dénigrer ta vie aux yeux de ceux qui te croient digne d'estime ; et s'il se trouvait que, inébranlable, réjoui plutôt par ce traitement, tu demeures en si grande bonté de cœur envers tes persécuteurs, que tu sois prêt à toute heure, par affection sincère et d'un cœur pieux, à remettre et anéantir en toi toutes leurs offenses comme si elles n'eussent jamais été ; et s'il arrivait que tu leur portes conseil et secours opportun pour l'amour de celui qui, non seulement remit leurs offenses à ses bourreaux sans qu'ils l'aient demandé, mais intercéda pour eux près du Père : chaque fois que, ce faisant, tu te surpasserais toi-même, il est très certain et très véritable que tu te tiendrais crucifié auprès de ton Bien-Aimé crucifié.

Quand tu fuis pour moi les consolations mondaines, délaisses les avantages et douceurs terrestres sauf dans la mesure exigée par la nécessité, ce détachement volontaire répare l'abandon où tous me laissèrent. Chaque fois que tu quittes, pour l'amour du Sauveur, tes chers amis et parents, tu remplaces un ennemi auprès de ma croix par un disciple et un frère aimé pour compatir avec moi. Le dépouillement de ta volonté propre est le vêtement de ma nudité ; et si, à ceux qui te combattent ou t'accusent et t'infligent des malheurs, tu cèdes de bon gré, si, de ceux qui t'attaquent avec la langue, tu reçois la colère et l'impatience avec tant de douceur et mansuétude de cœur, suavité de parole et jovialité de visage, que ta douce bonté puisse justement faire honte aux adversaires et que leur enflure doive être crevée par ton humilité : alors vraiment l'image et ressemblance de ma mort luisent en toi. De même, il convient qu'à l'exemple de ma mère très fidèle et du disciple bien-aimé, la mémoire de la Passion te soit toujours présente : au cœur par le souvenir, dans la prière par une méditation pieuse, et dans l'action par une imitation affectueuse.

Quiconque fait cela est un vrai imitateur de Jésus-Christ, et s'administre d'abondants délices. *Que la réalisation éclatante de tes actions soit le signe de ta dilection*[2]. Hier, tu t'exhortais à vouloir mourir pour moi corporellement. Maintenant vient ton heure. Accours, hâte-toi et reçois la mort pour moi spirituellement. Oh, combien le Père céleste se glorifiera d'un tel fils, qui reçoit ainsi cette croix ! Oh, combien le Maître des maîtres sera charmé d'un disciple si fidèle ! Et l'aimé mourant pour l'Aimé, et répondant à sa Passion, au point de *sentir en soi ce qui était dans le Christ Jésus* (Ph 2, 5), de quelle grande gloire, penses-tu, il sera couronné aux cieux, de quel grand honneur il sera jugé digne ?

2. Grégoire le Grand, *Homélies sur l'Évangile*, XXX, n. 1 (*PL* 76, 1220).

Compagnon de la grande désolation, il sera aussi compagnon de l'immense consolation.

LE DISCIPLE : *Je sais, Seigneur, que la voie des hommes n'est pas en leur pouvoir, et que l'homme ne peut pas marcher ni diriger ses pas par lui-même* (Jr 10, 23). C'est pourquoi je lève mes yeux et mes mains vers toi, Rédempteur très pieux, te suppliant avec ferveur d'imprimer efficacement en moi, ton serviteur, l'image et ressemblance de ta Passion vénérable, et de la faire constamment produire en moi des effets salutaires à la louange et la gloire de ton nom béni.

Du reste, tu le vois, mon âme, tout entière hors d'elle-même, est encore en suspens, tendue vers toi qui souffres, et désirant entendre la fin d'une Passion si pitoyable. Je désire aussi savoir si la chair souffrante éprouva, par l'influx de la divinité, quelque allègement d'une douleur si grande.

LA SAGESSE : Touchant cette question, note bien ce qui doit justement émouvoir la compassion au fond de ton cœur. En cette heure-là où je souffris le supplice horrible de la mort, mon âme jouissait parfaitement du Verbe ; cependant, la divinité laissa la chair agir et pâtir ce qui lui était propre ; et parce que les puissances inférieures étaient laissées à elles-mêmes, elles étaient rendues fort passibles.

Considère maintenant la gloire de tout l'univers suspendue à la croix, et tourmentée de misères à l'excès. Je pendais au gibet de la croix, fixé au bois sans pouvoir bouger, désolé et privé de toute aide humaine. Même mon Père céleste semblait m'avoir abandonné, puisqu'il n'aidait pas celui qu'il pouvait aider en montrant des œuvres grandioses. Les blessures sanglantes laissaient s'écouler du sang, mes yeux s'obscurcissaient de larmes et toutes mes entrailles se desséchaient par l'excès des tourments. *Les gémissements de mon cœur m'arrachaient des gémissements* (Ps 38 (37), 9), et personne ne me regardait ; je pleurais amèrement, et personne n'essuyait mes larmes ; douleurs et meurtrissures m'opprimaient, et personne pour me soigner. Ils me maudissaient en ma prière, ils riaient de mon silence, ils blasphémaient ma capacité à souffrir patiemment. Et comme *les douleurs de la mort m'assiégeaient de tous côtés* (Ps 18 (17), 5), je criai vers le Père et je dis : « *Mon Dieu, mon*

*Dieu, pourquoi m'as-tu abandonné* (Ps 22 (21), 2 ; Mt 27,46) ? » Cependant, la volonté du Fils pendu à la croix fut toujours conforme à la volonté paternelle. *J'avais soif*, et personne pour tendre *un verre d'eau fraîche* (Mt 10, 42) à mon âme altérée, mais ils abreuvaient ma soif de *vinaigre mêlé de fiel*[3]. Et pourtant, bien que mon âme fût très affligée par le tourment de la soif, elle avait une soif plus ardente encore du salut des hommes. Et quand *tout ce qui était écrit de moi* eut été *achevé* (Lc 24, 44 ; Jn 19, 28), *devenu obéissant jusqu'à la mort, j'inclinai la tête et rendis l'esprit* (Jn 19, 30 ; Ph 2, 8). Il ne leur suffisait pas de m'avoir accablé de douleurs en ma vie ; même mort, ils essayaient de m'infliger des peines : de la pointe d'une lance très cruelle *ils perçaient mon flanc, d'où sortaient le sang et l'eau* (Jn 19, 34) qui inondaient mon corps mort. Et c'est ainsi que la vie du monde s'éteignit pour le monde, et qu'il a racheté par son sang précieux le genre humain et *effacé de son sang pieux les sacrilèges des vieux* péchés[4].

LE DISCIPLE : *Ô vraiment grand et inestimable amour de charité*[5] ! Ô douleur très grande et immense de ta Passion très sainte, par laquelle, créateur de l'Univers, tu nous as rachetés, misérables ! Plût à Dieu que je pusse te rendre des louanges dignes ! Plût à Dieu que je fusse doué des prérogatives de tous les hommes qui sont ou seront, ou qui ont passé sur la terre, pour les dépenser à ton service ! Oh, *qui me donnera la sagesse de Salomon* (Ct 8, 1), la force de Samson, la beauté d'Absalon, et la richesse, et la gloire, et les vertus de tous les princes de ce monde pour que, tout cela et beaucoup plus, je l'offre librement au service de mon Sauveur, *en odeur agréable* (Ep 5, 2) ? Mais hélas, que peut faire *un chien mort* (2 S 9, 8) ; quelles grâces peut rendre un sourd-muet ?

LA SAGESSE : *Quand tu parlerais les langues des hommes et des anges* (1 Co 13, 1), quand tu serais riche des bonnes œuvres de tous les hommes, quand tu brillerais de la pureté de toutes les vierges sacrées, quand tu serais l'entraîneur de tous les confesseurs et docteurs et le porte-enseigne des martyrs, quand tu aurais la vertu

3. Voir Mt 27, 48 ; Jn 19, 29.
4. *Missel*, Proclamation « Exultez de joie (*Exultet*) » de la Vigile pascale.
5. *Ibid.*

**Suso, au pied de la Croix**

*'Horloge de la Sagesse,* MS Fr 22922, Fol. 83 r, Paris, BNF, Site Richelieu.
ette image peut se rapporter à plusieurs chapitres du livre I : d'abord, au chapitre XV, uisque le texte en est mentionné ici : « Les enfants des ténèbres », ensuite au chapitre XVI ui dépeint non seulement l'angoisse du Christ, mais surtout la douleur de sa mère. Notons ue cette dernière ne figure presque jamais dans l'iconographie de *L'Horloge*, sauf sur cette nluminure et sur la suivante. Ici, Suso est sous la croix, justifiant l'intitulé du chapitre.

de toutes les créatures, tu ne pourrais encore pas payer de retour avec justice un si grand rédempteur, non pas même pour la plus petite goutte de sang qu'il a répandue pour toi par amour.

LE DISCIPLE : *Que rendrai-je* donc *au Seigneur pour tous les bienfaits qu'il m'a donnés* (Ps 116 (115), 12) ? Ô mon Dieu, enseigne, je t'en prie, à ton serviteur, comment, au moins par ta grâce, il peut te plaire, puisque par la faiblesse et la petitesse de ses actions, il y échoue.

LA SAGESSE : Tu dois toujours avoir en ton cœur le souvenir de ma Passion, et lui rapporter tous les tourments et les adversités que tu souffres, et autant s'il t'est possible, en revêtir la ressemblance. De même quand, par une disposition mystérieuse, je te retire ma consolation intérieure et te laisse désolé, tu dois, à l'instar d'un vrai crucifié, ne pas chercher de consolation ailleurs, mais patiemment attendre, diriger le regard en haut vers *le Père qui est aux cieux* (Mt 5, 16), te quittant toi-même et jetant toute ta pensée en lui. Alors, sans doute, plus grandes seront l'oppression de l'homme extérieur et la déréliction de l'homme intérieur, unies à la volonté de Dieu, plus tu ressembleras au Crucifié et seras agréable au Père souverainement aimable ; car, en vérité, c'est sur l'article de l'adversité que les chevaliers de l'armée du Christ, soumis aux plus dures épreuves, sont examinés le plus strictement. *Ne te laisse pas aller à tes convoitises* (Si 18, 30), mais brise-les virilement ; alors avec ton Aimé tu seras *abreuvé du fiel d'amertume* (Ac 8, 23). Aie soif du salut de tous les hommes. Témoigne à tes supérieurs une obéissance zélée. Efforce-toi d'acheminer toutes tes actions à la perfection des vertus et à l'achèvement requis. Tu dois de même remettre à la clémence de Dieu tous les malheurs et les sujets de tristesse et ainsi te garder libre quoi qu'il t'arrive, comme un homme sur le point de quitter ce monde. Tu dois aussi chercher un refuge permanent dans la blessure de mon flanc, comme *la colombe au creux du rocher* (Ex 33, 22) : car, en ce lieu, tu trouveras toujours la rémission des péchés la plus abondante, la plénitude de grâce et une sûre protection contre tous les maux qui menacent de survenir.

LE DISCIPLE. Je te présente encore une petite demande au sujet de ta Passion très douce. Tu y as brièvement touché en passant :

Comment se comporta ta Mère vénérable, ta Mère très fidèle, quand elle fut debout près de la croix et vit sous ses yeux son fils chéri pendu ?

LA SAGESSE. Pour cela, tu as le droit d'aller la voir pour lui demander de te dire plus exactement de sa bouche ce que tu veux.

# CHAPITRE 16

## ÉLOGE SINGULIER DE LA BIENHEUREUSE VIERGE, ET DE LA DOULEUR INESTIMABLE QU'ELLE EUT EN LA PASSION DE SON FILS

*Sa Mère se tenait debout près de la croix de Jésus* (Jn 19, 25). À la saison printanière, quand le soleil commence à monter haut dans le ciel et à verser la lumière féconde de ses rayons sur la terre, toutes les plantes resserrées par la glace hivernale commencent à reverdir, les animaux et les oiseaux cachés dans les antres, les grottes et toutes sortes de cachettes, commencent à respirer au renouveau d'une si grande lumière, à reprendre des forces et à témoigner de la joie de leur cœur par des chants et des applaudissements joyeux. Et les humains, *les vieillards avec les plus jeunes* (Jn 19, 25), retrouvent eux aussi la joie. C'est toute la face de la terre qui est vêtue de beauté, qui applaudit et se félicite. Ah, tous les cœurs qui aiment Dieu d'amour pur, considérez maintenant que la même chose advient quand *la Vierge féconde*[1], *vêtue de soleil* (Ap 12, 1), *la reine du ciel*[2], *élue entre toutes comme le soleil* (Ct 6, 9), pénètre à l'intérieur de notre cœur et que son souvenir se répand dans nos âmes avec éclat et sans nuage. Soudain, dans l'immensité d'une lumière si grande, toute dureté se fond, tout ce qui est aride est inondé de la rosée de la grâce céleste, les ténèbres

1. *Bréviaire* OP, Office pour le samedi, prière « Dieu, qui par la virginité féconde de la bienheureuse Marie, avez procuré au genre humain le salut éternel ».
2. *Ibid.*, antienne « Reine du ciel ».

dissipées s'enfuient, une lumière nouvelle se lève et les sujets de joie croissent pour nous sans mesure.

Ô toi, notre espérance, joie et liesse de notre cœur, nous faisons éclater notre voix, pécheurs misérables que nous sommes, pour te saluer ; nous saluons la Mère de la grâce très affectueusement du fond du cœur, avec des gémissements et des larmes, et une pieuse génuflexion de cœur. Les enfants se réjouissent au son des instruments, et de joyeux bruits réjouissent tous les cœurs. À ton très doux souvenir, je suis aussi tout brûlant du feu de l'amour divin et du désir de te louer, toi que louent *le globe terrestre tout entier* (Ps 50 (49), 12), *les cieux des cieux* (Ps 149 (148), 4) et *toutes leurs puissances* (Ps 33 (32), 6).

Car toute la bonté de la créature, comparée à ta dignité, est comme la faible lueur d'une lampe de nuit auprès de l'immense clarté du soleil. La Sagesse divine t'a si excellemment décorée de sa grâce et investie d'une si riche beauté, que sa sagesse incompréhensible, resplendissant en toi, nous est rendue plus désirable par son reflet en toi. Je repasse en esprit les hommes illustres qui, depuis le commencement, t'ont louée. La stupeur me fait défaillir et m'ôte le souffle. Mais, revenant à moi, ruminant ces merveilles en moi, je dis : « Oh, salut, Vierge pieuse, beauté des vierges : tout ce que jamais langue a pu dire, plume écrire, cœur concevoir à ta louange, tout cela, rassemblé en un bouquet de violettes[3], et multiplié au centuple et à l'infini, en sa beauté dorée, en son goût de miel et son parfum aromatique, je te l'offre d'un cœur pieux, pour te louer et te glorifier, Vierge bienheureuse, maintenant et toujours. »

Quand je te vois, il me semble voir le ciel brillant de la splendeur des étoiles, je me crois habiter au jardin des délices, et, m'oubliant devant ta grandeur, émerveillé de l'immensité de ta gloire, je proclame avec force : « *Ô profondeur des richesses de la sagesse et de la science de Dieu* (Rm 11, 33), de quel cœur joyeux tu as exulté quand tu as créé pour la joie de ce monde cette noble créature de si parfaite beauté ! » Ô yeux virginaux, brillant d'un trop grand éclat, ô joues roses, ô cheveux étincelant d'une splendeur d'or, lèvres bienheureuses déifiées par les fréquents baisers de ton

3. Suso choisit d'offrir, en signe de son amour, un bouquet de violettes symbolisant la contemplation éternelle : voir ALAIN DE LILLE, *Sermon* II (*PL* 210, 201B).

Fils ! Tout en toi est dessiné au compas de la Sagesse divine et tout orné avec un art et une harmonie parfaits ; cependant, pour nous miséreux, tes mamelles, *qui ont nourri le Roi-Seigneur*[4], ont une saveur plus douce ; c'est d'elles que procède la vie et émane la douceur, qui guérit tous ceux qui languissent.

Heureuse donc cette femme qui proféra, à leur sujet, cette phrase aussi vraie qu'agréable, lorsqu'elle s'est écrié dans la foule en parlant au Sauveur : « *Bienheureux le sein qui t'a porté* (Lc 11, 27). » Ô *heureuses mamelles qui ont nourri le Seigneur Jésus*[5] !, les habitants du ciel et les habitants de la terre se réjouissent de votre abondance et de votre très riche fécondité, et ils sont recréés par vos doux fruits. Elles sont comme *deux faons jumeaux d'une gazelle paissant au milieu des lis, avant que vienne la fraîcheur du jour et que les ombres fuient* (Ct 4, 5 6).

Voilà que le Créateur de l'Univers a orné d'astres les corps célestes, d'animaux et de volatiles les corps élémentaires[6], de feuilles vertes les bois, de fleurs riantes les prés ; mais, par-dessus tout cela, ô Vierge bienheureuse, il décora ton corps de tes seins très purs[7] : *deux oliviers* (Za 4, 3 ; Ap 11, 4) magnifiques et opulents, donnant à boire la liqueur de grâce, qui est lait et miel à ceux d'en haut et ceux d'en bas ; pommes d'une blancheur de neige, fécondées par l'Esprit-Saint et placées dans *le bois au milieu du paradis* (Gn 3, 3), elles donnent à qui les goûte le fruit de l'immortalité. Elles sont des grenades dorées, des sphères et des lis ornant le temple du vrai Salomon, des *mandragores odorantes* (Ct 7, 13) plantées au jardin des délices, *une grappe de henné des vignes d'Engaddi* (Ct 1, 13), donnant de la joie aux cœurs des miséreux et chassant la tristesse. *Tes mamelles sont meilleures que le vin, elles embaument comme les parfums les plus exquis*

4. *Bréviaire* OP, répons suivant la prière « À la très sainte et indivisible Trinité » après l'office divin.

5. *Ibid.*

6. On entend par « corps élémentaires » les corps composés d'une matière faite du mélange des quatre éléments, contrairement à la matière « éthérée » des corps célestes.

7. Les mamelles de Marie, dont Suso va chanter les louanges, s'entendent spirituellement de la double miséricorde que Marie fait aux pécheurs, d'abord en les accueillant elle-même, puis en leur obtenant de son Fils le pardon de leurs péchés. Voir à la fin du développement.

(Ct 1, 1-2). Car la luxure et le plaisir terrestre sont dans le vin, mais la parfaite extinction de la convoitise nocive et la volupté céleste et surnaturelle sont dans ces fioles d'or. Qui en a goûté sait combien vite et parfaitement toute volupté charnelle s'évanouit, quand on a goûté le lait de tes grâces. À la fragrance de tes parfums célestes, les serpents venimeux, effrayés, étaient mis en fuite, ils ne pouvaient souffrir la présence d'une telle pureté. *Les entrailles comblées se réjouissaient*[8], rassasiées qu'elles étaient du bienfait inhabituel. La langue se taisait, mais l'esprit exultait dans le Seigneur. Les yeux pleuraient et sécrétaient de douces larmes, la bouche s'efforçait, par un pieux effort, de retenir le plus longtemps et de savourer le plus souvent possible cette saveur très douce et cette liqueur très divine. Toutes les puissances intérieures criaient à l'envi : *Tes mamelles sont meilleures que le vin, elles embaument comme les parfums les plus exquis* (Ct 1, 13). Qui raisonne comprendra la raison[9] !

Ô Mère vénérable, à part l'immense bonté de ta progéniture [, à savoir le Christ], la Sagesse éternelle, vu que tout ce que tu as vient de lui, de qui procède tout bien, ce que mon âme malheureuse semble trouver de plus doux et de plus suave, c'est de trouver refuge en tes mamelles pleines de douceur et de grâce, plutôt que d'approcher du vin spirituel que lui offre la Sagesse éternelle. Là elle sent en effet une parfaite suavité, tandis qu'ici elle perçoit un certain mélange d'amertume. Car cette Sagesse éternelle joint au bâton de la consolation la verge de la correction sévère. Vois, Mère bienheureuse, tu as pu remarquer combien de fois elle m'a oint par la douceur de ses paroles, comme d'une douceur de lait, et m'a frappé de nouveau de crainte par sa puissance écrasante, comme si elle versait du vinaigre. D'un côté, elle est un *ventre de consolation* (Is 66, 11), de l'autre, elle me donne des coups pour me corriger sévèrement. Je me réjouis de l'avoir personnellement pour époux très cher ; mais, arrêté soudain par le souvenir de sa divinité, je le prie comme mon juge. Parfois, quand je demande du lait, il me repousse, et, comme *à l'enfant sevré par sa mère* (Ps 131 (130), 2), il me fait éprouver l'austérité du vinaigre.

8. Bréviaire, Dimanche de Pentecôte, Laudes, hymne « Les entrailles comblés se réjouissent ».

9. Nous rendons ainsi : *Qui intelligit, intelligat.*

Mais il n'y a vraiment rien en toi, *de la plante du pied jusqu'au sommet de la tête* (Is 1, 6), qui sente l'amertume ou l'austérité ; tout en toi est douceur très pure, d'une suavité incomparable, qui dépasse la fragrance et le prix de tous les aromates et onguents. Tu es toute belle et suave, sans rien de dur ni de sévère, bienveillante d'aspect, sereine de visage, aux mots de miel, *suave et belle* (Ct 6, 3), féconde en bonté, *pleine de grâce* (Lc 1, 28). Car en toi *est toute la grâce de la voie et de la vérité, en toi toute l'espérance de la vie et de la vertu* (Si 24, 25). La Sagesse éternelle donne à boire *du vin autant que du lait* (Ct 5, 1), tandis qu'on reçoit de toi, douceur très pure, le *rayon avec le miel* (Ct 5, 1). Mais quelles sont donc ces deux mamelles très douces ? En vérité, voici : tu reçois tous les pécheurs en ton sein très pur, et les ayant reçus, tu les réconcilies fidèlement avec ton Fils.

Ô trésor précieux des malheureux ! Quand, en péchant, nous perdons le souverain roi, offensons les anges, *sommes lourds à nous-mêmes* (Jb 7, 20) et ignorons totalement ce que nous devons faire, cela seul nous reste, miséreux que nous sommes : lever les yeux du cœur et du corps vers toi, pour y chercher conseil et te demander secours. Ô exultation de mon cœur, unique espoir et joie de ma vie, tu sais combien de fois, l'esprit amer et le cœur troublé, le visage tout en larmes d'avoir offensé Dieu et de me considérer comme un futur fils de la géhenne, entouré d'ennemis de toutes parts, j'ai levé les yeux vers toi, Vierge très pieuse, et j'ai échappé à tous les périls par ton secours, Vierge bienheureuse. Que d'autres se réjouissent de leur innocence, que d'autres soient contents de l'abondance de leurs mérites, que d'autres encore exultent de la miséricorde immédiate de Dieu ; c'est toi ma mère, c'est toi l'espérance et la consolation unique de ma vie. Quand tout entier je désespère de Dieu et de moi, si je pense à toi et me souviens de toi, mon esprit revit, comme au sortir de ténèbres très profondes. Tu es ma gloire, mon salut, mon honneur et ma vie. Mais d'où me vient cela, ô mon espérance ? Sans doute as-tu beaucoup de fils aimés, que pourra sauver leur innocence, qu'aideront leurs bonnes œuvres propres, qui peuvent dire avec l'homme juste : *Dans toute ma vie, mon cœur m'a-t-il* jamais *fait des reproches* (Jb 27, 6) ?

Mais, ô chagrin et deuil immense de mon cœur, Mère très douce, notre Mère, singulièrement notre Mère à nous qui sommes les pécheurs malheureux, tu sais que toute ma vie ne mérite que blâme. Regarde vers ton malade. *Je ne suis pas digne d'être appelé ton fils* (Lc 15, 19 et 21). Fais avec moi comme avec l'un de tes malades misérables. Souviens-toi, pieuse Mère, que les mères ont coutume de choyer avec plus de sollicitude leurs enfants malades, de compatir davantage à leurs maux et d'en prendre soin avec plus d'empressement. C'est à *toi qu'a été laissé le soin du pauvre, tu seras le protecteur de l'orphelin* (Ps 10 (9), 14). Mes blessures te sont connues, pieuse Mère. Toi, visite les malades, ressuscite les morts et console les affligés : que ceux qui ont vécu dans la justice et la sainteté aient accès à la lumière de la Sagesse. Mais hélas, je suis, pour ma part, un misérable pécheur, tout inondé de larmes. Je me réfugie sous ta protection, n'osant pas paraître nu et pauvre en présence d'une lumière si grande, mais je me réfugie vers toi, Mère.

Toi, mon espoir, ma tour, en qui j'ai mis la fin de tout mon salut[10]. Si le juge irrité veut condamner, en son absence, son serviteur coupable de péché, qu'il le fasse par tes mains très pieuses. Mais s'il a décrété de me sauver par grâce, moyennant ta médiation, qu'il daigne m'envoyer le salut ! Ni vivant ni mort, je ne veux jamais être séparé de toi ni dans le bonheur ni dans les malheurs. Bien plus si, ce qu'à Dieu ne plaise, devenu insensé et réprouvé, je voulais oublier Dieu, que je ne t'oublie jamais vraiment ! Je ne te quitterai jamais. Ton souvenir m'est doux à la bouche *plus que miel et rayon* (Si 24, 27 ; 49, 2). Devant toi, mon visage devient joyeux et toute ma force exulte. À bon droit. Combien de fois en effet j'ai été rassasié *aux mamelles de ta consolation*[11] ! Tu le sais, pieuse Mère, toi qui as apporté aux pécheurs misérables de tels remèdes de salut. *Ah, notre avocate*, lève-toi, pieuse, lève-toi, propice, *tourne vers nous tes yeux de miséricorde*[12] et apaise ton Fils unique, par nous offensé tant de fois. C'est toi, en effet, l'avocate des coupables ; approche donc plus près, et demande pour nous [la clémence], nous t'en prions. Ton gracieux Fils, aimé de toi, ne pourra rien te refuser.

10. *In qua finem totius salutis meae constitui*. Suso voit ici en Marie son dernier recours, au point même de paraître lui prêter une vertu salvifique, qui revient pourtant au Christ d'abord.

11. *Missel*, 4e dimanche de Carême, dit « *Laetare* » (« Réjouis-toi »), introït. Cf. Is 66, 11

12. *Bréviaire* OP, antienne « *Salve Regina* » (« Salut, ô Reine »), que l'on chantait durant la procession à la fin des complies.

Ô Sagesse éternelle du Père, vois, j'introduis devant toi comme ma patronne ta Mère très douce, je te la présente et me cache derrière elle, n'osant lever les yeux vers la face de ta gloire, désirant être exaucé par elle. Honore-la elle-même, vénère-la elle-même, je t'en prie. Comment pourrais-tu repousser une telle mère, comment cela conviendrait-il ? Approchât-elle mille fois dans un jour, elle n'essuierait pas de refus. Exauce, exauce-moi, Seigneur, pour ta bonté et l'honneur singulier de ta Mère chérie ! Car, de même que je te présente comme avocat à ton Père et Géniteur, de même je présente à toi ta Mère chérie comme aide auxiliaire, pour que la présence de sa grandeur gracieuse et agréable supplée à mon imperfection.

Considère donc maintenant, ô très claire Sagesse, ta glorieuse Mère. Regarde les yeux de cette très douce Mère, intercédant pour nous devant toi, ces yeux dont, te portant sur son sein, elle te contemplait si placidement ; ses *joues roses* (Est 15, 8) sur lesquelles, avec une tendresse maternelle, elle pressait ton visage tendre. Ah, ces bienheureuses lèvres dont, très fréquemment, elle baisa ta bouche bénie, tes yeux resplendissants, et, un à un, tous tes membres très nobles ! Vois ces mains qui te servirent, ces seins très doux et bienheureux qui t'allaitèrent. Ô très pieuse douceur, vois, il n'est pas possible que, en les regardant et t'en souvenant, tu refuses rien à une Mère si grande, qui t'engendra, Seigneur du ciel, t'allaita, te soigna, t'éleva jusqu'à la croissance. Souviens-toi, je te prie, de tous les services et les dons que tu reçus d'elle durant tes années d'enfance, lorsqu'elle te tenait, enfant délicat, sur ses genoux : tu tournais tes petits yeux riants vers elle, ta Mère, et elle te caressait de ses bras très tendres, tu l'embrassais, et elle te souriait ; tu l'aimais très tendrement par-dessus toutes les femmes. Souviens-toi de toutes les douleurs qu'elle souffrit, debout sous la croix, par un pieux sentiment de compassion, en son cœur de mère.

Car *sa mère se tenait, debout, près de la croix de Jésus* (Jn 19, 25). Ô parole bien digne de compassion ! Ô mon cœur, si les douleurs et afflictions d'un Sauveur si bon pendu à la croix doivent t'émouvoir jusqu'au fond, il convient pourtant par droit singulier que nous, jadis pécheurs enveloppés de ténèbres, ramenés maintenant à la lumière par l'aide de la Mère de Dieu, nous compatissions spécialement du fond du cœur avec une telle Mère debout près de la croix et souffrant dans le fond de son cœur l'immense douleur de son Fils souffrant. Il est bien juste que nous compatissions avec elle en sa douleur, nous, misérables, qui sommes consolés continuellement par elle. Et si nous ne pouvons compatir avec elle autant qu'elle en serait digne, du moins, rappelant sa douleur à notre mémoire, excitons fidèlement comme nous pouvons la piété de notre cœur. Par ses douleurs à nous manifestes, cherchons à connaître, comme de loin et par conjecture, la grandeur à nous inconnue du deuil de la pieuse Mère ! Que chaque amoureux s'interroge : s'il voyait l'aimable personne qu'il aime le plus livrée à la mort ignominieuse, quelle douleur il en concevrait ! Pourtant, un cœur sans amour ne le comprendrait pas. Que l'âme pieuse médite cela : cela lui rendra plus facile de croire tout ce qu'on peut dire de la douleur de celle qui aima et souffrit, plus que tous les mortels, de voir son Aimé condamné à la plus honteuse des morts.

Ô Marie, que se passait-il dans ton cœur quand tu te tenais debout, près de la croix, et que tu voyais ainsi pendu Jésus, *le fruit béni de tes entrailles*[13] ? Certes, la raison dit, l'expérience prouve, la force de l'amour confirme, que ta souffrance était grande. Ta souffrance était grande, car ton amour était grand. En effet, si, le seul souvenir de la Passion de ton Fils rend quelques personnes pieuses comme inanimées à force de compassion, que fit la présence de la Passion très cruelle en celle qui engendra le Sauveur du monde qui la souffrait ? Si ce souvenir est si fervent au cœur du pécheur, combien il brûlait en l'âme très sainte de sa Mère, la Vierge bienheureuse ! Nous le savons, plus l'amant éprouvé a de ferveur dans l'amour de l'aimé, plus la présence de l'aimé lui est un honneur, un délice et un profit, plus grande est la tristesse qu'il éprouve d'en être privé. Mais je crois en vérité et sans nul doute que la présence exquise de ton Aimé dépassait sans comparaison en toute grâce la présence de tous les mortels.

Que la Mère nous dise donc si elle eut son Fils en si grand amour qu'elle pût se réjouir ou aussi s'attrister conformément à lui. Qu'elle avance maintenant au milieu et nous réponde, *absente de corps, mais présente d'esprit* (1 Co 5, 3), et qu'elle dise : « Celui qui a daigné m'élire, par grâce, moi, son humble servante, pour être sa mère, a lui-même conjoint mon cœur à lui d'un amour très ardent, si bien que de rien, sinon de lui et en lui-même, mon esprit ne pouvait

13. Antienne « *Salve Regina* » (« Salut, ô Reine »).

recevoir une joie suprême et une tristesse suprême. Car, en lui, je possédais tout et sa dilection était pour moi la pleine possession de tout l'univers. Mon âme était là où Jésus était, je vivais plus en lui qu'en moi-même. Le regarder, lui, *le plus beau des enfants des hommes* (Ps 45 (44), 3), était le charme de mon cœur. Contempler sa divinité était ma douce suavité. Penser à lui me donnait de la joie, parler de lui était ma très douce consolation. Il était le miroir de mon cœur, le spectacle de mes yeux. Sa présence aimée m'offrait tous les biens, célestes comme terrestres.

Et donc, quand, levant les yeux, je vis ce Fils unique, précieux trésor de mon cœur, pendu ainsi avec tant de mépris à la croix avec les brigands, aux prises avec les douleurs de la mort : ah, que cette vue me fut intolérable ; oh, combien lamentable et pénible me fut cette vision ! Mon âme était tourmentée de douleur, mes entrailles maternelles étaient blessées et tous mes os mouraient avec lui. Toute ma force s'évanouit, ma sensibilité m'abandonna et l'immense calamité m'oppressa. Levant des yeux pleins de larmes, je voyais mon Aimé pendu, sans pouvoir lui apporter aucune consolation. Je regardai en bas, et je voyais, avec une douleur immense, ceux qui m'avaient ravi mon trésor et qui le torturaient, en le persécutant si cruellement. Ô combien mon âme était angoissée, de quelle grande douleur elle était crucifiée ! J'étais privée de cœur, car il avait lui-même emporté mon cœur et le tenait avec soi crucifié. À force de cris, de gémissements, j'avais perdu la voix : à peine pouvais-je parler. Je défaillis de douleur, je m'effondrai de chagrin. Ayant un peu repris mes esprits, j'éclatais en ces paroles, ou de semblables : « Ô joie et exultation de mon esprit, *lumière de mes yeux* (Ps 38 (37), 11) ; autrefois je te voyais avec joie et exultation de mon cœur ; mais aujourd'hui avec je le fais une immense tristesse et chagrin. Hélas, hélas, combien je suis misérable maintenant de te voir pendu ! Ô moitié de mon âme, ô consolation unique de ma vie ! Prends, je te prie, avec toi ta mère très affligée. Je désire très fort mourir, je ne puis plus vivre sans toi. Ne me laisse pas, Fils très doux ; emporte-moi avec toi ! Oh, *qui me donnera de mourir pour toi* (Ct 8, 1 ; 2 S 18, 33) ? Ô douleur incomparable d'une mère privée de son enfant, abandon d'une mère[14] désolée ! Je vois mourir celui qui est toute ma vie et mon salut. »

14. Ici *genitrix*, et non *mater*.

Tandis que la Mère très affligée poursuivait ces tristes paroles et d'autres semblables, le Fils, oublieux en quelque sorte de sa douleur, consolait sa très douce Mère. Mourant et partant, il me dit adieu[15] et me recommanda au disciple qu'il aimait singulièrement[16]. Quand mon cœur maternel perçut la voix de mon Fils, il commença à brûler d'une douleur très violente, le glaive du chagrin transperça alors l'âme de la Mère très fidèle. Je levais les mains par désir du cœur ; je voulais toucher mon Aimé pour, au moins, mieux satisfaire ainsi à la douleur et à l'amour. Et faute d'une autre consolation, je baisais le sang fumant et coulant à terre goutte à goutte des blessures de mon Fils avec une avidité extrême, au point que le visage de la Mère devint tout sanglant du sang de son Fils occis.

Oh, si tu avais vu en cette heure lamentable la détresse de la Mère affligée pour son Fils mourant, le Fils consolant doucement la Mère désolée, tu n'aurais pu, sans blessure intérieure de compassion, les entendre ni les voir. Enfin, le Fils ayant expiré fut déposé de la croix. Avec quelle immense affection je pris ses bras détachés de la croix et reçus mon Fils mort sur mon sein maternel ! Avec une tendresse de mère, je l'embrassai, j'arrosai de larmes son visage mort et caressai de fréquents baisers ses blessures fraîches ! Quelle pitié ! Je voyais celui qui était la vie de mon cœur : il était mort. Je le regardais encore et toujours, et il n'y avait en *lui ni voix ni connaissance* (2 R 4, 31). Je lui parlais et il ne répondait pas. *Je rugissais du gémissement de mon cœur* (Ps 38 (37), 9). Se trouvaient près de moi ceux qui voulaient enlever et ensevelir mon mort, mon trésor. Je me mis alors à pleurer et gémir, je fis entendre des cris lamentables. Mon cœur fut meurtri de douleur, lorsqu'ils voulurent arracher mon Fils aimé de l'étreinte de mes bras maternels. J'appliquais ma face en larmes à son visage, le prenant et reprenant entre mes mains, plus souvent encore je le regardais en gémissant, car *j'étais remplie d'amertume* (Lm 1, 20). Il n'était personne qui, voyant ce spectacle, ne compatît à mes douleurs de mère. Enfin, après la mise au tombeau de mon Fils, on me ramena écrasée par la douleur à la maison. Mais quand je le vis si glorieux dans sa résurrection, je fus pleinement consolée ; et le sujet de mes

15. *Me licentiavit :* il me renvoya, prit congé de moi, en me donnant saint Jean pour fils et en me confiant à lui.

16. Cf. Jn 19, 26.

douleurs se transforma en sujet de joies spirituelles. » (Fin des paroles de la Vierge[17].)

Nous n'avons pu t'entendre sans gémissements et sans larmes, ô Vierge Mère, la véhémence de notre compassion et ce débordement de larmes par quoi nous souffrons avec toi dans l'intimité de nos cœurs, ô Vierge de pitié, nous forcent d'interrompre ton discours. Oh, qu'il est endurci le cœur qui ne compatit pas intimement avec toi. Qu'ils sont tristement desséchés les yeux qui, te voyant ainsi pleurer, ne peuvent pas verser de larmes ! Qu'il est froid le cœur qui n'en gémit pas ! Oh, plaise à Dieu que se consument avec toi jusqu'à nos os ! Bénis soient tes bras où je vois l'Aimé déposé, et aussi les heureuses joues vermeilles[18] de la Mère, brillant de la couleur du sang ! Que ton cœur maternel soit béni par-dessus tout, lui qui contient une douleur si grande, sur lequel désormais, avec les yeux du cœur, je vois mon Roi penché. Ô *reposoir d'or* (Ct 3, 10), préféré à tous les trônes d'ivoire et autres sièges dorés, réservé pour cette heure, afin de soutenir *l'auteur de la vie* privé de vie (Ac 3, 15) !

Mais que dirai-je ? Voici que, placé devant toi, Mère très pieuse, l'âme en pleurs, je te supplie et t'adjure dans le Seigneur de m'offrir ton très cher trésor, mon Roi et Seigneur, qui a souffert pour moi et est mort en la forme où, des yeux de la méditation, je le vois sur tes genoux, sous l'arbre de la croix, pâle et couvert de meurtrissures. [Offre-le moi], pour que la compassion et la douleur qui te furent alors données, comme à sa Mère, sur son corps et en sa présence, me soient au moins données en esprit et par le souvenir, comme il sied à un malheureux pécheur. Donne-moi mon Sauveur ! Offre-moi celui que j'aime, car je ne puis plus attendre. Maintenant, mon âme, reçois l'Aimé des bras de l'Aimée, et offre-lui des signes très affectueux d'amour et de compassion.

Ô mon Aimé, *mon salut* (Ps 62 (61), 8) et *mon libérateur* (Ps 18 (17), 3), mon amour et la gloire de mon âme ! Vois, maintenant, avec un sentiment très fervent, détaché de tout, toutes les puissances de mon âme rassemblées dans l'unité, je me tourne vers toi, je te contemple de tout l'effort de mon regard attendri, aussi ardemment

17. Après une si longue plainte, la fin semble un peu brusquée, et la mention des joies de la résurrection un peu brève.

18. *Rosiferae.*

qu'un amant jamais sut amoureusement contempler son aimé. Vois, mon Aimé, la retraite de mon cœur, à toi seul réservée, fermée à ce monde, s'ouvre à cette voix, désirant te voir y descendre. Le sein de mes désirs se dilate en s'ouvrant ainsi à toi, elle fait comme la rose, fermée par la gelée de la nuit, qui s'ouvre en hâte à l'éclat radieux du soleil. Mon âme ardente d'amour étend tout grands les bras de son désir, accourt vers toi avec gratitude et se précipite en larmes vers les étreintes spirituelles.

Ah, toi, tout mon salut, c'est avec un tel désir véhément, un tel feu, un sentiment très fervent que je te reçois maintenant dans les bras de mon âme. Je t'embrasse, je m'unis à toi avec révérence, louange et action de grâce. Je t'en supplie par les entrailles de ta miséricorde, ne permets pas que cette mort très précieuse soit frustrée en moi. M'ayant reçu en ta grâce, unis-moi si efficacement à toi que ni le bonheur ni les malheurs ne puissent jamais me séparer de toi ! Vois, mes yeux regardent fixement ta face pâlie. Toute mon âme fondue d'amour pour toi couvre de baisers répétés tes blessures inondées de sang ; toutes mes forces, toutes mes puissances se repaissent dans les larmes du fruit de cette Passion. Car, *à l'ombre de celui que j'ai constamment désiré, je suis assis, et ses fruits sont doux à ma gorge* (Ct 2, 3). C'est bien juste. Il est des hommes qui se réjouissent de la pureté de leur vie, d'autres présument de la multitude de leurs mérites ou sont ravis du nombre immense de leurs exercices spirituels. Mais moi, que [ferai-je] ? Vraiment, tout mon espoir, toute ma consolation dépendent de ta Passion, de la grandeur et du prix de tes mérites, et de la pitié très bienveillante de ta Mère. C'est pourquoi ce souvenir de la Passion du Seigneur doit être pour moi caché affectueusement dans la retraite de mon cœur et prolongé[19] par des paroles et par des œuvres avec le secours de la grâce et magnifié en tout honneur et révérence.

Ô *Roi des rois et Seigneur des seigneurs* (Ap 19, 16), toi que mon âme, avec les yeux de la foi, embrasse désormais à plein cœur, ainsi mis à mort et affligé de misères, accorde-moi qu'elle[20] mérite

19. La Passion doit être revécue dans ses diverses phases, par des paroles et des gestes, des prières et des prostrations, comme Suso en donne l'exemple avec les cent méditations du *Petit livre de la Sagesse éternelle*.

20. Mon âme.

de te voir glorieux et sublime, et siégeant éternellement au-dessus des astres du ciel à la droite du Père.

Et toi aussi Vierge bienheureuse, mère très bonne, qui fus debout près de la croix de ton Fils et as ressenti en effet les blessures de sa douleur dans ton âme, qui fus rougie par l'aspersion de son sang et lui gardas, seule, une fidélité parfaite jusqu'au bout, qui fus écartée avec beaucoup de douleur du tombeau de ton Fils, je rappelle à ta mémoire comme une gloire singulière toutes ces blessures de compassion, Vierge pieuse. Comme je te reçois maintenant, ô Mère vénérable, avec piété entre les bras de mon cœur, et je t'accompagne avec des larmes de compassion, et je te ramène à la maison par la porte de la ville qui fut jadis Jérusalem, suivant l'exemple des gestes qui se sont passés jadis[21], pareillement, ô Mère de grâce, puissent mon âme et celles de tous les disciples de la Sagesse éternelle, au moment de passer l'examen de la dernière heure après être sorties de la prison du corps, être reçues par toi et conduites à la Jérusalem céleste ! Amen.

Fin du premier livre.

21. Reproduisant spirituellement le geste de ceux qui te ramenèrent alors du tombeau vers la ville.

***Stabat Mater***

Ms Fr 22922, Fol. 87v., Paris, BNF, Site Richelieu.

Marie est peu représentée dans l'iconographie de Suso, à la différence de ce dernier chapitre du premier livre de *L'Horloge de la Sagesse*, qui est un puissant hommage à la Vierge, un *Stabat Mater* très développé. Elle qui a ouvert la Nouvelle Alliance est déjà prise dans la Résurrection de son Fils.

# Livre second

## TABLE DES MATIÈRES

# CHAPITRE 1

## LA DIVERSITÉ ÉTONNANTE DES DOCTRINES ET DES DISCIPLES

Un disciple avide de sagesse *recherchait la sagesse de tous les anciens, et* fouillait *les récits des hommes célèbres. Il* désirait savoir *les mystères des paraboles et recherchait les secrets des proverbes. Il appliqua son cœur à veiller dès le matin, auprès du Seigneur qui l'a créé* (Si 39, 1-6), le suppliant de ne pas le laisser émigrer de cette vie avant qu'il ne parvînt à la connaissance de la vraie et suprême philosophie. Entretemps, comme il allait d'une étude à l'autre et cherchait de tous côtés ce dont il avait avidement soif, sans trouver nulle part cela même qu'il cherchait, mais seulement son image, il lui sembla un jour voir une sphère d'or, d'une grandeur surprenante et tout ornée de magnifiques pierres précieuses. D'innombrables maîtres et écoliers en toutes sciences et en tous arts l'habitaient. Dans cette sphère avaient été confectionnées deux demeures distinctes ; chacune avait ses docteurs et ses disciples.

La première demeure, la plus basse, celle des arts libéraux et mécaniques et des différents philosophes, abritait une multitude innombrable. Là, les astrologues jouaient de leur astrolabe ; les physiciens étudiaient subtilement la nature des choses ; les géomètres s'occupaient des dimensions ; les musiciens harmonisaient des sons ; chaque faculté traitait de sa spécialité, les médecins de ce qui convient aux médecins, les artisans, des choses de leur métier. Mais tous ces gens semblaient avoir comme *un voile sur le visage* (2 Co 3, 13) ; travaillant dans une très forte chaleur, ils se rafraîchissaient d'une boisson douce, qui pourtant n'étanchait pas pleinement la soif, mais qui, engendrant l'aridité, faisait avoir de plus en plus soif. Le disciple en question s'arrêta un peu à ces écoles ; ayant goûté ce breuvage, il commença d'avoir la nausée.

Il renonça donc à ces écoles et s'approcha de la seconde demeure. Celle-ci était fort belle, décorée de peintures admirables et variées. S'arrêtant devant la porte, il y trouva cette inscription : « Ceci est l'école de la vérité théologique, où le maître est la Sagesse éternelle ; la doctrine enseignée est la vérité, dont la fin est la félicité éternelle. » Ayant lu ces mots, il se hâta d'entrer dans l'école, désirant de tout son cœur en être l'élève, dans l'espoir de parvenir à la fin désirée.

Il y avait, dans cette école, trois catégories d'étudiants et de docteurs. Certains étaient assis par terre, près de la porte, sans goût, le visage tourné vers les choses du dehors. Dans leur bouche, même les paroles de miel sortant de la bouche de la Sagesse se muaient en liqueur de fiel. Enivrés de ce breuvage, ils semblaient saisis d'un esprit d'enflure qui les faisait se dresser orgueilleusement, prendre des âmes de rois, ambitionner les prélatures et les grades divers, chercher les promotions et *se mouvoir au milieu des grandeurs et des merveilles qui sont au-dessus d'eux* (Ps 131 (130), 1). Ils ne visaient qu'à spéculer sur les objets de science, mais, quant au sentiment, ils demeuraient très froids. Il sortait de leur bouche comme une farine très fine, et ils *tissaient* de *fins tissus* (Is 19, 9). Leur voix frappait les oreilles des hommes *comme l'airain sonore ou la cymbale retentissante* (1 Co 13, 1), mais elle ne parvenait jamais au cœur. Sous leurs yeux, comme de noirs Éthiopiens, des démons jouaient et bondissaient ; ces derniers leur offraient très souvent *des chaires d'honneur* (Si 7, 4). Ils montraient à certains de l'or et de l'argent et de vastes domaines, mettaient à d'autres de longs manteaux de couleur, leur posaient sur la tête de fines aumusses[1], les faisaient marcher d'un pas ambitieux. Eux, le sourcil froncé, *l'œil inspiré* (Jb 15, 12) remuant la tête[2] et allongeant les doigts, avaient l'ambition de montrer à son de trompe leur sagesse à tous les passants. Et ainsi, étudiant la sagesse et vivant sans sagesse, ils faisaient habituellement le jeu des ennemis. Leur labeur unique, leur intention unique était de monter et de paraître. Ils ne travail-

1. Une aumusse est une espèce de chaperon en fourrure porté par les ecclésiastiques.
2. D'un air important, sentencieux.

laient et n'étudiaient que pour cette fin : pouvoir obtenir ensuite de plus grandes libertés de soigner leur corps et d'en contenter les désirs, de plus amples moyens d'avoir ce qu'ils voudraient sans rencontrer de contradiction. Qui donc en effet ose provoquer un lion qui rugit ?

En cette demeure, le disciple remarqua une chose étonnante et prêtant à rire. Tombée du ciel, une boule brillante courait parmi eux : sa beauté et son prix attiraient sur elle tous les regards ; tous l'aimaient et la désiraient, car elle procurait à qui la détenait honneur et gloire. Cette boule, un docteur éminent[3], parmi les autres et supérieur à eux, la tenait en main ; grâce à quoi sa doctrine avait dans le monde entier un retentissement singulier, brillait fort glorieusement comme une rose sans épine et un soleil sans nuage ; ce que voyant, beaucoup, pris d'envie, tentaient par tous les moyens de lui ôter la boule des mains ; lançant tour à tour des flèches acérées et des pierres dures, ils n'avançaient à rien ; mais, de manière surprenante, ils s'affligeaient intérieurement et se frappaient de leurs propres flèches. Cette boule qui courait parmi eux, ils s'efforçaient, tant qu'ils pouvaient, moins de la prendre eux-mêmes que de la faire tomber et de la ravir des mains des autres et de montrer que l'autre ne l'avait pas. Au lieu de la dérouler, ils l'enroulait plutôt de complications. Il y avait entre eux, ô honte, d'étonnantes luttes, clameurs et oppositions autour de cette boule. Cela produisait un grand dégoût et déplaisir en l'esprit de bien des auditeurs. Car ils trouvaient moins de profit que de peine à suivre un exercice ou un spectacle vain. Quelques-uns se moquaient de ces malades occupés à des combats de mots, qui s'attaquaient mutuellement et combattaient ensemble comme des coqs.

Le disciple demanda aux assistants quel était ce spectacle étonnant. Quelqu'un lui répondit que cette boule brillante signifiait la vérité de la sainte Écriture, lucide et sonore, incorruptible ; et il ajouta : « Certains contemporains n'ont pas tant de zèle à chercher cette vérité qu'à la combattre, car aucun d'entre eux ne semble travailler pour la posséder, mais chacun s'acharne de toutes ses forces à démontrer qu'aucun autre ne la possède aucunement, dans l'intention de dépasser et d'abaisser l'autre. D'où ces surprenantes réfutations, répliques et opinions nouvelles, qui

3. Suso désigne, semble-t-il, Thomas d'Aquin par ce titre.

provoquent plus d'admiration qu'elles n'apportent de profit et d'utilité aux auditeurs. Cette vérité qu'ils devraient leur révéler, ils la voilent d'intentions[4] et de vocables nouveaux, inconnus ; la plupart du temps, par vaine ostentation, ils obscurcissent la vérité elle-même. »

Il y avait aussi, parmi eux, quelques personnages qui voulaient tout soudain enseigner ce qu'ils avaient appris non par œuvre, mais par méditation[5]. Leur doctrine ne procédait pas de la vie et des exercices fréquents, mais de leur seule affirmation, car ils méprisaient les livres des saints Pères autrefois en usage, quand la religion était en vigueur et que la dévotion fleurissait, comme les *Conférences* des Pères [du désert] et semblables fruits de dévotion, qui contiennent les fondements de la piété et de la science spirituelle, la somme de toute perfection, qui mènent l'homme au recueillement, à la connaissance de soi, restaurent la dévotion perdue et la ferveur divine. Ils se tournaient vers les écrits qui servent l'ambition ou le profit. Et s'ils regardaient les livres [des Pères] cités plus haut, ils ne le faisaient pas pour y puiser une nouvelle grâce de dévotion, mais pour mieux obtenir la fin qu'ils avaient en vue. Car, désirant principalement pour eux-mêmes une vaine élévation ou pâture, ils visaient la rétribution humaine. Et ainsi, ô douleur, désespérant d'eux-mêmes, ou aimant leurs proches plus qu'eux-mêmes, ou s'estimant sans doute supérieurs aux Pères, ils n'avaient nul souci de s'appliquer à la piété. Ces sortes de livres, contenant la dévotion la plus pure, ils les ont, par négligence, laissés se consumer de vétusté. Étudiant avec soin et se procurant à grand prix, *sous l'apparence de la piété* (2 Tm 3, 5), les seuls volumes de sermons et tels autres livres, s'il en est, qui remplissent la bourse, les malheureux se sont négligés eux-mêmes. Et cependant, comme un figuier stérile, riche en feuilles mais sans fruit, ils font peu de fruit dans le peuple ; abondants certes en feuilles de paroles, ils sont restés stériles en fruits de dévotion.

De plus, dans cette première catégorie de disciples, certains, qui avaient obtenu des prélatures convoitées, affectaient hypocritement aux yeux des hommes une honnêteté de vie et de mœurs

4. De concepts : le concept est appelé *intentio intellecta.*

5. Non par expérience, mais par spéculation ou même sans étude suffisante, avec une orgueilleuse présomption.

assortie, comme une sorte de *sanctuaire terrestre* (He 9, 1), mais ils renonçaient à la vertu réelle[6], car, cherchant leur propre paix et négligeant la paix du salut des âmes, ils n'agissaient qu'avec mollesse et négligence. Ils s'attiraient des amis de même sentiment qu'eux et les favorisaient plus que de juste, dans l'espoir qu'à leur tour ceux-ci favoriseraient pour toujours la stabilité de leur règne. Aveuglés par l'amour-propre, ils ne voyaient pas le ver qui ronge l'intérieur de la vie spirituelle, ils n'avaient souci que de composer pour eux-mêmes et leurs sujets une apparence de vie honnête, juste suffisante au salut, mais intérieurement dépourvue d'esprit vivifiant. Ils ont détruit certaines idoles placées sur le chemin, mais ils n'ont pas *supprimé les hauts lieux* (1 R 22, 44). Car, s'il fallait corriger un abus et s'ils craignaient qu'il n'en résultât pour eux quelque péril ou désagrément, lorsqu'ils ne pouvaient s'abstenir [de sévir] et fermer les yeux, ils refusaient d'agir en personne, laissaient faire la chose à des vicaires, et ce qu'eux-mêmes pouvaient détruire d'un seul doigt comme des géants, ils en confiaient l'élimination à des pygmées. Ceux-ci, voyant la tâche qu'on leur imposait au-dessus de leurs forces, passaient outre et ne faisaient rien ou faisaient moins qu'il ne fallait.

Ces chefs[7] voyaient bien les chutes si notables de leurs sujets et désiraient les corriger, mais ils le faisaient sans donner de leur personne : ils multipliaient les préceptes, redoublaient les ordonnances et leur imposaient de grandes et insupportables charges, mais eux-mêmes ne voulaient pas lever le petit doigt. Quant aux sujets, rendus plus endurcis et récalcitrants par cette attitude, ils rejetaient leur faute sur les négligences de leurs chefs. Car ces chefs n'étaient pas les premiers à passer la mer pour abattre les ennemis, les premiers à combattre dans le rang, mais les premiers à usurper ce qui donne honneur, utilité ou avantage temporel, sans considérer qu'il est quasi impossible de ramener les hommes sans dévotion par de simples paroles, qu'il y faut plutôt des bonnes œuvres et des vivants exemples. En effet, si, rejetant la pompe et les dépenses somptueuses qu'ils faisaient, ceux qui voulaient amender les autres s'étaient eux-mêmes comportés simplement, humblement

6. Cf. 2 Tm 3, 5. Ils avaient une apparence de vertu aux yeux du monde, ou peut-être un minimum de vertu réelle, mais insuffisante, vu leur état.

7. *Litt. :* recteurs, supérieurs, chefs spirituels.

et frugalement, s'ils s'étaient mis, par la parole et l'exemple, à tous les travaux qu'ils voulaient imposer à autrui, ils eussent certainement produit beaucoup de fruit. Mais, cherchant à beaucoup parler et peu faire, ils saisissaient pour ainsi dire le serpent par la queue gluante, et, non seulement ils ne profitaient pas, mais on les voyait empirer de jour en jour. Tels étaient tous les étudiants de la première catégorie de la deuxième demeure.

Ceux de la seconde catégorie semblaient persister dans leur état. Mais ceux de la troisième étaient assis près du maître ; et là, buvant de sa bouche, ils s'enivraient de *l'eau de la sagesse salutaire* (Si 15, 3), au point qu'oubliant eux-mêmes et toutes choses, de cœur et d'âme, des yeux et du visage, ils aspiraient aux sommets et, comme plongés et absorbés en l'abîme de la spéculation et de la douceur divine, ils étaient ravis en la contemplation des choses divines. Ceux-là brillaient dans le monde comme le ciel étoilé, comme une torche ardente dont la flamme monte, ils brûlaient intérieurement et enflammaient tous leurs prochains en l'amour de Dieu. De tels hommes, élevés aux prélatures et aux charges de gouvernement, y étaient fort utiles, car ils étaient admirablement pourvus de grâce divine et d'habileté humaine.

Ayant fort soigneusement considéré ces choses, le disciple était saisi d'une extrême admiration, se demandant ce que c'était, s'étonnant surtout de ce qu'en face de la même vérité, il y eût tant de dissemblance entre les différentes catégories de disciples. Et il entendit comme une voix qui lui disait : « Les trois catégories que tu as vues représentent trois façons d'étudier et d'enseigner la sainte Écriture. La première manière est charnelle : on la trouve chez ceux en qui la lettre abonde sans l'esprit ; plus ils sont savants, plus on les sait enflés d'orgueil et nuisibles à eux et aux autres ; ils ne cherchent pas la louange de Dieu, ni leur édification, ni celle d'autrui, mais à se promouvoir. La seconde manière est naturelle[8], elle se trouve chez ceux qui cherchent d'un œil simple, dans l'activité scolaire, ce qui est nécessaire au salut, mais négligent absolument de faire des œuvres surérogatoires, et *d'aspirer à des dons meilleurs* (1 Co 12, 31). La troisième manière,

8. *Animalis* : référence à la tripartition faite par S. Paul entre les charnels, les psychiques (ceux qui vivent en laissant faire la nature) et les pneumatiques (spirituels).

qui est la spirituelle, on la trouve chez ceux qui, avec toute l'affection de leur cœur et toutes leurs forces, tendent vers ce qui est de l'ordre de la perfection, s'appliquant soigneusement, en même temps qu'ils meublent leur esprit de science, à remplir leur cœur de la Sagesse divine ; et, comme ils progressent dans la connaissance de la vérité, ils progressent aussi dans l'amour du souverain Bien. Ils *goûtent et voient que le Seigneur est doux* (Ps 34 (33), 9) ; ils dirigent eux-mêmes et les autres par la sainte Écriture vers la fin due et sont d'ailleurs intérieurement *menés par l'Esprit de Dieu* (Rm 8, 14).

Laissant de côté les autres, le disciple désirait demeurer par conséquent avec ceux-ci et se porter tout entier à l'étude de cette vraie et suprême philosophie.

**L'école de théologie**

*L'Horloge de Sapience*, Ms IV 111, Fol. 90v, Bruxelles, Bibliothèque royale.

L'enluminure reprend les deux parties : les arts libéraux et l'école de théologie. Les rayons lumineux émanant de la Sagesse s'échappent vers les trois bancs d'étudiants placés devant elle : à droite, les distraits, qui sont attirés par les honneurs et l'argent ; à gauche, les étudiants intéressés uniquement par l'étude et non par les œuvres ; enfin, face au Maître, ceux qui goûtent l'enseignement de la Sagesse et en vivent.

# CHAPITRE 2

## LA SCIENCE LA PLUS UTILE À L'HOMME QUI CONSISTE À SAVOIR MOURIR

Puisque par nature tous les hommes désirent savoir[1], ô Sagesse souveraine et éternelle, Principe de l'univers et Auteur de la nature à qui nous parlons, puisqu'en toi sont cachés *tous les trésors de la sagesse et de la science* (Col 2, 3), que tu es *l'artisan de tout* (Sg 7, 21), possédant toute science et *voyant tout d'avance* (Sg 7, 23), je te prie avec un désir avide du cœur de m'ouvrir le trésor de ta sagesse et de m'enseigner *la science des saints* (Pv 9, 10 ; Sg 10, 10) et les grands sujets, et aussi d'aborder les questions les plus subtiles et les plus profondes qu'il faut maintenant traiter.

La Sagesse répondit : « Mon Fils, *n'ambitionne pas une sagesse si haute, mais crains plutôt* (Rm 11, 20). Écoute-moi et je t'apprendrai des choses utiles. *Je te ferai un don précieux* (Pv 4, 2 ; Sg 3, 14). L'objet de mon enseignement sera ta vie[2]. J'aborderai donc les débuts de la discipline du salut, *la crainte du Seigneur, qui est le commencement de la Sagesse* (Ps 111 (110, 10 ; Si 1, 16) ; je t'apprendrai ici dans l'ordre : premièrement, comment il faut mourir ; deuxièmement, comment il faut vivre ; ensuite [troisièmement], de quelle façon il faut me recevoir au sacrement ; enfin [quatrièmement], comment tu dois, d'une âme pure, sans cesse me louer. »

1. Aristote, *Métaphysique*, I, 1, 980 a 21.
2. De t'enseigner comment tu dois vivre.

Le disciple lui dit : « C'est là, mon Seigneur, ce que j'ai toujours souhaité et cherché de tous mes vœux. Oh, si je savais ces arts les plus utiles à connaître : mourir joyeux, bien vivre, te recevoir affectueusement et te louer dévotement ! Que pourrais-je demander d'autre ? Mais, je te le demande, à quoi sert cette doctrine de la mort, puisqu'on sait que la mort n'est pas une aptitude mais une privation ? »

À cela, la Sagesse répondit : « Elle est utile *de bien des manières* (Rm 3, 2). Cette science de mourir est même la science la plus utile, qu'il faut préférer à tous les arts. Se savoir mortel est commun à tous, puisqu'*il n'y a personne qui vive toujours ni qui ait cette espérance* (Qo 9, 4). Mais tu trouveras très peu d'hommes qui connaissent la science même de mourir. C'est un don de Dieu, le plus grand de tous les dons. Savoir mourir, c'est avoir en tout temps le cœur et l'âme prêts aux choses d'en-haut, de façon que, à quelque moment que la mort survienne, elle les trouve prêts à la recevoir sans aucune résistance, comme on attend la venue d'un ami très cher. Mais, ô douleur, parmi certains religieux comme parmi les hommes vains du siècle, tu en trouveras chez qui l'horreur de la mort est si grande qu'ils ont de la peine à en admettre la pensée. Ils ne veulent pas s'en aller de ce monde parce qu'ils n'ont pas encore appris à mourir. Ils consument une grande partie de leur temps en vains discours, jeux, bouffonneries et autres superfluités ; et voici que, quand la mort survient soudain, parce qu'elle les trouve mal préparés, elle ravit au corps leur âme misérable et les conduit à la géhenne, ainsi qu'elle avait fait autrefois avec toi en te mettant très souvent le mors et qui t'aurait emmené avec elle si la main miséricordieuse du Seigneur n'y avait fait obstacle. Maintenant laisse aux hommes creux les choses creuses, et prête attention à ma doctrine qui *te servira plus que l'or le plus pur* (Si 29, 14 ; Ba 3, 30) et tous les livres de philosophes. Et pour que ma doctrine t'émeuve avec plus d'ardeur et reste toujours fixée en ton cœur, je t'en livrerai le mystère par un exemple sensible : cela t'aidera beaucoup à commencer de faire ton salut et assurera un fondement solide à toutes les vertus. Contemple donc maintenant l'image d'un homme qui meurt et en même temps s'entretient avec toi. »

Entendant cela, le disciple commença à se recueillir intérieurement et à considérer avec grand soin la scène proposée. Il avait devant lui l'image d'un très beau jeune homme, devancé par la mort, qui était sur le point de quitter la terre sans avoir pris aucune disposition pour le salut de son âme. Il criait d'une voix misérable des paroles de ce genre : « *Les gémissements de la mort m'ont enveloppé ; les douleurs de l'enfer m'ont entouré* (Ps 18 (17, 5-6). Malheur à moi, Dieu éternel, pourquoi suis-je né en ce monde *? Pourquoi n'ai-je pas péri aussitôt sorti du sein* (Jb 3, 11)*?* Voilà que ma vie a commencé avec des larmes et de la douleur, et que je la finis maintenant, et que j'en sors, avec des lamentations et du chagrin. Ô mort, que ton souvenir est amer au cœur habitué aux réjouissances et nourri dans les délices ! Ta présence est horrible pour un être d'âge jeune et *de constitution robuste* (1 S 9, 1), et qui obtient d'heureux succès. Ô que j'aie peu pris au sérieux que je devrais mourir si tôt ! Mais maintenant, ô misérable mort, comme bondissant d'une embuscade, tu t'es soudain jetée sur moi. Tu m'as saisi et lié de mille liens, et tu me traînes comme on mène un condamné au dernier supplice. Maintenant, les mains jointes de douleur, je pousse des rugissements. Je voudrais fuir la mort, mais où la fuir ? Je regarde autour de moi de tous côtés : nul conseil, nulle aide. Le sort en est jeté. J'entends tonner la voix horrible de la mort ; elle dit : "Tu es *un fils de la mort* (1 S 20, 31) ! Ni richesses, ni raisons, ni parents, ni amis ne pourront te délivrer de ma main. *Voici la fin qui vient, voici la fin qui arrive* (Ez 7, 2 et 6). C'est tranché, il faut que cela s'accomplisse." Ô mon Dieu, faut-il déjà que je meure ? Ce décret ne peut-il être rapporté ? Dois-je déjà m'en aller si vite de ce monde ? Ô cruauté sans mesure de la mort ! Ô absence de pitié qui indigne et fait pitié ! Pitié, je te prie, pitié pour la jeunesse, pitié pour l'âge non encore mûr ! N'agis pas si cruellement, ne me soustrais pas à cette lumière autant à l'improviste ! »

Le disciple, entendant cela, dit au mourant, en se tournant vers lui : « Ami, tes paroles ne me semblent guère raisonnables. Ne sais-tu pas que la mort juge avec équité, ne fait acception de personne, n'épargne personne, mais atteint également tout le monde ? Elle n'a pitié ni des jeunes ni des vieux, ne connaît pas les nobles, ni ne craint les puissants, anéantit de même le riche et le pauvre. Que dis-je ? La majorité des hommes sont enlevés avant d'avoir atteint l'âge mûr. Ou bien pensais-tu que la mort dût t'épargner, seul, et qu'elle n'oserait pas entrer dans ta tente fragile ? *Les prophètes aussi sont morts* (Jn 8, 53). »

Mais en réponse, l'image de la Mort dit : « Tu es vraiment un *consolateur accablant* (Jb 16, 2). Mes paroles ne chantent pas ainsi l'imprévoyance[3] ; mais ceux-là doivent passer plutôt pour insensés qui ont vécu en impies jusqu'à la mort, ont fait des choses méritant la mort et néanmoins ne craignent pas la mort toute proche. Ils sont aveugles et ressemblent aux bêtes sans raison, ceux qui ne prévoient pas leurs derniers moments, ni ce qui doit arriver après la mort. Je ne déplore pas le jugement de la mort, mais je pleure les dommages de la mort non préparée. Je ne pleure pas sur la nécessité de quitter la terre, mais je me plains et me lamente du dommage des jours passés inutilement et sans aucun fruit. Comment ai-je vécu ? *Je me suis égaré du chemin de la vérité, et la lumière de la justice n'a pas brillé pour moi, le soleil de l'intelligence ne s'est pas levé pour moi. Je me suis lassé dans la voie de l'iniquité et de la perdition, et j'ai marché par des chemins difficiles, mais j'ai ignoré la voie du Seigneur. Hélas, à quoi m'a servi l'orgueil ? Que m'a rapporté la vaine ostentation de mes richesses ? Toutes ces choses ont passé comme une ombre, et comme un messager qui court, comme un navire qui fend l'eau agitée et dont on ne trouve plus la trace après qu'il a passé, ni la marque de sa carène dans les flots ; ou comme l'oiseau qui vole à travers les airs, sans qu'on puisse trouver aucune trace de sa route, on n'entend que le bruit de ses ailes qui frappent l'air léger et s'y ouvrent une route avec effort, et après qu'il s'est envolé en les agitant, on ne trouve plus aucune trace de son passage. Moi de même, à peine né, j'ai commencé de cesser d'être, je n'ai pu montrer aucun signe de vertu ; je suis consumé par ma propre malignité. Mon espoir est le duvet des plantes que le vent emporte, l'écume légère que la tempête disperse par, une fumée que le vent dissipe, et comme le souvenir de l'hôte*

3. En expliquant en effet que la Mort fauche les riches et les pauvres, les jeunes et les vieux, les vertueux et les vicieux, le disciple laisse croire que tout effort est absurde en cette vie.

*qui est reparti après un jour* (Sg 5, 6-15). Et c'est pourquoi *mon discours est, maintenant encore, plein d'amertume* (Jb 23, 2), *et mes paroles pleines de douleur* (Jb 6, 3). *C'est pourquoi mon cœur est devenu triste, et mes yeux se sont obscurcis* (Lm 5, 17). *Qui me donnera d'être comme aux jours anciens* (Jb 29, 2), quand j'étais vêtu de la robe de force et de beauté, quand j'avais devant moi plusieurs années et pouvais connaître d'avance les maux qui ont fondu sur moi à cette heure ? Je n'avais nul souci de l'immense prix du temps, je *laissais le vent enfler les voiles du navire* (Ac 27, 15) et lâchais les rênes à la convoitise. Je passais mes jours dans la vanité, sans considérer le prix, *me croyant né pour vivre comme l'onagre* (Jb 11, 12). Or, maintenant, *comme les poissons sont pris à l'hameçon et comme les oiseaux sont saisis au filet, je suis pris ainsi dans le temps du malheur, lorsque tout d'un coup il fond* sur moi (Qo 9, 12). Le temps est passé, il s'est écoulé. Aucun homme ne peut le faire revenir. Il n'y eut pas d'heure si brève durant laquelle je n'eusse pu faire des gains spirituels dépassant incomparablement en valeur tous les gains de la terre.

Hélas, malheureux que je suis ! Du coup, mon œil distille maintenant des larmes de douleur, *l'eau coule de mes paupières* (Jr 9, 18), parce que je ne puis faire revenir le passé. Ô mon Dieu, pourquoi ai-je négligé, pourquoi ai-je tardé, pourquoi ai-je refusé de voir ? Pourquoi ai-je gaspillé tant de jours de grâce dans de très longs et très vains entretiens ? Ô gémissements inénarrables de mon cœur ! Pourquoi me suis-je intéressés aux choses vaines, et pourquoi, durant toute ma vie, n'ai-je pas appris à mourir ? Ah, vous tous qui êtes présents, qui voyez ma misère, qui jouissez encore de la fleur de la jeunesse, qui avez encore le temps qu'il faut, regardez-moi et considérez mes misères, et que le péril où je suis vous fasse éviter le dommage. Dépensez pour Dieu la fleur de votre jeunesse, occupez le temps à de saintes actions, de peur que, faisant comme moi, vous ne souffriez comme moi. Hélas, gracieuse jeunesse, comme je t'ai perdue ! Ô Dieu éternel, je me plains à toi de la misère que je souffre. La jeunesse relâchée déteste les paroles de reproches. Je n'ai pas voulu acquiescer aux leçons de ceux qui m'instruisaient ; j'ai négligé de prêter l'oreille à celui qui m'avertissait pieusement. *J'ai détesté la discipline, et mon cœur n'a pas admis les reproches* (Pv 5, 12). Ah, mon Dieu, me voici maintenant tombé dans la fosse, j'ai couru au lacet de la mort.

Mieux eût valu pour moi ne pas naître ou périr dans le sein de ma mère, que de dépenser aussi vainement le temps qui m'était accordé pour la pénitence, et d'en abuser dans l'orgueil.

Mais le disciple répondit : « Vois, *nous mourons tous, et nous nous écoulons sur la terre comme des eaux qui ne reviendront plus. Dieu ne veut pas que l'âme périsse, mais il diffère l'exécution de son arrêt, de peur que celui qui a été rejeté ne se perde tout à fait* (2 R 14, 14). Entends donc ma voix et fais pénitence du passé, *reviens au Seigneur ton Dieu, car il est bon, miséricordieux* (Jl 2, 13) ; et si la fin est bonne, c'est assez pour le salut. »

À ces mots, le jeune homme répondit : « Quel est ce discours que tu tiens ? Me repentir ? Me convertir ? Ne vois-tu pas les angoisses de la mort qui me pressent ? Je suis tellement atterré de la crainte et de l'horreur de la mort. Je suis enserré dans les liens de la mort, et mon esprit est opprimé par des anxiétés extrêmes au point que je ne vois absolument pas ce qu'il faut que je fasse. Car, de même que la perdrix, quand elle est étouffée sous les serres du vautour qui va la déchirer, est comme inanimée dans l'angoisse de la mort, de même je perds tous mes esprits, je ne pense à rien d'autre qu'au moyen d'échapper au danger de la mort, auquel, pourtant, je ne puis échapper. L'empire de la mort m'oppresse et l'amère séparation me blesse. *Faut-il ainsi qu'une mort amère me sépare de tout* (1 S 15, 32) ?

Oh, qu'elles sont bienheureuses la pénitence et la conversion qui ont lieu à temps ; elles sont sûres. Mais qui se met tard à la pénitence sera dans le doute et l'incertitude, car il ne sait si sa pénitence est authentique ou feinte. Malheur à moi d'avoir si longtemps différé d'amender ma vie, si longtemps retardé mon salut ! Ô délai trop long de mon amendement, comme tu m'as négligé[4] ! La bonne volonté sans passage à l'acte, la volonté sans œuvre, la bonne promesse sans exécution m'ont perdu ! Ô demain, demain, quelle longue corde tu as tressée ! Par ce renvoi à plus tard, tu m'as attiré dans l'abîme de la mort. *Tu m'as trompé, et je me suis trompé* (Jg 11, 35). Cette misère ne dépasse-t-elle pas toute misère de ce monde ? N'est-il pas bien juste que mon cœur s'afflige et que mon

4. Comme je me suis négligé par ce long retard !

âme soit blessée ? Voici que tous mes jours ont passé ; j'ai dilapidé trente ans de mon âge : ils sont perdus, ils ont misérablement péri ; ils ont passé dans une telle négligence que je ne sais si j'ai jamais vécu un seul de ces jours dans la volonté de Dieu et l'exercice de toutes les vertus aussi louablement et parfaitement que je l'aurais pu et dû, ou si j'ai jamais servi mon Créateur aussi agréablement et opportunément que le requérait mon état. Hélas, douleur sur moi ! C'est donc de là que viennent mes blessures intérieures.

Ah, Dieu éternel, en quelle honte je me tiendrai devant toi et tous les saints au Jugement, quand je serai contraint de rendre raison des fautes que j'ai commises jadis et des bonnes œuvres que j'ai omises ! Et que dirai-je encore ? Mon *tourment est proche* (Ps 22 (21), 12), quand je quitterai ce monde. Regardez-moi maintenant, je vous prie, attentivement. Voyez : j'aurais à cette heure plus de joie avec une brève petite prière comme la salutation angélique, dite avec piété pour moi, qu'avec *mille pièces d'or et d'argent* (Ps 119 (118), 72). Ô mon Dieu, quels grands biens j'ai négligés ! Quel malheur pour moi de n'avoir pas prévu cela quand je pouvais le prévoir ! Que d'heures ai-je perdues qui ne reviendront jamais ! En quelles occupations de peu d'importance, en quelles inutilités ai-je passé mon temps, négligeant des biens si nombreux et si précieux ! Je me suis mêlé d'affaires non indispensables, et j'ai laissé les nécessaires. J'ai cherché à aider les autres plus qu'ils n'en avaient besoin ou qu'il m'était utile, et me suis négligé moi-même. Je me suis remis entre leurs mains, et j'ai négligé de m'aider moi-même parfaitement.

Je sais vraiment maintenant, moi qui ai négligé mon âme, l'ai souillée d'affection désordonnée, que la garde attentive de mon cœur et de tous mes sens, avec la pureté de l'âme, m'eût servi davantage, pour avoir les grandes récompenses célestes, que les efforts de quiconque ferait devant Dieu des prosternations pendant trente ans pour m'obtenir ces récompenses. Écoutez, écoutez tous, vous qui vous intéressez à mes misères. Parce que le temps me faisait défaut, comme vous le voyez, j'ai approché tous mes amis, j'ai prié chacun de ceux en qui j'espérais, je leur ai demandé en pleurant de me donner une toute petite aumône, tirée de l'abondance de leurs richesses spirituelles et de leurs bonnes œuvres, pour suppléer à ce dont je suis dénué et pour expier mes fautes ; mais j'ai été frustré. Ils m'ont repoussé en disant : *Certes non, il n'y aurait pas assez pour nous et pour vous* (Mt 25, 9) ! Ah, Dieu très bon, *père* très doux *des miséricordes* (2 Co 1, 3), regarde, aie compassion de moi qui souffre ! Hélas, que de grandes bonnes œuvres j'aurais pu faire et n'ai pas faites, tandis que je jouissais si longtemps de la santé ! Quelles immenses richesses spirituelles, quels trésors célestes j'aurais pu amasser ! Mais je n'en pas tenu compte. Ô mon Dieu, et combien agréables et bienvenues me seraient maintenant les plus petites œuvres satisfactoires ! *Je désirais me rassasier des miettes qui tombaient de la table de mes maîtres, mais personne ne m'en donnait* (Lc 16, 21, Mt 15, 27). Ô vous tous qui avez de la compassion pour moi, ayez pitié de moi ; et aussi longtemps que vos forces le permettent et que le temps vous aide, *amassez* des trésors célestes *dans les greniers* (Mt 13, 30) du ciel, pour que, quand vous succomberez, *ils vous reçoivent dans les demeures éternelles* (Lc 16, 9), et ne soyez pas vides, à cette heure qui viendra pour vous, comme vous me voyez vide et privé de tous biens. »

Mais, de nouveau, le disciple lui dit : « Cher ami, je vois que ta douleur est très violente ; je compatis donc de tout cœur avec toi, t'adjurant, par le Dieu tout-puissant, de me donner un conseil pour que je n'encoure pas le péril de mourir semblablement de façon imprévue et subite. »

À quoi l'image du jeune homme mourant répondit : « Le meilleur conseil, la prudence suprême et la plus grande prévoyance pour toi, c'est de te disposer, quand tu es sain et fort, par une vraie contrition, une pure et intègre confession et par une digne satisfaction ; de rejeter toutes les choses nuisibles qui t'éloignent du salut éternel et t'empêchent d'y arriver ; de te comporter en tout temps comme si, aujourd'hui même, ou demain, ou, au plus tard cette semaine, tu devais te retirer de ce monde. Suppose, en ton cœur, que ton âme est déjà au purgatoire et qu'elle a reçu, pour peine de ses fautes, dix ans de *fournaise de feu ardent* (Dn 3, 11), et que seule cette année présente t'est concédée pour t'aider toi-même[5]. Considère-la donc, cette âme, brûlant parmi les globes de feu, et sois attentif à sa voix misérable qui crie vers toi et dit : "Ô toi, le

5. Encore un dédoublement. Son âme étant déjà au purgatoire, le disciple est censé demeurer sur la terre et en état de satisfaire la justice divine et d'abréger lui-même la peine qu'il doit subir.

plus cher de tous mes amis, secours ton âme miséreuse, souviens-toi de celle qui est emprisonnée, aie pitié de moi et offre ton aide à la désolée. Ne permets pas que je sois affligée plus longtemps dans cette prison ténébreuse, car ce monde m'a abandonnée. Personne pour me témoigner fidélité, personne pour me tendre la main dans ma détresse. Tous *cherchent leur intérêt personnel* (Ph 2, 21), et ils me laissent désolée dans les flammes vengeresses". »

À cela le disciple répondit : « Cette doctrine serait souverainement utile à qui la posséderait par expérience comme toi. Mais tes paroles ont beau être émouvantes et pénétrantes, elles font peu de profit chez beaucoup. *Ils détournent leur visage pour ne jamais voir* (Ps 10 (9), 11). *Ils ont des yeux et ne voient pas, des oreilles et n'entendent pas* (Ps 115 (113B), 5-6 ; Ps 135 (134), 16-17). Ils pensent vivre longtemps, et, parce qu'ils ne craignent pas d'affronter la mort sans préparation, les malheureux dédaignent d'en prévoir les dommages. Quand survient le messager de la mort, la maladie grave, les amis et les compagnons se réunissent pour faire visite au malade. Tous prédisent et promettent de bonnes choses, ils déclarent que la mort n'est pas là, que rien n'est à craindre et qu'aucun danger ne menace, mais qu'il s'agit d'un flux passager, d'un désordre quelconque des humeurs, d'un dérangement des membres ou des nerfs, qui bientôt passera. Ainsi, les amis du corps deviennent les ennemis de l'âme et négligent le malheureux : car à tout moment la maladie s'aggrave, et le malade, qui espère toujours se remettre, épuisé, succombe enfin sans l'avoir prévu, et, sans fruit de salut, exhale un misérable souffle. Ainsi, ceux qui t'entendent et s'appuient sur la perspicacité humaine jettent tes paroles derrière eux et n'acquiescent nullement à ton conseil salutaire. »

À ces mots, l'image de la Mort répondit : « C'est pourquoi lorsqu'ils auront été pris au filet de la mort, *quand la calamité aura soudain fondu sur eux et que la ruine se soulèvera comme une tempête, quand le tourment et l'angoisse s'abattront sur eux,* alors ils crieront, mais ils ne seront pas entendus, *parce qu'ils ont haï* (Pv 1, 27-29) la sagesse et méprisé mon conseil. De même qu'on trouve maintenant fort peu d'hommes qui, pris de regrets en entendant mes paroles, corrigent et amendent leur vie, de même en vérité – malice du temps, défaut de ferveur spirituelle et malignité du monde vieillissant –, on en trouve fort peu qui soient assez parfaitement prêts à mourir, détachés du monde et pieux de cœur, désireux de la vie éternelle, pour aspirer à mourir et désirer du fond du cœur *être avec le Christ* (Ph 1, 23) ; la mort amère les surprend pas prêts et pris de court, comme elle m'a pris de court moi-même. C'est pourquoi ils ne s'en vont pas d'ici-bas, mais en sont comme violemment arrachés, à tel point qu'ils croient bien mourir quand ils ne meurent pas comme des bêtes totalement privées de raison. Veux-tu savoir la cause d'un danger si grand et si commun ? Voici : l'appétit désordonné de l'honneur, le soin superflu du corps, l'amour terrestre et le trop grand souci d'accroître par gains le bien de famille, aveuglent les cœurs tiraillés du grand nombre, et les conduisent à ces périls.

Quant à toi, si tu désires être sauvé, avec le petit nombre, de ce péril de la mort non préparée, écoute mon conseil et remets-toi souvent devant les yeux, rappelle sans cesse à ta mémoire la triste figure que tu me vois faire, et tu sentiras aussitôt la grande utilité de mon enseignement. Tu en profiteras si bien que, non seulement tu ne craindras pas de mourir, mais même tu attendras la mort, terrible à tous les vivants, comme la fin de la peine et le début de la félicité éternelle, et tu la recevras avec le désir de ton cœur. Prends soin seulement de penser profondément à moi chaque jour, de noter avec attention mes paroles et de les graver dans ton cœur. Aux douleurs et angoisses que tu vois en moi, considère et pèse ce qui doit prochainement t'advenir. *Souviens-toi de mon jugement : le tien sera semblable. Moi hier, toi aujourd'hui* (Si 38, 23) ! Regarde-moi, et, tant que tu vivras, souviens-toi de cette nuit.

Oh, que tu es heureux, Arsène[6], d'avoir toujours eu cette heure devant les yeux ! *Heureux celui que le Seigneur, quand il viendra*

6. Un des Pères du désert les plus chers à l'auteur ; voir plus loin, chap. 3. Issu de famille noble, Arsène naquit à Rome à l'époque de la mort de saint Antoine le Grand (356). Diacre d'après certaines sources, il exerça de hautes fonctions à la cour impériale de Constantinople et fut choisi par l'empereur Théodose Ier pour être précepteur des futurs empereurs Arcadius et Honorius. En 394, fuyant le monde et ses honneurs, il gagna secrètement l'Égypte et se fit moine à Scété auprès de Jean Colobos, un autre grand père du désert. Après avoir vécu un moment à Pétra, puis à Canope d'Alexandrie, il quitta définitivement Scété lors de la dévastation de 434 et passa les dernières années de sa vie à Troé (aujourd'hui Toura), à une quinzaine de kilomètres au sud-est du Caire. Il mourut en 449.

*frapper à la porte, trouvera veillant* (Lc 12, 36-37) ! Heureux celui qu'à cette heure il trouvera bien préparé, parce que celui-là émigrera avec joie, même s'il est très affecté par l'amertume immense de la mort. *Alors même que la mort l'a saisi de façon prématurée, il ira au lieu du rafraîchissement* (Sg 4, 7). Il sera purifié et préparé à la vision de gloire ; il sera gardé par les saints anges, conduit par les citoyens d'en-haut et reçu dans la cour céleste. La sortie de son esprit sera l'heureuse entrée dans la patrie éternelle.

Mais hélas ! malheureux que je suis, où penses-tu que mon esprit demeurera cette nuit ? Qui recevra mon âme misérable ? Où recevra-t-elle l'hospitalité de la nuit ? Ou par qui sera-t-elle reçue en cette région inconnue ? Oh, que mon âme sera désolée ! Qu'elle sera abandonnée et rejetée plus que toutes les âmes ! Qui donc l'assiste fidèlement et qui veut l'aider efficacement ? C'est pourquoi, ayant pitié de moi-même, parmi mes paroles amères, je verse *des larmes à torrent* (Lm 2, 18). Mais à quoi bon pleurer et renchérir en paroles d'amertume ? C'est fait, cela ne peut plus être changé. L'ennemi *m'a fermé les issues, il s'est mis contre moi en embuscade* comme *un lion dans le fourré* (Lm 3, 9) ; *il m'a rempli et enivré d'amertume. Ils ont mené ma vie au lac de la mort*[7].

Maintenant, ô mon Dieu, je mets fin à mes paroles, je ne peux plus me plaindre. Voici l'heure qui m'enlève de la terre. Malheur à moi, maintenant je vois, maintenant j'expérimente que je ne puis plus vivre et que la mort est proche. Voici que mes mains sans force commencent à se raidir, mon visage à pâlir, ma vue à s'obscurcir et mes yeux à se creuser et se révulser. Ah, malheureux que je suis ! les piqûres de la mort très amère m'entourent et tâchent d'étouffer mon cœur faible. Ô mortelles angoisses et oppressions du cœur ! Voici que mon pouls commence à faiblir, le souffle à me manquer et à être tiré du fond [de la poitrine]. Je ne vois plus la lumière de ce monde. Et voici que je commence déjà à avoir devant les yeux de l'âme, comme en méditation, l'état de l'autre monde. Ô mon Dieu, quel tableau misérable ! Voici que des bêtes sanguinaires, d'effrayants visages de démons, de noirs Éthiopiens m'entourent, innombrables, me tendent des embûches et guettent la sortie prochaine de mon âme misérable, dans l'espoir qu'elle leur sera livrée comme une proie à torturer.

7. *Brévaire* OP, Dimanche des Rameaux, 2e nocturne, 4e répons. Cf. Lm 10, 15.

Ô Juge très rigoureux, que tes jugements sont sévères ! Comme tu trouves graves en me jugeant, malheureux que je suis, beaucoup de choses dont si peu d'hommes font cas pour leur petitesse ! Voici la sueur de la mort, elle inonde mes membres et atteste que la nature est vaincue et a déjà succombé. Ô aspect terrible du juste Juge, que la crainte me rend déjà présent et qui doit tout à coup venir et se montrer. Adieu maintenant, compagnons et amis très chers ! Sur le point de sortir d'ici, je tourne les yeux de l'âme vers le purgatoire où je dois désormais être conduit, et d'où je ne sortirai qu'après avoir *payé* jusqu'au *dernier centime* (Mt 5, 26).

J'y vois, avec les yeux du cœur, de la misère et de la douleur, de la peine et de l'affliction en grande quantité. Malheur à moi ! Entre autres peines redevables à ce lieu, je vois surgir des flammes de feu : elles enveloppent et engloutissent les âmes de misérables qui, vomissant des flammes, courent çà et là comme des étincelles au milieu du feu ardent. C'est comme quand une grande maison de campagne est tout incendiée et que, dans le feu et la fumée, des étincelles jaillissent en haut et en bas ; chacune de ces âmes hurle et crie dans la douleur des tourments : « Ayez pitié de moi, ayez pitié de moi, vous du moins qui êtes mes amis ! Où est maintenant l'aide de mes amis ? Où sont les bonnes promesses faites par les membres de la famille et par les autres, pour l'affection désordonnée de qui nous nous sommes négligés et avons nous-mêmes accru cette peine ? Hélas ! pourquoi avons-nous fait cela ? Nous avons travaillé à vouloir leur plaire : nous sommes mal récompensés. Nous brûlons, nous bouillons et ne recevons d'eux aucun secours. Hélas, pourquoi n'avons-nous pas pourvu nous-mêmes à notre salut ? La moindre peine du purgatoire que nous souffrons dépasse tout supplice de ce monde temporel[8]. L'âpreté d'une seule heure de cette peine que nous éprouvons paraît contenir en soi cent ans de misères du siècle qui passe. Mais par-dessus tous les autres genres de tourments, c'est l'absence de la Face divine parfaitement bienheureuse, qui blesse à l'excès. « Voilà ce que moi, qui suis dans le dernier combat, je te laisse en mémorial. Et, sur ces mots, finissant mon agonie, j'expire. »

8. Thomas d'Aquin, *Comm. Sent.*, l. IV, dist. XXI, q. 1, c. 1, q. 3 : « La plus petite peine du purgatoire dépasse la plus grande peine de cette vie. » Augustin, *Serm.* 104, n. 5 : « Ce feu purificateur sera plus dur que tout ce qui, dans ce monde, en fait de peine, peut être pensé, ou vu, ou senti. »

À cette vision, le disciple gémit fortement et *tous ses os tremblèrent* (Jr 23, 9) de crainte. Se tournant tout en larmes vers le Seigneur, il dit : « Où est maintenant la Sagesse éternelle ? Seigneur, m'as-tu abandonné, moi, ton serviteur ? Tu as voulu m'enseigner la sagesse, et maintenant j'ai été mené jusqu'à la mort. Ô mon Dieu, combien me tient la présence de la mort elle-même ! L'image de la Mort m'a tellement saisi tout entier que je ne sais presque plus si ce que j'ai vu est réalité ou représentation. Ô *Dominateur*, *Seigneur* terrible et *miséricordieux* (Ex 34, 6), je te rends grâces et te promets de m'amender. Car je suis frappé d'une crainte trop grande ; de toute ma vie, je n'ai saisi aussi évidemment qu'à cette heure les dangers de la mort non préparée. Je tiens pour certain que cette vision vaudra toujours pour mon âme. Je sais maintenant en toute certitude que *nous n'avons point ici-bas de cité permanente* (He 13, 14) ; et c'est pourquoi je désire m'étendre de tout mon effort vers l'immuable état futur de l'âme.

Je me propose d'apprendre à mourir. Je ne veux pas différer la pénitence. Je ne veux en aucune façon retarder ma conversion. Je décide d'amender ma vie sans délai. Étant donné la terreur effroyable que la pensée seule est capable de produire en moi, quel effet me ferait du coup la présence ? Éloigne, éloigne maintenant de moi les lits moelleux, les vêtements précieux, la torpeur du sommeil qui m'arrête. Je suis si blessé, si affligé, si tourmenté des plus petites choses, qu'en serait-il avec de plus grandes ? C'est avec difficulté que j'arrive à supporter [en cette vie] de petites blessures, malheureux que je suis, comment pourrais-je alors souffrir de si immenses douleurs ? Oh, si j'étais mort ainsi ou si je mourais maintenant, quel grand aliment ce feu trouverait en moi, dans la multitude de mes péchés incomplètement réparés ! Je sais maintenant ce que je ferai : je ne permettrai pas que mon âme aimée périsse ainsi. Je pourvoirai à son salut en ce temps passager si bref ; j'endurerai de durs travaux et j'exercerai les vertus, pour qu'elle trouve, en cette heure extrême, non la peine, mais le repos.

Ô *saint et miséricordieux Sauveur, ne me livre pas à une mort si amère*[9]. Me voici prosterné devant toi, je te prie, en larmes, de

9. *Bréviaire* OP, complies, antienne « Au milieu de la vie (*Media vita*) » pour le *Nunc dimittis* pour le samedi avant dimanche du 3e Quadrag., jusqu'au samedi précédant la Passion inclusivement.

me punir ici à ton gré et *de ne pas réserver mes maux jusqu'à la fin*[10]. En ce lieu horrible, la misère et l'affliction sont si grandes que nul ne peut les dire. Oh, combien j'ai été fou jusqu'ici de m'être si peu soucié de la mort non préparée et de la peine immense du purgatoire ! Et que c'est une grande sagesse d'avoir souvent ces choses devant les yeux ! Mais maintenant que je suis paternellement averti, j'ouvre grands les yeux, et je les redoute fort.

LA SAGESSE lui répondit : « Mon fils, souviens-toi toujours de cela, tant que tu es jeune, sain, robuste, et que tu peux corriger ta vie. Mais quand tu seras parvenu à cette heure et que tu ne pourras plus t'aider autrement, il ne te restera qu'à te confier à la seule miséricorde de Dieu et à mettre ma Passion entre toi et mon jugement, de peur que, redoutant ma justice au-delà du nécessaire, tu ne sois dépossédé de ton espérance. Toi qui es encore sous le coup d'une crainte épouvantable, sois désormais d'âme plus égale, tout en sachant que *la crainte du Seigneur est le commencement de la sagesse* (Ps 111 (110), 10). *Scrute les Écritures* (Si 1, 16) et tu y verras quels biens nombreux la pensée de la mort confère à l'homme. *Si l'homme,* dit le Sage, *vit de nombreuses années et s'il est joyeux toutes ces années, il doit se souvenir du temps ténébreux et des jours nombreux qui, quand ils seront venus, convaincront que tout le passé est vanité* (Qo 11, 8). *Souviens-toi donc de ton Créateur aux jours de ta jeunesse, avant que vienne le temps d'affliction et qu'approchent les années dont tu diras : elles ne me plaisent pas ; avant que la poussière retourne à la terre d'où elle a été tirée, et que l'esprit retourne au Seigneur qui l'a donné* (Qo 12, 1, 7).

Quant à toi, *bénis le Dieu du ciel* (Tb 12, 6) de tout ton cœur et sois reconnaissant, car il est réservé à un très petit nombre de percevoir ainsi par l'oreille du cœur l'instabilité de ce temps, l'astuce de la Mort qui tend ses embûches à tout moment, et la félicité persistante de la patrie future. Lève tes yeux, regarde avec soin autour de toi, et vois comme ils sont nombreux ceux qui, mentalement aveuglés, *ferment les yeux pour ne jamais voir, se bouchent les oreilles de peur d'entendre, d'être convertis et guéris* (Is 6, 10).

10. *Bréviaire* OP, 4^e^ férie après le 2^e^ dimanche qui suit l'Épiphanie, nocturne, 1^er^ répons.

Leur perte ne tardera pas. Considère aussi la foule innombrable de ceux qu'a déjà perdus le fait critique de mourir sans s'être préparés. Dénombre, si tu peux, leur grande multitude. Remarque comme ils sont nombreux ceux qui, durant ta vie, demeurant avec toi, sont morts et ont été enlevés de la terre. Qu'elle est grande la multitude des frères, des compagnons et des autres connus de toi qui, en si peu d'années, t'ont précédé, toi qui es encore jeune, et qui, te laissant pour peu de temps derrière eux, se sont endormis ! Regarde-les, parle-leur et pense qu'avec eux le vieil homme [en toi] a trépassé. Interroge-les tous ; demande à chacun et ils t'enseigneront ; par des pleurs et des gémissements, ils te répondront, ils diront : “Oh, qu'il est heureux celui qui prévoit ces fins dernières, qui se garde des péchés, qui ne néglige pas ton conseil, qui se dispose en tout temps à cette heure”. Aussi bien, toutes affaires qui t'en empêchent cessant, *mets de l'ordre dans ta maison* (Is 38, 1). Prépare-toi à *la fin de toute chair* (Gn 6, 13), à l'heure de la mort, car il est certain que tu ignores à quelle heure elle viendra et comme elle est proche : *la voici aux portes* (Mt 24, 33). C'est pourquoi, comme le voyageur debout sur le port attend, de peur de le manquer, le navire qui passe rapidement[11] pour gagner les régions lointaines, qu'ainsi toute ta vie et ton action soient dirigées à cette fin : obtenir un heureux départ et parvenir au lieu de l'immortalité et de la félicité éternelles. »

11. Autrement dit : le navire qui ne fait qu'une brève escale.

**Savoir mourir**

*L'Horloge de la Sagesse*, Ms Fr 12439, Fol. 1r, Paris, BNF, Site Richelieu.

La Sagesse, imposante et très pédagogue, explique ce qui va arriver au mourant qui se trouve dans la pièce à côté. « Savoir mourir, c'est avoir en tout temps le cœur et l'âme prêts aux choses d'en-haut ».

# CHAPITRE 3

## RÈGLE ABRÉGÉE DE VIE SPIRITUELLE

Je me souviens d'avoir lu, *aux jours de ma vanité* (Qo 7, 16), où *je travaillais en vain* (Jb 9, 29) *sous le soleil* (Qo 1, 3), dans la doctrine des sages de ce monde communément appelés philosophes, que la fin joue dans l'ordre de l'opération le même rôle que les principes dans l'ordre de la spéculation. Ô Sagesse souveraine, Sagesse désirée de mon cœur, tu m'as livré le principe : l'art de bien mourir ; il convient maintenant à ta bonté de faire pénétrer en moi la doctrine du bien-vivre, et cela en résumé, brièvement. La brièveté plaît en effet aux contemporains. *Il n'y a point de fin*, il est vrai, *à multiplier les livres* (Qo 12, 12). Du reste, depuis le début du siècle, *beaucoup sont passés, et la science s'est multipliée* (Dn 12, 4). Le monde est rempli de doctrines variées. Il y a mille façons de vivre : l'une ainsi, l'autre autrement. Il existe tant de manuscrits étudiant magistralement les vices et les vertus, tant de cahiers traitant à fond des questions les plus subtiles et des propositions diverses, que la vie brève finit avant qu'on vienne à bout de tout étudier ou même de tout lire. Qui pourrait dénombrer tous les livres de logique, de science naturelle, d'histoire, de morale et de théologie, tous les écrits, tous les commentaires nouveaux et anciens, éléments, compilations et, un à un, tous les traités et toutes les sommes, dont la face de la terre est arrosée comme par un fleuve débordant ? Feuilleter tous ces livres coûterait trop au disciple découragé et affaibli. Je demande donc que me soit livrée, tirée de tout cela, une très courte règle de perfection exprimée en quatre mots, comme il convient aux rudiments de la milice spirituelle.

LA SAGESSE répondit : « Dans ce chœur des saints, qui brillaient comme les astres du matin dans la nuit de ce monde et qui éclairaient comme des luminaires par une grande clarté de science, tu en trouveras certains qui resplendissaient puissamment non seulement dans la vertu active, mais même dans la vertu théorétique. De leur tradition et de leur exemple, tu recevras les plus parfaits enseignements de vie spirituelle. Mais je veux condescendre à ton inexpérience, à ton ignorance : je te livrerai donc très brièvement certains principes de vie spirituelle, une sorte d'aide-mémoire : les ayant toujours sous la main, tu pourras te diriger dans l'action.

Ainsi donc, si tu désires la perfection de la vie spirituelle souhaitable à tous, si tu veux en entreprendre virilement la conquête, tu dois te retirer des sociétés et des fréquentations nuisibles, de tous les hommes empêchant ton projet, bref de tous les mortels autant que possible, suivant le vœu de ta profession – exception faite, bien entendu, de l'obéissance humble et prompte que l'on doit toujours aux supérieurs –, saisir toujours l'occasion, le lieu et le temps où tu peux trouver le repos et jouir des silences secrets de la contemplation, éviter les naufrages du siècle présent, et fuir les troubles du monde tapageur.

En tout temps tu dois principalement t'efforcer à la pureté du cœur ; je veux dire que, les sens charnels restant toujours pour ainsi dire clos, tu dois te tourner vers toi-même, fermant avec soin, autant qu'il est possible, les portes du cœur aux formes sensibles et aux images des choses terrestres. Car, entre tous les exercices spirituels, c'est la pureté du cœur, comme fin visée et comme récompense de tous les labeurs que le soldat émérite du Christ a coutume de supporter en cette vie, qui revendique pour soi la primauté.

Débarrasse avec soin ton cœur de tout ce qui peut en empêcher la liberté, et de tout ce qui peut attacher, retenir et faire adhérer son affection, selon ce précepte de la loi mosaïque : *Que chacun reste chez soi, et que personne ne franchisse* la porte de sa maison *le jour du sabbat, et le peuple* observera *le sabbat* (Ex 16, 29-30). Être en soi-même, c'est rassembler les affections dispersées de son cœur et les tenir recueillies en un bien unique, véritable et très simple. Observer le sabbat, c'est, pour le cœur, être affranchi de l'affection charnelle qui souille l'âme et des soucis mondains qui la distraient, et c'est, dans la paix de son cœur comme en un port de silence, reposer doucement dans l'amour et la jouissance du Créateur.

Mais, par-dessus tout, que ceci soit toujours ton principal effort : avoir ton âme constamment élevée dans la contemplation des mystères divins, pour que ton esprit adhère toujours à ces réalités divines et à Dieu, et, délaissant la fragilité terrestre, soit constamment transporté vers les réalités supérieures. Mais toute autre ascèse, bien qu'elle paraisse grande, comme la macération du corps, le jeûne et les veilles, et les semblables exercices de vertu, tout cela doit être estimé secondaire, inférieur et utile seulement dans la mesure où cela profite à la pureté du cœur[1]. De là vient que très peu parviennent aujourd'hui à la perfection, parce que la plupart des personnes consument leur temps et leurs forces en moyens peu profitables, négligent et laissent de côté les remèdes qu'il faut. Quant à toi, si tu désires parvenir directement à la fin visée, tu dois par-dessus tout aspirer à la pureté perpétuelle du cœur et à la tranquillité de l'âme, et avoir le cœur continuellement élevé vers le Seigneur. »

LE DISCIPLE : Qui donc, en ce corps fragile, peut être toujours appliqué à cette contemplation[2] spirituelle ?

LA SAGESSE : Aucun mortel ne peut demeurer continuellement dans cette contemplation ; mais cela t'est dit pour que tu saches où tu dois garder fixée l'attention de ton esprit, vers quel idéal ramener toujours le regard de ton âme. Quand elle peut obtenir [la contemplation], que l'âme se réjouisse ; et qu'elle s'afflige d'en être distraite, soupire chaque fois qu'elle se surprend séparée de ce regard[3]. Et si peut-être d'une voix plaintive tu veux m'objecter que tu ne peux demeurer longtemps en un seul et même état, sache que la vertu divine peut faire plus que l'homme ne peut penser. Et puis, la fréquence des actes a coutume d'engendrer l'aptitude correspondante. Aussi advient-il souvent que ce qu'on faisait peut-être au début en s'y astreignant de force et avec difficulté, on le fasse ensuite plus facilement et enfin avec grand plaisir, pourvu qu'après avoir commencé, on ne renonce pas.

1. Voir CASSIEN, *Conférences*, I, chap. 7.
2. *Theoria* : contemplation, spéculation.
3. Ces lignes sont tirées presque littéralement de CASSIEN, *Conférences*, I, chap. 13.

**La Sagesse de l'Ancienne et de la Nouvelle Alliance**

Suso est représenté, en rouge, dans la partie supérieure. *L'Horloge de Sapience*, Ms Fr 926, Fol. 216v (Recueil de Marie de Berry), Paris, BNF, Site Richelieu.

*Écoute, mon fils, l'enseignement de ton père* (Pv 1, 8). Considère avec soin mes paroles et écris-les dans ton cœur comme dans un livre. *Ne sois pas jaloux* (Ps 37 (36), 1) de la multitude de ceux qui sont déjà retournés en arrière [courir] après les désirs de leur cœur, en qui la dévotion s'est attiédie, la charité s'est refroidie et a défailli, l'humble obéissance a été jetée à terre ; ceux qui désirent plaire aux hommes, cherchent les honneurs, servent leur ventre, *aiment* à l'excès *les présents et poursuivent les récompenses* (Is 1, 23), sont ceux qui reçoivent en ce monde pour salaire de leur œuvre cela même qu'ils cherchent et resteront vides dans le monde futur. Mais considère ces fleurs exquises, les très saints Pères, qui brûlaient d'un zèle incomparable pour la sainteté, et hâte-toi d'adopter leur genre de vie, par un zèle et une vie semblables, comme tu l'as déjà résolu. *Que tu manges, que tu boives, que tu fasses quoi que ce soit d'autre* (1 Co 10, 31), que toujours retentisse à tes oreilles cet avertissement du pieux Père qui disait : « Mon fils, reviens à ton cœur, sépare-toi de tout, autant que possible. Garde toujours l'œil de l'âme dans la pureté et la tranquillité, défends ton intelligence des idées des choses basses. Détache complètement l'affection volontaire des soucis des choses terrestres, adhérant toujours par un amour fervent au souverain Bien. Garde aussi la mémoire constamment élevée et tendue vers les réalités supérieures par la contemplation des mystères divins, de telle sorte que toute ton âme, recueillie en Dieu avec toutes ses puissances et ses forces, devienne un seul esprit avec lui. On sait qu'en cela consiste la suprême perfection de la voie. »

Que ce bref enseignement te soit ainsi livré comme une règle de vie. Il constitue la somme des sommes de toute perfection. Si tu t'y appliques avec soin et t'efforces fidèlement de la mettre en pratique, tu seras heureux et tu commenceras à éprouver, d'une certaine façon, et en ce corps fragile, la félicité éternelle.

Telle est, mon fils, la voie du salut, que ton [modèle] Arsène, instruit par un ange, observa et fit observer à ses disciples : « Enfuis-toi, tais-toi, tiens-toi en repos[4]. Ce sont, dit-il, les principes du salut. » Cette doctrine très claire, la Sagesse l'a révélée

4. *Vies des Pères*, III, 190. Autrement dit : fuis le monde, garde le silence, repose-toi de toutes les vaines activités pour vaquer dans la retraite et le silence à la prière et à la contemplation continuelles.

à l'un de ses disciples, que tu connais, en l'instruisant clairement sur son état.

Ce disciple se proposait encore apparemment de s'appliquer aux sciences d'invention humaine : de très nombreuses vanités commencèrent à s'insinuer subrepticement comme derrière son dos ; il se mit à aspirer plus qu'il ne fallait aux honneurs et promotions temporelles. Le temps arrivait où il eût dû recevoir ce pour quoi il avait longuement travaillé, être élevé aux honneurs désirés : alors il se prit à réfléchir intérieurement sur ce qui lui était plus utile ou plaisait [davantage] à Dieu. Une fois donc après matines, il se prosterna en prière, demandant très pieusement à Dieu de daigner lui révéler ce qu'il devait faire. Enfin, se levant de la prière et se penchant sur les stalles, il eut la vision d'un beau jeune homme qui, venant à lui, le prit par la main, le conduisit à une église où était bâtie une petite cellule habitée par un solitaire, menant la vie d'un anachorète. C'était un homme très âgé, blanc ; il portait une longue barbe, et la grâce divine brillait en lui. Près de la cellule du vieillard apparut, dressée, une échelle où le jeune homme en question jouait à monter et descendre. Le jeune homme appela le frère et lui dit : « Viens écouter la leçon que je veux te dire. » Le frère accourut joyeux, désirant d'abord voir le livre où lui serait lue la leçon. Or, il y avait dans la main du jeune homme un livre très ancien, de petit volume, qui, en apparence, ne méritait pour ainsi dire aucune estime, semblait un ouvrage périmé dont nul ne se soucie. Le jeune homme commençait donc à lire : « La source et l'origine de tous les biens pour l'homme spirituel, c'est de rester continuellement dans sa cellule[5]. » Ces paroles sortant de la bouche du jeune homme qui les lisait dans le vieux livre résonnaient si doucement aux oreilles du frère et prenaient une telle douceur en son cœur qu'il lui semblait tout entier se résoudre en amour céleste. L'efficacité des paroles célestes démontrait de toute évidence l'identité du lecteur. Mais comme le frère insistait auprès du jeune homme pour qu'il lui répétât encore les paroles en question, celui-ci s'exécuta et lut, comme la première fois : « La source et l'origine de tous les biens pour l'homme spirituel, c'est de rester continuellement dans sa cellule. » Alors le frère, le cœur exalté, dit : « Oh, combien cette doctrine est précieuse et

5. Citation non trouvée.

utile ! » Et il interrogea encore pour savoir qui d'entre les sages avait proféré cette sentence. Le jeune homme répondit : « C'est le très grand philosophe Arsène. » Le frère insistait pour se faire lire davantage du livre en question. Le jeune homme, reprenant sa lecture, lut ces mots : « Au contraire, la source et l'origine de tous les maux, ce sont les discours inutiles de ceux qui évangélisent. » Le frère en question reçut cette parole avec un certain trouble dans le cœur. Il s'efforçait de prouver le contraire, alléguant les discours des saints apôtres qui parcouraient le monde entier à seule fin d'évangéliser. Il ne prenait pas garde au fait que ce mot ne s'appliquait pas à eux, et que ces paroles, dans la pensée [de leurs auteurs], ne touchaient pas plus les prédicateurs qu'en général tous ceux qui désirent plaire à Dieu. Il est en effet manifeste que c'est pour quiconque a volontairement lâché les rênes aux discours inutiles que tous les maux commencent. Mais à cette interrogation, le jeune homme ne répondit pas directement ; mais il dit en toute douceur : « Sache, frère, que le philosophe en question déteste fort les discours inutiles. » Sur ces mots, la vision disparut.

Or souvent ce frère, sentant la consolation céleste se répandre en lui, se mit à repasser intérieurement ce qu'il avait vu et entendu et à se demander qui était ce philosophe Arsène. Étant encore appliqué si studieusement à la philosophie profane, il tournait les yeux vers les philosophes de cette sorte. Il ne se souciait pas encore autant de la philosophie spirituelle et de ceux qui en traitent. Il se disait donc en lui-même : « Que de livres de philosophes tu as lus, que de philosophes tu as entendu citer ! Or, dans aucune philosophie, tu n'as entendu faire mention de cet Arsène. » Enfin, rentrant en lui-même, il commença à réfléchir et à se dire : « C'est peut-être cet Arsène très célèbre, philosophe de doctrine chrétienne, anachorète éminent, que tu as entendu citer il y a plusieurs années, bien que, pour le moment, il ait échappé à ta mémoire. Et peut-être la preuve en est-elle que tu as vu ce vieillard habitant une petite cellule et ce jeune homme tenant en main ce vieux livre et lisant les sentences en question, ce qui fait penser aux *Vies* des saints Pères et à leurs *Conférences*, livre dont la plupart, l'estimant ancien et périmé, se soucient peu, bien qu'on sache, par expérience certaine, qu'il contient le noyau de toute perfection et la vraie science de la philosophie chrétienne. » Se levant donc de bon matin, le frère en question demanda au bibliothécaire les *Vies des Pères du désert*[6], voulant savoir s'il en était vraiment ainsi et s'il y trouverait cet Arsène, dont il ignorait, pour lors, absolument les sentences. Il ouvrit le livre et, tout à coup, cet Arsène se présenta, et le frère trouva dans ses maximes la sentence même que le jeune homme avait lue dans le vieux livre. Suffisamment instruit du coup, il se mit à demeurer dans sa cellule et, délaissant les écoles qu'il estimait plus sainement régies par d'autres, il y renonça pour lui-même, se trouvant faible d'esprit, et il souhaitait se conformer aux sentences de ce philosophe.

LE DISCIPLE : Tes paroles, comme tirées d'un écrin céleste, m'émeuvent tellement tout entier que, du fait de leur douceur suave, la ferveur de la dévotion s'augmente et une voie très aplanie de vie plus parfaite est offerte à celui qui écoute, toute difficulté écartée.

6. Sur les *Vitae patrum*, voir plus haut chap. 13.

**Le message d'Arsène**

*L'Horloge de la Sagesse*, Ms 22922, Fol. 111, Paris, BNF, Site Richelieu.

À gauche, un Frère lit, assis au bord d'une rivière. Suite à sa vision, il se décide à passer le cours d'eau et grimpe à l'échelle conduisant à l'ermitage d'Arsène.

L'image est simplifiée : elle ne montre pas le beau jeune homme angélique qui lit au Disciple les *Sentences* d'Arsène – ou bien est-il représenté par le Dominicain à droite de l'échelle, amené, par la Sagesse éternelle, à contempler la Trinité ?

# CHAPITRE 4

## QU'ON DOIT RECEVOIR PIEUSEMENT LE CHRIST DANS LE SACREMENT DE L'EUCHARISTIE

Puisque, ô souveraine et éternelle Sagesse, l'utilité de ta doctrine et la douceur goûtée de tes paroles m'ont poussé à me hâter et à m'appliquer d'une âme attentive aux écoles de vertus où je trouve souvent comment je dois vivre et mourir – mais j'avoue que, par ma propre fragilité, je fais défaut dans la mise en pratique actuelle de ces règles –, je me réfugie dans ta toute-puissance et je te prie de daigner miséricordieusement me montrer à quels remèdes je dois recourir dans les échecs.

LA SAGESSE : Les sept sacrements de l'Église sont les sept remèdes par lesquels l'homme est en quelque sorte régénéré en une créature spirituelle, soigné et nourri, et, moyennant la grâce, promu au suprême degré de la perfection. Parmi eux cependant, le rayon de l'amour divin, qui enflamme heureusement les âmes pieuses, et le fleuve de la grâce céleste, qui les enivre suavement, s'écoulent de façon plus excellente et plus originale du sacrement de l'Eucharistie. Car, comme le bois sec offre au feu matériel une matière idoine pour que les flammes montent et se répandent à l'entour, ainsi, en vérité, ce sacrement, stimulant de chaleur spirituelle, fournit au feu de l'amour divin un puissant aliment et, reçu pieusement, le réchauffe lui-même. Car, entre toutes les preuves d'amour, il n'est rien qui ravisse autant l'esprit de l'amant tout entier que la présence désirée de l'aimé, qu'il préfère à tout le reste. Or donc, lors de la dernière Cène, je me suis offert sacramentellement à mes disciples bien-aimés, et par la vertu de mes paroles, je leur ai délégué, à eux et à tous les ministres de ce sacrement, ce pouvoir immense de m'avoir corporellement présent, moi qui, par la présence de la divinité, suis reconnu présent partout.

LE DISCIPLE : *Je t'en prie, mon Seigneur, permets à ton esclave de t'adresser la parole, et ne t'irrite pas contre ton serviteur. Car tu es mon Seigneur* (Gn 44, 18-19), et je suis ton serviteur. Si j'ai bien fait attention, tu as dit que tu es dans ce sacrement non pas en figure mais réellement, non pas symboliquement mais corporellement. S'il en est ainsi, je demande humblement à en être instruit, car cela me fournirait un grand sujet de t'aimer avec ferveur.

LA SAGESSE. Il est très certain et véritable, et hors de doute, que je suis contenu dans ce sacrement, Dieu et homme, avec mon corps et mon âme, ma chair et mon sang, comme quand je suis sorti du sein de ma mère et quand j'ai été pendu à la croix, et comme je suis assis à la droite du Père.

LE DISCIPLE : Je t'en prie, mon Seigneur, ne t'indigne pas si je parle. Mon opinion en ce domaine n'a pas pour racine l'infidélité, mais l'étonnement sans limite : il me semble en effet très étonnant, s'il m'est permis de parler ainsi, que le beau corps de mon Seigneur, avec ses dimensions propres et son absolue perfection, puisse être contenu sous les formes minuscules des espèces sacramentelles, qui sont sans aucune proportion ni commune mesure avec lui.

LA SAGESSE : Comment mon corps est contenu dans le sacrement, aucune langue ne le peut expliquer ni aucune intelligence le saisir, ni la raison humaine le comprendre : c'est à la foi seule qu'il appartient de le savoir. C'est là, en effet, l'œuvre immense de la seule vertu divine, et c'est pourquoi il te faut la croire fidèlement et te garder de toute investigation présomptueuse. Cependant, désirant être utile à ta pieuse simplicité, pour exciter ta ferveur, plutôt que pour révéler une chose connue de Dieu seul, je répondrai à tes paroles simples, en partant des choses connues de soi, inconnues pour toi, pour aller à ce qui dépasse la connaissance de tous les mortels. Dis-moi donc, toi qui ignores l'optique[1], comment une petite pupille peut enfermer en soi tout l'hémisphère du ciel, ou de quelle façon le miroir brisé peut recevoir en chacun de ses morceaux l'image parfaite, quand le miroir et l'objet sont si inégaux et disproportionnés entre eux. Et quoique cette simple comparaison contienne plus de dissemblance que de ressemblance, il n'est cependant pas déplacé de conclure : si la nature peut faire des choses si étonnantes dans son opération propre, pourquoi la vertu de l'Auteur de la nature ne s'étendrait-elle pas à de bien plus grandes dans son opération à elle ? De même, s'il paraît possible qu'à la parole du Créateur de l'univers, toutes choses aient été faites du néant, pourquoi cette transmutation [substantielle] te paraît-elle si impossible ? Que cet acte de transsubstantiation soit plus grand que la création, ou qu'il soit moindre ou bien égal, il n'est cependant pas contraire à la raison de croire que celui qui a pu produire le monde à partir de rien n'a pas limité sa puissance à faire cet acte seulement. Mais *comme Dieu a fait tout ce qu'il a voulu* (Ps 115 (113B), 3), *rien n'est impossible à Dieu* (Lc 1, 37), *mais il peut user de sa puissance quand il le veut* (Sg 12, 18). D'où vient donc que tu t'étonnes d'une chose et non de l'autre ? En outre, si tu crois que la Sagesse divine a rassasié cinq mille hommes en se servant de cinq pains[2], je te demande quelle fût la matière qui servit alors à sa toute-puissance.

LE DISCIPLE : Je ne sais, vu ma simplicité, répondre à ces questions, sinon que ce sont là des œuvres de Dieu merveilleuses.

LA SAGESSE : Je poserai encore à ta simplicité une question. Dis-moi : crois-tu que tu aies une âme, ou qu'il existe des êtres invisibles ?

LE DISCIPLE : Je ne *crois* pas avoir une âme, je le *sais* : j'en ai connaissance par le mouvement, le sens et les autres choses, selon la définition de l'âme que nous a transmise le sage de ce monde[3]. De même, la raison dicte qu'il existe dans la nature beaucoup d'êtres

1. Litt. *scientia perspectiva*.
2. Mt 14, 17-21.
3. C'est-à-dire Aristote, *De l'âme*, I, 2, 403 b 26.

**Le mystère de l'eucharistie**

*L'Horloge de la Sagesse*, Ms Fr 926, fol. 113, Paris, BNF, Site Richelieu. Vo
l'explication page 17.

qui ne peuvent tomber sous aucun sens, et peut-être y a-t-il plus d'œuvres de Dieu invisibles qu'il n'en est de perceptibles aux sens : le chercheur consciencieux peut facilement le conclure de l'ordre très harmonieux de l'univers.

LA SAGESSE : Retiens de ce qui vient d'être dit pour ton sujet, que l'intelligence de n'importe quel bienheureux dépasse beaucoup plus l'intelligence de n'importe quel sage que l'intelligence d'un sage ne dépasse celle d'un illettré ; et cependant, l'expérience enseigne que beaucoup de profanes tiennent pour impossibles des choses dont les experts ont la démonstration très certaine, comme il apparaît surtout en géométrie et en astronomie. Ainsi, dans le cas actuel, cette matière dépasse la connaissance des hommes qui traversent cette vie : on sait en effet qu'ils ont l'intelligence obscurcie quant aux choses les plus manifestes de la nature. Toutefois ceux qui jouissent de la science des bienheureux voient cela parfaitement en Dieu. Écoute sur ce point le Prêcheur de l'Église[4] : *Il est des hommes dont les yeux ne goûtent le sommeil ni le jour ni la nuit. Et j'ai compris que l'homme ne peut trouver aucune raison d'être à toutes les œuvres de Dieu qui se font sous le soleil ; et que plus il se fatigue à chercher, moins il trouve ; et même quand le sage dit qu'il a cette connaissance, il ne peut pas la trouver* (Qo 8, 16-17). Un philosophe païen t'apporte là-dessus un bel enseignement. Tandis qu'il s'interrogeait avec une grande sagacité sur le nombre des mondes et échouait dans sa recherche, il finit par dire : « Laissons cela à de plus forts[5]. » Les scrutateurs les plus profonds de la nature, les chasseurs les plus subtils de raisonnements et les plus pénétrants argumentateurs par enchaînements de syllogismes, combien de vérités penses-tu qu'ils se réjouissent d'avoir par déductions scientifiques ? Peu, assurément. C'est ce que prouvent suffisamment la pluralité des hypothèses, la contrariété des arguments pour un même champ d'étude. La chose nous est pourtant parfois si commune, si habituelle, que ses accidents tombent sous les sens : on voit et on sent ainsi qu'elle existe. S'il en est ainsi des réalités de la nature qu'on a sous les yeux, qui donc scrutera les choses qui sont au ciel invisibles et dépassant tout l'ordre de la nature ? *Si je vous dis,* dit la Sagesse de Dieu, *des choses terrestres*

4. L'Ecclésiaste, le Qohélet.
5. Aristote, *Métaphysique*, XII, 8, 1074 a 17.

*et que vous ne me croyiez pas, comment me croirez-vous si je vous dis des choses célestes* (Jn 3, 12) ? De tels doutes et conceptions erronées sur les objets de foi surgissent parfois parce que l'homme imagine et juge des réalités divines comme des humaines, et des surnaturelles comme des lois de la nature. Il ne faut pas faire ainsi, il faut bien s'en garder, surtout dans le cas actuel. Le corps du Seigneur n'est pas dans le sacrement à la façon dont un corps est dans un lieu, commensuré au lieu par ses dimensions : il y est d'une manière spéciale[6].

Et si tu demandes quel est ce mode, je dis que c'est un mode propre à ce sacrement. Ton imagination ne peut arriver à le connaître. De là vient aussi que ton *intelligence*, étant obscurcie, doit être *retenue captive, sous l'obéissance du Christ* (2 Co 10, 5), et qu'il faut avoir devant les yeux tout ce que peut la puissance infinie, à qui tout obéit sur un signe. Mais *il appelle aussi les choses qui ne sont pas, comme celles qui sont* (Rm 4, 17), bien que l'homme ne puisse voir ces choses par défaut d'acuité visuelle dans l'œil de son intelligence. Tu as un exemple assez commun de cela avec un enfant né en prison et longtemps élevé là : il tiendrait certainement pour des merveilles tout ce qu'on lui raconterait du cours des astres et de l'ordonnance de l'univers. C'est pourquoi il était nécessaire que la Sagesse divine, acceptant ainsi de se mettre complètement au niveau de l'ignorance humaine, révélât aux hommes ces choses, puisqu'elles dépassent leurs facultés. Adhérant à cette révélation comme à la vérité infaillible, les fidèles s'appuient ainsi sur un fondement solide ; ils ont, dès lors, une plus grande certitude que s'ils s'appuyaient sur quelque intelligence créée quelle qu'elle soit, la leur ou celle d'autrui, dans la réalité connue et adaptée de leur intelligence.

LE DISCIPLE : Tu me persuades d'avoir foi en ce sacrement par des arguments très évidents, et tu ôtes les étonnements nuisibles et les pensées timides qui agitent l'âme faible. Par-là, j'apprécie combien est insensée l'intelligence qui cherche des choses impossibles à comprendre, qui désire scruter des choses impénétrables, qui prétend savoir les merveilles, œuvres de Dieu seul, quand déjà il échoue dans la connaissance des opérations de la nature.

6. Voir Thomas d'Aquin, *Somme théol.*, p. III, q. 75, a. 1, ad 3.

Qu'ai-je encore besoin de savoir et de chercher ? Je sais et crois très fermement que tu es la Puissance souveraine et infinie qui *peut tout* (Sg 7, 27), la souveraine et éternelle Sagesse qui sait et voit tout ; la très simple et immuable vérité qui ne peut mentir ni tromper. Et c'est pourquoi tu es, maintenant et pour l'éternité, la fin de ma foi, *l'ancre* de mon espérance (He 6, 19), car je sais qu'*il est heureux, l'homme qui espère en toi* (Ps 84 (83), 13). C'est pourquoi réjouis-toi maintenant, mon cœur : ce que je cherchais, je l'ai trouvé ; ce que je voulais, je le tiens ; ce que j'ai longtemps désiré, je l'ai maintenant obtenu.

*Pourquoi es-tu triste, mon âme, et pourquoi me troubles-tu* (Ps 42 (41), 6) ? Tu as cherché Jésus, et tu as trouvé Jésus. Jusqu'ici, tu te plaignais souvent que ton Aimé fût absent et, quand tu voyais quelqu'un se réjouir de la présence de l'aimé, tu l'enviais et gémissais de ne pas trouver présent celui que tu aimes. Et tu disais : Ô absence cruelle de mon Aimé, dont le souvenir seul me nourrit. Il écrit des lettres, envoie des messagers, mais il retire sa présence et me regarde du même regard invisible qu'il donne à tous. Mais, ô douleur, cela ne suffit pas à l'amant. *La nuit, dans mon petit lit, je le cherche et ne le trouve pas* (Ct 3, 1.) Je regarde autour de la table et ne le vois pas. *Je désire avoir une vigne fertile au flanc de ma maison* (Ps 128 (127), 3), et je suis frustré. Ainsi, dis-je, tandis que j'ai l'Aimé, je suis privé de l'Aimé, car je ne trouve pas qu'il me soit présent. *Une nuée me l'a enlevé* (Ac 1, 9). *Il s'est assis à la droite du Père* (Mc 16, 19). *Il se promène dans le ciel d'un pôle à l'autre et ne s'inquiète pas de nos affaires* (Jb 22, 14). Oh, plût au ciel que mon Aimé me soit présent, sinon toujours, du moins fréquemment, et vive avec moi, que je puisse me réjouir de sa présence et recevoir parfois une consolation de mes tourments !

Or, il semble maintenant qu'un salut inespéré *se soit levé* (Est 8, 16) pour moi ; la voix chagrine s'est changée en une voix exultante, et le sentiment qui cherche en un sentiment qui remercie. Celui dont je déplorais l'absence, je le trouve maintenant présent ; celui que je croyais loin, je le trouve maintenant à mes côtés. *Félicitez-moi donc, vous* tous *qui aimez le Seigneur* (Ps 97 (96), 10) : j'ai trouvé mon Aimé, non seulement selon la divinité qui régit tout, mais selon l'humanité, présent dans le sacrement ! Je l'ai trouvé non pas *là où il est parti* (Ct 5, 17), mais où de prime abord il ne m'apparaissait pas si clairement. Je l'ai trouvé, non qu'il ne fût pas là de prime abord, mais parce que par un nouveau rayon de son enseignement il m'a illuminé de sa présence, et m'a révélé les choses cachées, mis au jour les mystères. Et ce que je savais parce que la lettre me le livre, il m'en a instruit par une grâce spirituelle et vivifiante. C'est miracle désormais si je peux m'arracher de l'église, ne pas rester nuit et jour où j'ai mon Seigneur présent, non pas seulement en esprit mais aussi corporellement, non pas seulement comme Dieu mais comme frère et mon ami aimé.

Oh, que j'eusse été reconnaissant si j'avais mérité de recevoir en ma bouche même une seule goutte du sang si précieux des blessures ouvertes de mon Bien-Aimé ! Je me serais estimé heureux si j'avais pu recueillir à sa poitrine le lent écoulement d'une liqueur si précieuse. Or, maintenant, par une considération très attentive, je commence à remarquer que je n'ai pas reçu seulement une goutte ou deux de ses mains, pieds ou poitrine sanglants, mais, ce qui est bien plus, j'ai pris tout son sang, et son corps a été associé à mon corps. Ô joie et exultation sans mesure de mon cœur pour une grâce si ineffable que l'Aimé m'a accordée ! N'est-ce pas là le don le plus grand et le principal à exalter par de dignes louanges, auquel la nature angélique n'ose aspirer ? Aussi bien, plût à Dieu que tous mes membres et toute ma force et toute mon intériorité se fondent en ta louange pour que je puisse répondre à ton amour, selon mon pouvoir.

Ta présence enflamme violemment mon amour, mais ta majesté inspire la crainte. La raison conseille de révérer un hôte si grand ; l'amour force à embrasser tendrement un époux si aimé. Tu es, il est vrai, mon Dieu et mon Seigneur, mais tu es aussi mon frère et, si je l'ose dire, mon époux bien-aimé. Vois quels grands biens je possède en toi, Bien unique très simple : je n'ai pas en toi tel ou tel bien particulier, mais le Bien souverain où tous biens sont contenus comme en leur principe et leur source. Oh, que la présence de ce Bien doit émouvoir le cœur ! Et bien qu'ici, dans le sacrement, il ne puisse être vu à découvert comme dans la patrie, cependant le sentiment fervent, appuyé sur le fondement de la foi devrait être si consolidé en Dieu que [le sentiment de] la présence de ce sacrement doit l'emporter dans le cœur sur tout sentiment terrestre. Ce sacrement est donc bien nommé sacrement d'amour. Qu'y a-t-il, en effet, de plus propre à l'amour, à la tendresse, que l'union familière de l'Aimé à l'aimé ?

Console-toi maintenant, mon âme, car ce que tu cherchais, tu l'as trouvé ! Reçois le Christ, présent en vérité, comme *Siméon, cet homme juste et craignant* Dieu (Lc 2, 25), l'a pris dans ses bras en chair et en os, car longtemps dans ta prière tu l'as souhaité ; et tu as obtenu au-delà du vœu de ton cœur. Siméon l'a reçu lui-même, visible ; tu le reçois, invisible, mais tu ne le reçois pas moins véritablement. Dans le sacrement, l'œil de mon corps ne peut voir ton humanité présente, comme Siméon, te portant *dans ses bras*, ne pouvait voir ta divinité, sinon des yeux de la foi. C'est donc ainsi, maintenant, que je te vois présent. Mais qu'importe la vue corporelle, puisque *les yeux* qui sont proclamés *bienheureux* (Lc 10, 23 ; Mt 13, 16) ne sont pas ceux qui voient avec la chair, comme *les scribes et les pharisiens* (Mt 15, 1), mais ceux qui voient en esprit, comme les disciples choisis. Que veux-tu donc savoir de plus, ô mon âme, que ton Aimé ? Que demandes-tu de plus ? Que désires-tu ? Tu l'as, très certainement et sans aucun doute, présent lui-même, quoiqu'invisible, dans le sacrement. Mais considère le plan divin ! Ce mystère ne s'accomplit-il pas beaucoup plus convenablement sous une espèce étrangère que sous la forme propre [du corps du Christ] ? Qui pourrait être assez bestial pour assumer de le manger sous forme de chair et de sang ? De là vient que la Sagesse divine, *qui a ordonné toutes choses* (Sg 8, 1) pour le mieux, a pourvu à ce que le sacrement fût reçu, la chair et le sang demeurant sous les espèces du pain et du vin qui servent communément à la réfection de l'homme. Que se pouvait-il trouver de plus adapté, de plus facile, de plus décent qui, à la fois, nous convînt davantage et conservât la vérité ? Quand je considère ces œuvres et d'autres pareilles, grandioses et admirables, si excellemment ordonnées, ô Sagesse éternelle, je succombe de stupeur et m'écrie en moi-même : *Ô sublimité des richesses de la sagesse et de la science de Dieu* (Rm 11, 33) ! Qui es-tu en ton essence même, toi qui es tel et si grand dans l'effluence[7] si puissante des choses créées !

Maintenant donc, *mon roi et mon Dieu* (Ps 44 (43), 5)*, qui as daigné, sans mérite de ma part*[8]*, me choisir pour l'office*[9] et

7. *Effluentia* : exhalaison, écoulement au-dehors, et non au-dedans comme l'*influentia*.

8. *Missel*, Proclamation « Exultez de joie (*Exultet*) », vigiles pascales.

9. *Missel* OP, prière du prêtre avant la messe.

me faire ministre de si grands mystères, pour que je puisse te prendre et t'offrir chaque jour, agneau sans tache, je te demande de m'apprendre comment je puis te recevoir dignement, pour ta gloire et le salut de mon âme. Tiens ceci pour certain : aucun roi, aussi grand ou glorieux qu'il soit, ne fut jamais reçu avec tant d'honneur et de respect en aucune ville, aucun ami très cher arrivant d'un long voyage ne fut salué avec tant de joie et d'affection, ni fiancé chéri reçu avec tant de reconnaissance et d'amour, traité avec tant de respect par une fiancée fidèle, que toi, que mon âme désire recevoir aujourd'hui, toi, mon très gracieux empereur, mon très doux ami et hôte, mon très cher époux et amant ; toi qu'elle désire recevoir et introduire en sa maison et dans la chambre la plus secrète de mon cœur, t'y témoigner du respect, se dépenser en amour et te rendre tout l'honneur qu'une créature pure puisse rendre au Créateur.

LA SAGESSE : *Quand tu montes à l'autel vénérable, regarde le corps sacré de ton Dieu et son sang*[10] avec les yeux de la foi, c'est-à-dire de telle sorte que, très certainement et sans aucune hésitation, *tu croies de tout ton cœur et confesses oralement* (Rm 10, 10) que cette hostie consacrée est le vrai Fils de Dieu, né de la Vierge, mort et ressuscité, juge des vivants et des morts ; sois ainsi de ceux qui sont de vrais Israélites, *non selon la lettre, mais selon l'esprit* (2 Co 3, 6), non selon la chair, mais *selon la promesse* (Ga 3, 29) ; endosse *la confession* (Ps 104 (103), 1)[11] de cœur et de bouche comme *un vêtement*, que tout ton intimité confesse qu'il est le Seigneur et que tous tes os proclament la même chose. Ensuite, *accourant vers ton Dieu* avec le respect et l'hommage solennel qui lui sont dus, admire avec une humble piété qu'un Seigneur si grand daigne venir à un serviteur si petit, une noblesse si grande à un vermisseau si misérable, une si grande majesté à un lépreux si vil ; et dis avec crainte et respect : « *Seigneur, je ne suis pas digne que tu entres sous mon toit* (Mt 8, 8), mais confiant en une si grande

10. Ps.-JEAN CHRYSOSTOME, *Homélie sur la trahison de Juda* ; extrait du *Bréviaire* OP, messe du Jeudi saint, 3e noct., 9e lect.

11. L'hébreu dit : *Tu es revêtu de majesté et de splendeur* (*confessionem et decorem induisti*). Autrement dit, Dieu s'enveloppe de la lumière comme d'un vêtement.

bonté et clémence, *j'approche, sans force, du médecin de la vie*[12] ; assoiffé, de la fontaine de miséricorde ; *pauvre, du Seigneur du ciel et de la terre*[13] ; brebis, du pasteur ; créature, de son Créateur ; désolé, de mon pieux consolateur et libérateur. »

Après cela, avec un désir très ardent, la main du cœur et une irrigation intérieure, reçois un époux si glorieux ; délecte-toi de sa très douce présence ! C'est là ce qui devrait émouvoir, par-dessus tout, l'âme amoureuse : penser qu'elle a, présent en elle, son Aimé, son Ami, pour l'amour de qui, chaque jour, elle meurt à ce monde et exècre tout amour terrestre. Vois, les amoureux insensés de ce monde, pour peu qu'un jour ils voient la maison où ils savent présent l'ami tout ce jour ils se réjouissent et sont dans l'allégresse. Mesure donc par là combien se réjouira dignement et exultera fortement celui qui reçoit, non une vile créature, mais le Créateur de toutes choses, non du fumier enveloppé [dans un sac], mais *la Sagesse de Dieu* (1 Co 1, 24) faite homme, sous cette forme visible. Il est étonnant que l'âme amoureuse, le jour où elle a reçu son Créateur bien-aimé, puisse s'attrister pour quelque chose temporelle que ce soit, car pour lors le sujet de sa joie est, sans nul doute, si grand qu'il devrait absorber et anéantir tout événement capable d'attrister, comme l'océan absorbe une goutte de vinaigre qu'on y verse.

Enfin, si tu désires expérimenter la saveur non éprouvée de ce sacrement, prends soin d'abord de détacher ton âme *des affaires séculières*, des vices et des faiblesses de la chair, afin qu'une profonde contrition et une pure confession précèdent la communion. Pareillement, qu'une piété actuelle te tire, plutôt que l'habitude complaisante. *Orne* pour Jésus par des sentiments très ardents et des méditations très saintes, comme de roses vermeilles et de lis blanchissants, le petit hôtel de ton cœur et prépare *le lit nuptial* d'un si grand époux par la vraie paix du cœur[14]. Et lorsque tu le sens présent, fais-le reposer entre les bras de ton cœur, en excluant tout amour terrestre, mais en retenant l'époux céleste reclus chez toi.

Ensuite, que l'âme pieuse me fasse entendre sa voix, et chante pour moi *des cantiques de Sion,* dont la mélodie à trois voix rend

12. *Missel* et *Bréviaire* OP, prière de S. Thomas dite avant la messe.

13. *Ibid.*

14. *Missel* OP, Purification de Marie, antienne pour la 2e station de la procession.

un son très doux, à savoir un parfait oubli des choses terrestres, une fervente affection des choses éternelles, un commencement de louange des esprits bienheureux. Heureux celui qui a mérité de percevoir cela par un goût intérieur, qui l'a connu par une vraie expérience plutôt que par des paroles ou par écrit ! Dans cette union heureuse, s'il arrive, par surcroît, une pause ineffable, quelque ravissement de contemplation et une jouissance inusitée de ce souverain et vrai bien présent, qui tire l'âme au ciel et la fait migrer quelque peu vers la pure contemplation de l'Aimé, qu'elle *rende grâce au Dispensateur de tous les biens*[15], sans se répandre en paroles, gardant secret le mystère, sachant que *l'homme animal ne saisit pas ce qui est de l'Esprit, mais cela lui semble folie* (1 Co 2, 14). Que l'étranger n'en soit pas nourri (Lv 22, 10). Mais que l'âme, avec un profond gémissement du cœur, s'écrie : *Vraiment tu es le Dieu caché* (Is 45, 15), et : *Ce que l'œil n'a pas vu ni l'oreille entendu, qui n'est pas monté au cœur de l'homme* (1 Co 2, 9) terrestre, ce n'est pas seulement ce que Dieu réserve à ses élus dans le siècle futur, mais c'est encore ce qu'il a coutume de donner, dès cette vie, à ceux qui l'aiment.

LE DISCIPLE : Ô étonnante et stupéfiante cécité et dureté de mon cœur ! C'est à en gémir : dans l'abondance la plus grande des richesses spirituelles, j'ai été très pauvre si longtemps ; dans la richesse de si grands délices, j'ai été misérable ; sous le débordement des grâces, je suis resté sec. Misérable, je suis un autre Tantale. J'ai pris de délicieuses roses rouges au rosier et n'en ai pas senti le doux parfum ; je portais à la main des *fleurs de printemps*[16] et ne remarquais pas leur beauté. J'ai eu les yeux ouverts et, par lâcheté, je n'ai pas regardé tant de merveilles. J'ai reçu les gouttes de la rosée du ciel et ne les ai pas senties. J'étais chaque jour invité à la table exquise, et j'en suis revenu vide et consumé de maigreur.

Ô mon Dieu, je me plains à toi avec un gémissement intime de mon cœur d'avoir été si longtemps éloigné de toi, quand tu étais si près de moi ! Tu étais avec moi, et moi je n'étais pas

15. AUGUSTIN, *Règle*, VI, 7.

16. *Bréviaire* OP, pour l'Octave de l'Assomption de Marie, vêpres, antienne « Comme un jour de printemps les roses l'ont entourée (*vernantem in floribus*) ».

avec toi, car, m'embarrassant de soucis du monde et de vanités superflues, je me souciais peu de toi. Ô *doux hôte de l'âme*[17], de quelle façon t'ai-je reçu depuis le début de l'âge mûr, quand tu es venu à moi pour la première fois, jusqu'à cette heure ? De quelle façon je t'ai traité, suprême beauté ! Hélas, malheureux que je suis, combien je t'ai reçu fréquemment avec irrespect, souveraine Majesté ! Avec quelle tiédeur j'ai pris le pain souverainement délectable des anges. Ô insensibilité de mon âme, j'ai eu dans la bouche une liqueur balsamique, un miel délicieux et très suave, et je n'en ai pas senti le parfum. Ô toi, très agréable miroir de tous les bienheureux, spectacle réjouissant de tous les anges et liesse très heureuse des hommes bons, j'ai dépensé ma vie misérable de telle façon que rarement ou jamais je n'ai éprouvé la suavité si grande de ta présence, jamais je n'ai eu de ta très douce présence autant de consolation qu'il eût été possible si je m'étais disposé avec le respect et la piété dus à ton corps et ton sang trois fois saints. Hélas, ô douleur, malheureux que je suis ! Je m'étais tellement empêtré dans les actions de la terre et les affections de ce monde, je m'y étais tellement attaché par le désir que *pour mon palais malsain*[18] les réalités corporelles avaient plus de saveur que les spirituelles, et que les terrestres m'émouvaient plus que les éternelles. Si j'avais prévu pour le lendemain l'arrivée de quelque cher ami, la joie m'eût empêché de dormir toute la nuit ; j'eusse, attentivement et de toutes mes forces, pensé aux moyens de lui plaire en tout.

Au contraire, toi, mon Dieu, toi souverainement digne de respect, toi, souverainement aimé, qu'honore le concert des cieux, *que la terre, la mer et les airs vénèrent, adorent, proclament*[19], devant qui tremble l'abîme, et à qui obéit toute créature, jamais je ne t'ai reçu ni honoré avec autant de tendresse et de désir que je l'aurais pu et dû. Ah, malheureux et insensé que je suis, combien j'ai manqué en cela ! Oh, que je me suis vite détourné de toi vers

17. *Missel*, Dimanche Pentecôte, séquence « Viens, Esprit-Saint (*Veni, Sancte Spiritus*) ».

18. AUGUSTIN, *Conf.*, l. VII, chap. 16, n. 22 ; cite dans le *Bréviaire* OP, Fête S. Aug., 1re nocturne, 2e lecture.

19. *Bréviaire*, Fête de Marie, matines, hymne « Celui que la terre, la mer et les astres (*Quem terra, pontus*) ».

d'autres choses ! J'ai *détourné mon visage pour ne jamais voir* (Ps 10 (9 suite), 11). Que j'ai été prompt à te chasser, sans te laisser une place où demeurer en moi ! Trop souvent devant toi j'ai éprouvé du dégoût, comme si tu n'étais pas présent, ô mon Dieu. Je t'ai négligé, comme si je n'avais pas voulu remarquer ta présence. Maintenant, toute négligence rejetée, comme réveillé du sommeil, j'ai ouvert les yeux, j'embrasse très affectueusement ta présence avec un désir de mon cœur et de mon âme. Chaque fois que je pense à ta présence, *mon esprit est rempli d'allégresse* (Lc 1, 47), comme on reçoit un messager porteur de bonnes nouvelles venant de loin. Je ne parle pas seulement de la présence vénérable de mon Seigneur ; mais, ce qui est certes moins admirable, la seule présence bienfaisante de tes anges où que ce soit, même en un lieu éloigné, aurait dû être entourée de ma part d'une affection particulière ; bien que l'œil du corps ne les vît pas, j'aurais dû honorer au moins leur présence, instruit que je suis par le sentiment intérieur, par l'expérience de la foi.

Or, je sais maintenant très certainement que, non seulement l'armée délectable des anges, mais le Seigneur des anges rend ce lieu honorable, car vraiment *le Seigneur est dans ce lieu et je ne le savais pas* (Gn 28, 16). C'est pourquoi je souffre tant de n'avoir pas su montrer, en paroles et en actes, plus de respect pour ce lieu. Car, sachant que mon Seigneur y est présent, je devais m'incliner humblement, faute de pouvoir lui témoigner d'autre signe de profond respect. C'est ce que fit Daniel, *homme de désirs* (Dn 9, 23), qui, établi en terre étrangère, adorait son Dieu, le visage tourné vers la ville où il savait être le temple du Seigneur[20]. Or, *il y a ici plus grand que le temple* (Mt 12, 6). Hélas, que de fois dans le chœur, en présence du sacrement, je suis resté debout sans piété, le cœur distrait ! L'égarement de mes yeux témoignait de l'impiété de mon cœur. Ce lieu où tu étais présent sous le sacrement, hôte très doux, que de fois je l'ai traversé avec négligence et empressement, au point que mon cœur ne daignait même pas t'adresser, ô mon tout aimable, un mot de pieuse salutation accompagné d'une inclination affectueuse.

Et parce que tu es mon Seigneur et mon Dieu, mon amour et le trésor très précieux de mon cœur, mon cœur devait se réjouir de ta

20. Cf. Dn 6, 10.

présence, l'âme applaudir, les yeux joyeusement sourire, la bouche jubiler, les lèvres te bénir et te glorifier, et chacun de mes membres et articulations te donner témoignage d'amour. *Qui peut, en effet, tenir le feu en son sein sans être brûlé* (Pv 6, 27), cacher un amour de feu en présence de l'objet aimable et ne se trahir pas ? Qu'il le veuille ou non, il est trahi par cette lumière qui est la sienne. Vois quel amoureux négligent tu es ! Tu n'es pas amoureux si tu es négligent. Si quelqu'un est amoureux, il fait de grandes choses. S'il n'agit pas, c'est qu'il n'est pas amoureux. Que fit ton chantre virtuose[21], cet homme selon ton cœur ? *Se montrant nu comme un bouffon* (2 S 6, 20), *bras et jambes armés [de petites cymbales]*[22], *il dansa de toutes ses forces* devant l'arche (2 S 6, 14) où n'étaient que des choses corporelles, *ombre de celles qui devaient être* (He 10, 1) et qui, maintenant que la vérité est découverte, sont venues à la lumière. Car ce sacrement contient *la manne, non pas celle qu'ont mangée ceux qui sont morts au désert, mais le pain céleste dont il est dit : qui en mangera vivra éternellement* (Jn 6, 51).

Et c'est pourquoi, *que personne, à l'avenir, ne me cause de peine* (Ga 6, 17) si j'exalte avec beaucoup d'admiration ces œuvres magnifiques. Car si tous les membres de mon corps étaient plus innombrables que le sable de la mer, et qu'ils fussent de doux instruments, et que toutes mes puissances fussent des voix jubilantes, par eux tous je voudrais te louer de toutes mes forces, Créateur de l'univers. Je pleure de surcroît et je souffre d'avoir eu jusqu'ici, à l'égard de ce mystère céleste, l'intellect si aveuglé et le sentiment si endurci, d'être resté trop à la surface et de n'avoir pas pesé les choses qui devaient l'être, de ne pas m'être mieux préparé à une si grande grâce. Mais maintenant, les bras en croix, les yeux levés au ciel, je demande pardon de ce que j'ai omis de faire. J'ai été jusqu'ici dans les ténèbres d'une irréflexion indolente. Or, maintenant la lumière de la Sagesse a chassé les ténèbres et t'a montré à moi par un sentiment ineffable ; elle a repoussé l'indolence et réveillé la foi qui sommeillait.

21. *Symphonides.*

22. *Cum organis armigatis* : la version de la Septante (*David percutiebat in organis armigatis*) ne mentionne pas l'éphod de lin porté autour des reins mais des instruments de musique attachés aux membres, qu'on agite en dansant, peut-être des « crotales » (ou castagnettes).

Celui que tu as nourri par ta présence agréable, comme d'un pain de vie et d'intelligence, il te reste à l'instruire, à l'abreuver aussi du breuvage de la sagesse salutaire, en répondant aux questions de ton serviteur.

Je demande donc d'abord ce que tu apportes par ta présence à l'homme qui te reçoit pieusement au sacrement ?

LA SAGESSE : D'où vient, je te prie, cette question ? Es-tu amant ou mercenaire ? Crois-tu que cette question convienne à un esprit amoureux ? Qui aime intensément, pourvu qu'il ait son aimé, ne se soucie guère d'autre chose. Il cherche l'aimé, et donc, quand il a l'aimé, il passe outre sans s'inquiéter de ce qui peut lui être utile. Cherches-tu l'amour ou la récompense de l'amour ? Qu'ai-je de meilleur, de plus utile et de plus précieux que moi-même ? Celui qui est connu comme amoureux, que doit-il désirer de plus ? Celui qui s'est donné lui-même tout entier à l'aimé, que lui a-t-il refusé, je te le demande ? Or, dans le sacrement, je me donne à toi tout entier. Je t'enlève à toi-même et je te change en moi. *Car tu ne me changeras pas en toi, comme la nourriture de ta chair, mais tu seras changé en moi*[23]. Mais peut-être n'es-tu pas encore parfait en amour, peut-être n'aimes-tu pas l'amour lui-même, mais quelque récompense de l'amour. Je te réponds donc maintenant par une interrogation équivalente. Dis-moi, qu'apporte l'éclat du soleil à l'air, quand il brille en toute sa force, sans nuage, et qu'il le pénètre de rayons presque verticaux à l'heure de midi ? Ou bien, qu'offrent les pléiades brillantes ou la radieuse étoile du matin à la nuit obscure ? Ou encore, quelle beauté apporte la sérénité printanière à la terre resserrée par la glace de l'hiver ?

LE DISCIPLE. Que chacune de ces choses apporte avec soi des fruits abondants et une grande beauté, ce n'est pas douteux.

LA SAGESSE : Ces choses te semblent grandes et glorieuses, parce qu'elles sont connues et compréhensibles. Mais en vérité, les dons spirituels conférés dans ce sacrement sont beaucoup plus grands à leur manière. Car la plus petite grâce sanctifiante

23. AUGUSTIN, *Conf.*, l. VII, chap. 10, n. 16 ; cité dans le *Bréviaire* OP, Fête de S. Aug., 1re nocturne, 1er répons.

qu'on mérite de recevoir dans le sacrement reçu pieusement glorifiera l'âme par une irradiation spirituelle dans le siècle futur plus qu'aucun rayon de soleil ne peut illuminer l'air pur, puisque les réalités spirituelles dépassent incomparablement les corporelles[24]. Et pourtant, je ne dis rien de certaines illuminations divines secrètes, dont, parfois même en cette vie, l'âme accablée de chagrin a le bonheur d'être envahie, au point de penser que l'abîme de la gloire lui est ouvert : grâces qu'aucune intelligence ne peut comprendre, mais que ceux qui les reçoivent sont seuls à connaître. Une telle grâce est pour le monde futur le germe d'une illumination plus grande que si tous les astres du ciel étaient placés au voisinage de la terre et illuminaient ce monde de toute leur force. Une telle grâce conservée fidèlement donnera à l'âme dans le siècle futur plus de charme et de beauté spirituelle qu'aucun été ne pourra jamais apporter de beauté corporelle à toutes les plantes qui poussent sur la terre. Et si tu veux savoir tout cela plus certainement, considère avec soin les conditions de ce sacrement. Le rayon de la divinité, voilé dans ce sacrement, mais clair et manifeste dans la patrie, n'est-il pas plus puissant pour glorifier l'âme unie à lui par la grâce et devant lui être unie dans le siècle futur par la gloire, que ce soleil visible pour illuminer tout cet hémisphère ? Car il est le seul qui pénètre dans l'essence et remplisse de lui-même les esprits bienheureux, pour qu'ils soient avec lui un seul esprit. Oh, que la gloire sera grande ! que la clarté sera immense, lorsque l'âme, ravie tout entière hors d'elle-même, sera transformée tout entière en Dieu.

De même, mon corps glorifié reçu fidèlement ici-bas avec la grâce du sacrement, ne peut-il pas décorer toute la cour céleste et chaque âme élue d'une plus grande beauté que le cours des astres et la variété des saisons ne peuvent orner physiquement cette terre ? De même mon âme très noble, unie au Verbe le plus prochainement et concentrée sur ce sacrement n'est-elle pas à sa manière plus lumineuse en son essence et ses effets que tous les astres du matin et les constellations du soir ? Et toute cette gloire sera accordée dans le siècle futur en vertu de la digne réception du sacrement, sans compter les autres grâces et bienfaits quotidiens et innombrables qui sont plus souvent répétés.

24. Même idée chez Thomas d'Aquin, *Somme théol.*, p. Ia IIae, q. 113, a. 9, ad 2.

LE DISCIPLE : Je suis stupéfait d'entendre tant de merveilles insignes à propos de ce glorieux sacrement ; mais je te prie, ne méprise pas un doute que je te soumets. Puisque tu as daigné, ô Dieu tout-puissant, décorer ce sacrement vénérable d'effets spirituels si innombrables et glorieux, non seulement dans le siècle futur, mais dans le présent, je t'en prie [dis-moi] pourquoi tout cela est-il si occulte et mystérieux, que presque personne ne le saisit et que, si j'ose dire, sa vertu ne semble pas apparaître assez, même aux croyants. Que se passe-t-il chez les autres ? Je l'ignore, n'étant pas examinateur de la conscience d'autrui. La seule chose que j'aie quelquefois expérimentée en moi, c'est que, voulant approcher des sacrosaints corps et sang du Seigneur, dont j'ai appris que tant de biens procèdent, je me suis senti en approcher et en revenir dans une si grande dureté de cœur et un tel hébétement d'esprit, je suis, à mon sens, resté si dépourvu de toutes les illuminations spirituelles et des charismes divins procédant de ce sacrement, que je n'ai pu en sentir aucunement le goût suave ; mais suis resté sans fruit, comme si le sacrement n'avait absolument aucun effet en moi. Ô le grand *dessein du Très-Haut* (Ps 107 (106), 11) ! Oh, si le serviteur, insensé, fou, avait l'audace de reprendre le Seigneur très sage et irrépréhensible qui dispose toutes choses du mieux possible ! Pourquoi, je te le demande, as-tu ainsi caché des biens si grands, si immenses ? N'eût-il pas été mieux d'établir la foi en des mystères si grands sur des preuves plus évidentes et des expériences plus manifestes ?

LA SAGESSE : Ne sais-tu pas que tu *marches dans la foi, non par la vue* (2 Co 5, 7). Or, ce que le sens indique, ce que l'expérience prouve, de quelle façon la foi peut-elle le recevoir ? Bien plus, où l'on sait que la démonstration a cours, la foi disparaît nécessairement, et par suite le mérite éminent de la foi périt. Si donc tu veux remettre à l'expérience le mystère de ce sacrement il faudra nécessairement en ôter la foi et le mérité de la foi. Qu'adviendra-t-il si quelque élu sent des *pensées timides* (Sg 9, 14) le traverser au vol, sans qu'il y consente ? Sûrement *il sera couronné, s'il a loyalement combattu* (2 Tm 2, 5).

Ouvre, je te prie, le livre de ton cœur et vois par quelle connaissance parfaitement évidente le mystère de ce sacrement est donné à connaître au cœur de certains. Pas toujours, certes, mais parfois, par une grâce et un privilège spéciaux, la vérité de ce sacrement est donnée à saisir de manière ineffable : au point que, si une science plus grande et plus certaine que la connaissance de foi est possible, c'est par elle qu'est donnée alors à savoir et à connaître l'existence très vraie de ce sacrement inestimable ; alors, d'une certaine façon, la foi semble cesser actuellement et l'on se croirait passé à la connaissance vraie et parfaite du mystère. Cela n'est pas, dirai-je, selon le cours commun, puisque cette connaissance dépasse les éléments et les principes de toutes les sciences. Même les plus chers [amis de Dieu] n'ont pas toujours cette grâce présente, *Dieu pourvoyant mieux* (He 11, 40) à leur bien par les principes de foi ; ils ne l'ont que de temps en temps, à savoir quand l'âme est ravie vers les choses d'en-haut et élevée à la connaissance des mystères célestes, du moment que la grâce divine, qui *découvre ce qui était caché dans les ténèbres* (Jb 12, 22), daigne manifester alors ces choses ou de semblables, et donne parfois de dépasser les manifestations énigmatiques et sensibles, et élève aux invisibles et aux *arcanes des secrets* (Is 45, 3) de Dieu. Cependant, lorsqu'il[25] sera sevré[26], il reviendra à nouveau aux enseignements habituels de la foi, presque ignorant des faveurs précédentes.

De là, conclus à l'évidence que ce sacrement n'est pas moins vrai parce que son effet est invisible ou imperceptible aux sens. Car la présence divine réalisée là n'est pas une lumière qui puisse être vue avec l'œil du corps, ou qui se répande au-dehors : c'est une lumière qui ne peut être vue que par la seule intelligence divine ou par l'intelligence de la créature béatifiée : cette lumière est lumière par son essence même. Car plus les substances spirituelles sont nobles, plus elles sont simples. N'ayant pas la moindre quantité, elles sont les plus grandes en vertu.

LE DISCIPLE : Oh, qu'ils sont peu nombreux en ce monde ceux qui se soucient de peser avec un soin consciencieux la vertu et l'utilité très précieuses de ce sacrement ! Ils approchent, conduits par une sèche coutume, suivant l'habitude de la communauté, se hâtant, non de s'approcher, mais de s'éloigner. Ils se hâtent, non par sentiment de piété, mais par défaut de ferveur divine, et c'est

25. L'homme ainsi éclairé.
26. De ces grâces.

pourquoi ils approchent vides, et s'éloignent les mains vides et sans grâce. Ceux-là sont comme *les animaux non ruminants* (Lv 11, 26), qui étaient, dans la loi, rejetés comme impurs. Ils ne repensent pas, en effet, avec soin, ne méditent pas à fond ce qu'ils reçoivent, quels grands biens adviennent à ceux qui le reçoivent bien, quels grands maux à ceux qui le reçoivent mal. Et si peut-être superficiellement et comme en passant cela se présente à leur souvenir, aussitôt, comme une petite étincelle, cela s'éteint en leur cœur froid, et ne paraît plus.

LA SAGESSE : Il y a trois sortes d'hommes qui me reçoivent sacramentellement. Certains sont tout à fait mal disposés : tels ceux qui sont enlisés dans les péchés mortels. D'autres sont bien disposés, tels les parfaits. Certains sont entre les deux, tels les impies. Les premiers méritent la mort et la malédiction temporelle. Les seconds, la vie éternelle et la bénédiction spirituelle. Les troisièmes, qui mangent du pain sec, c'est-à-dire une nourriture sans saveur, ne perçoivent pas sa douceur.

LE DISCIPLE : Qu'en est-il si un homme peut-être fragile a commis quelques fautes cachées, et qui, au moment d'approcher, est contrit de ses péchés, dans le respect d'ailleurs des dispositions règlementaires de l'Église ? Ce pécheur, de par ta grâce, osera-t-il approcher ?

LA SAGESSE : S'il est vraiment contrit et suit les conseils des médecins spirituels, à proprement parler il n'est plus pécheur. Marie-Madeleine, lorsque dans l'abattement de son cœur elle approcha des pieds du Seigneur et les arrosa de ses larmes, avait bien le nom de pécheresse. Cependant, elle ne fut plus pécheresse, car le Christ lui avait remis ses péchés[27].

LE DISCIPLE : *Que chacun abonde dans son sens* (Rm 14, 5). Mais dans le cas en question, j'estime vraiment que les mystères de ce sacrement dépassent toute vertu et l'emportent en excellence sur toutes les œuvres admirables de Dieu en ce monde. Quel est en effet celui qui vit si purement et innocemment dans ce monde

27. Cf. Lc 7, 37-38, 48.

qu'il soit digne d'administrer ou de recevoir ce sacrement ? Ou qui ose, de lui-même, recevoir celui que Pierre, le prince illustre des apôtres, écarta de soi, en disant : *Seigneur, éloigne-toi de moi, car je suis un homme pécheur* (Lc 5, 8). De même, celui dont la Sagesse de Dieu loua pourtant la foi singulière en Israël, a dit : *Je ne suis pas digne que tu entres sous mon toit* (Mt 8, 8, 10). Qui donc, *né d'une femme* (Jb 15, 14), pourra se préparer à de si grands mystères ?

LA SAGESSE. *Parmi ceux qui sont nés d'une femme, il ne s'en est pas levé* (Mt 11, 11) qui puisse, par la seule vertu et justice de ses œuvres, se préparer assez pour en être digne. Même si un homme avait la pureté naturelle de tous les anges, l'innocence et la clarté de tous ceux qui voient Dieu et, par l'austérité de la vie, les mérites de tous ceux qui traversent cette vie, et pour finir la grâce divine faite de toutes ces grâces, il ne serait encore pas digne de recevoir ces si grands mystères.

LE DISCIPLE : Ô Dieu éternel, que c'est une chose terrible à entendre pour moi et tous les pécheurs, mes pareils ! *Hélas, hélas, Seigneur Dieu* (Jr 4, 10), même si *les cieux ne sont pas purs à tes yeux* (Jb 15, 15) *et si tu as trouvé de la malice dans les anges* (Jb 4, 18), alors même les hommes qui font de *grandes œuvres* (2 S 23, 20) ne méritent pas, par leur justice, de te recevoir. Ah, malheur à moi ! Qu'en sera-t-il de nous qui roulons sans cesse dans la fange des péchés et qui titubons, comme des boiteux dans la boue, dans nos médiocres petites bonnes œuvres, et *vacillons des deux côtés* (1 R 18, 21) ; qui, n'ayant que peu ou pas de dévotion, n'avons pas la conscience qu'il faudrait de nos négligences ? Avec quelle grande crainte on doit s'approcher du sacrement, et comme il est juste de redouter que ce qui devrait tourner au pardon ne tourne à la ruine !

LA SAGESSE : Considère avec soin que ce sacrement de piété a été institué comme un remède ; et c'est pourquoi il suffit que l'homme fasse, chaque fois, ce qu'il peut pour se disposer à la grâce. Dieu n'exige pas de l'homme ce que l'homme voit impossible. Chaque fois donc que le communiant fait ce qu'il peut, la piété divine supplée par la grâce à ce à quoi il ne peut parvenir sans la grâce. Et c'est pourquoi, toutes choses égales par ailleurs, il vaut mieux s'approcher du sacrement par confiance en la miséricorde divine que s'abstenir en raison de sa propre fragilité, bien que, selon le temps et le lieu, l'une et l'autre chose soient recommandables. Le malade ne se hâte-t-il pas vers le médecin, et le pauvre ne frappe-t-il pas à la porte du riche ? Approche, frappe sans hésiter. Il est médecin, et très bon dispensateur, et très large rémunérateur. Lui-même, par sa seule parole, restaure toutes choses. Par sa présence, il guérit les blessures, rend sains les cœurs. Il chasse la tristesse et donne la joie du cœur.

Qui donc est assez inconsidéré pour oser dire que ceux qui sont spirituellement faibles ne doivent pas s'approcher de celui qui *ôta les langueurs* humaines et *porta lui-même nos faiblesses* (Is 53, 4) ? *La femme* impure[28] *s'approcha par derrière* (Mt 9, 20-22) et fut guérie en le touchant. La pécheresse fut purifiée en baisant ses pieds[29]. La Cananéenne fut entendue en le suivant avec insistance[30]. Les lépreux furent guéris en s'approchant. Les aveugles, les démoniaques, les paralytiques et tous les monstres de la nature obtiennent le salut, s'ils croient et s'approchent, *car une force sortait de lui et les guérissait tous* (Lc 6, 19). *Les publicains et les pécheurs* (Mt 9, 11) eux-mêmes obtiennent le pardon en s'approchant de Jésus. Bien plus, il ne méprise pas leur table ni leur hospitalité, celui qui *est venu en ce monde appeler, non les justes, mais les pécheurs* (Mt 9, 13). Il convient donc de dire que, comme son avènement dans la chair fut pour le salut des pécheurs, ainsi cette hostie salutaire est donnée aux fidèles en remède des péchés. Car la Sagesse de Dieu, à la dernière cène, en instituant ce sacrement salutaire, a dit : « *Ceci est mon corps, qui sera livré pour vous.* Et : *ceci est la coupe [de mon sang] qui sera répandu pour vous en rémission des péchés*[31]. » C'est pourquoi, quand tu as fait ce qui dépend de toi, approche en toute sécurité du sacrement, sans crainte, dans la foi et la charité, sans nulle hésitation touchant sa miséricorde.

28. L'hémorroïse.

29. Lc 7, 37.

30. Mt 15, 22.

31. *Missel*, Canon de la messe, d'après Mt 26, 26-28 ; Lc 22, 19 et suiv. ; 1 Co 11, 24.

LE DISCIPLE : Ô parole gracieuse et aimable ! Que moi-même, misérable pécheur, conscient de ma propre difformité, j'ose approcher du Seigneur de majesté ! Et maintenant, je te supplie de me dire aussi s'il est mieux d'approcher fréquemment ou plus rarement de ce sacrement céleste.

LA SAGESSE : Reprends sur ce point l'avis bien connu publié par l'éminent docteur Augustin, qui dit que, selon le lieu et le temps, il est à recommander, et de s'abstenir de temps en temps par respect, et néanmoins de s'approcher par dévotion[32]. La fréquentation du sacrement sera utile à ceux en qui l'accès fréquent accroît pareillement le respect du sacrement et la dévotion,

LE DISCIPLE : Mais qu'en est-il de ceux qui semblent demeurer presque toujours dans les mêmes sentiments, ne s'aperçoivent pas qu'ils font beaucoup de progrès, sans faire non plus des chutes notables ? Ils se sentent encore souvent accablés d'une telle dureté que, par l'aridité spirituelle et la sécheresse du cœur, *le ciel* leur semble *d'airain et la terre d'acier* (Dt 28, 23), ils ont beau achever le nombre habituel de psaumes et de prières, leur cœur reste dur et leurs sentiments froids ; ils ne sentent aucun goût de grâce spirituelle. J'ajoute encore ceci, qui est assez déplorable et affligeant pour les âmes bonnes qui s'en plaignent fréquemment : parfois dans la communion, la grâce semble se retirer plus notablement que d'habitude, au point, dirait-on, qu'elle méprise en quelque sorte celui qui la poursuit et fuit celui qui crie après elle. Cela me semble également admirable et lamentable.

LA SAGESSE : C'est pour bien des raisons et de maintes façons qu'une telle dureté a coutume d'affliger l'âme pieuse, selon l'avis des hommes d'expérience ; mais laisse de côté tout cela et retiens seulement ceci : chaque fois que, par un examen consciencieux, tu ne trouves pas ce qui aurait pu en donner la cause, mais as fait ce qui était en toi, si la dureté d'âme prend le dessus – par une

32. AUGUSTIN, *Lettre* 54 (*PL* 33, 201), cité dans le *Décret* de GRATIEN, p. III, Consécr., d. 2, chap. 3 ; voir aussi THOMAS D'AQUIN, *Somme théol.*, p. III, q. 80, a. 10, ad 3 ; *Comm. Sent.*, IV, d. 12, q. 3, a. 1.

permission de Dieu, qui a l'habitude d'éprouver ses élus de mille façons –, que cela ne te brise pas ; ne t'éloigne pas notablement pour cette raison de ce sacrement du salut ; sache que souvent la miséricorde divine d'une manière très secrète et fidèle opère le salut de l'âme en prenant appui sur la foi seule et sans le soutien d'aucune douceur spirituelle, non moins que si cette âme regorgeait de charismes intérieurs, mais sans garder parmi eux les précautions nécessaires. Aussi est-il parfois plus utile que de telles grâces soient retirées pour être, une fois soustraites, redemandées avidement et, une fois reçues à nouveau, conservées avec plus de précaution. Que l'âme aimée soit ainsi exercée à l'école de l'humilité.

Or, il est une chose très notable et que tu dois considérer avec soin : la saveur spirituelle, c'est-à-dire un certain goût intérieur, n'est pas un effet dû à la foi, n'appartient pas au temps présent, mais relève de la béatitude éternelle. Quand il est donné en ce sacrement ou sans lui, rends grâces ; quand il n'est pas donné, rends grâces encore et supporte patiemment la privation, sachant que ce goût n'est pas en ton pouvoir, mais dépend du souverain et très bienveillant Dispensateur, qui donne, non comme tu veux ou quand tu veux, mais quand il lui plaît, selon qu'il juge convenir à sa louange et à ton bien. Remarque aussi que ce souverain Bien est si abondant et infini que le communiant, plus il l'a reçu, plus il en devient capable. Aussi arrive-t-il souvent, en ce sacrement, que plus on s'en est retiré par une crainte désordonnée, et plus, différant de jour en jour, on y devient indisposé. Il vaut mieux, toutes choses égales par ailleurs, s'approcher par amour que s'abstenir par crainte. Il est mieux de s'approcher chaque semaine, ou même chaque jour, avec une vraie humilité, en reconnaissant sa propre imperfection, qu'une seule fois l'an, en présumant de sa propre justice[33].

LE DISCIPLE : Dis-moi, je te prie, quand le communiant doit-il faire le plus attention et se recueillir tout entier pour se préparer à la grâce du sacrement ?

LA SAGESSE : Au moment même de cette très sainte réception et spirituelle mastication, parce qu'alors le ciel s'ouvre en quelque sorte, et le Fils aimé est envoyé et uni corporellement et

33. Même avis chez Cassien, *Conf.*, XXIII, chap. 21.

spirituellement à l'âme disposée. C'est pourquoi [la célébration de l'Eucharistie] est aussi appelée messe, à cause de la mission paternelle[34].

LE DISCIPLE : Qu'en est-il de ceux qui, avec le plus grand désir, aspirent à te recevoir dans le sacrement, mais ne peuvent avoir ce qu'ils désirent ? Ils voient debout devant eux le ministre de ce sacrement qui te reçoit ; ils regardent et, poussés par le désir de leur cœur, tendent vers toi les bras, ouvrent la bouche de l'âme, désirant te recevoir, il n'est personne qui les exauce, qui t'offre [à eux], qui remplisse leur âme affamée de ta présence désirée. Or, tu le sais, te voir et ne pas te goûter, c'est une grande affliction pour l'âme qui t'aime.

LA SAGESSE. Il en est qui me reçoivent à cette table sacramentelle et pourtant s'en vont à jeun, et il en est qui sont privés de cette table et qui pourtant sont très richement enivrés de sa plénitude, car ceux-là reçoivent le sacrement seul, mais ceux-ci reçoivent le sacrement et sa vertu[35].

LE DISCIPLE : A ce sujet, deux doutes me restent encore. Qui reçoit davantage : celui qui te mange corporellement et spirituellement, ou celui qui ne te reçoit que spirituellement, c'est-à-dire quant à l'effet du sacrement ? La raison de mon doute est la parole de celui que tu sais : « Crois en lui, et tu l'as mangé[36]. » Seconde question : combien de temps ce vénérable sacrement demeure-t-il après qu'on l'a reçu ?

34. Suso pense ici à la mission du Fils par le Père qui s'opère dans le communiant. Cette explication assez mystique du mot *missa* n'est pas la plus courante. On rattache en effet le mot « messe » le plus souvent à la formule finale de la célébration (*ite missa est*), qui renvoie le peuple dans le monde avec mission de l'évangéliser ; on pense parfois aussi au renvoi des catéchumènes après la première partie de la cérémonie, parce qu'ils ne sont pas encore prêts à participer à l'eucharistie.

35. Voir Thomas d'Aquin, *Somme théol.*, p. III, q. 80, 1-3 ; q. 79, 3 : Guillaume de Saint-Thierry, *Lettre aux frères du Mont-Dieu*, I, chap.10, n. 30 : « Le sacrement, pour qui le reçoit sans l'effet du sacrement, c'est la mort ; mais l'effet du sacrement, pour qui le reçoit, même sans le sacrement, c'est la vie éternelle. »

36. Augustin, *Traités sur Jean*, XXV, n. 12.

LA SAGESSE : Assurément, il a un plus ample sujet de dévotion et de grâces, celui qui reçoit l'un et l'autre, car il a à la fois le donateur et le don, la cause et l'effet. Sur le second point, tu as les avis assez manifestes des Pères : le corps du Seigneur demeure aussi longtemps que demeurent les espèces sacramentelles[37].

LE DISCIPLE (Prière au Saint Sacrement) :
Je te salue, très saint corps du Seigneur, contenu dans ce sacrement ! Je te confesse des lèvres, je t'aime de tout mon cœur ; je te désire de toutes mes entrailles. Daigne, je te prie, visiter aujourd'hui, avec tant de clémence et de grâce, l'âme faible qui désire te recevoir, toi, la victime salutaire et la source de toutes grâces, qu'elle se réjouisse d'avoir trouvé, dans ta présence, le remède pour son corps et son âme. Ne regarde pas, Seigneur, mes très nombreuses iniquités et négligences, mais tes miséricordes infinies. C'est par toi que la terre entière a été créée et guérie ; c'est de toi que toutes les herbes et toutes choses vigoureuses tirent leur force. Tu es cet agneau sans tache, immolé tout entier aujourd'hui au Père éternel pour la rédemption du monde. Ô manne très douce, ô nectar très suave, apporte à ma bouche le goût de miel de ta présence salutaire, allume en moi ta charité, éteins les vices, infuse les vertus, accrois les grâces, accorde le salut de l'âme et du corps. *Abaisse*, je te prie, *les cieux, et descends* vers moi (Ps 144 (143), 5), pour que, conjoint et uni à toi, je devienne aussi un seul esprit avec toi. Ô sacrement vénérable, que par toi, je t'en prie, tous mes ennemis soient repoussés, mes péchés remis, que tous les maux soient chassés par ta présence. Accorde-moi une bonne volonté, corrige mes mœurs et dispose tous mes actes en ta volonté. Que, par toi, Jésus très doux, mon intelligence soit illuminée d'une lumière nouvelle, mon cœur enflammé, mon espérance fortifiée, pour que ma vie, corrigée, progresse toujours vers le mieux, et qu'enfin me soit donnée une issue heureuse. Amen.

37. THOMAS D'AQUIN, *Somme théol.*, p. III, q. 76, a. 6, ad 3.

**L'élévation eucharistique**

*L'Horloge de la Sagesse*, Ms Fr 458, Fol. 39v., Paris, BNF, Site Richelieu.

Cf. p. 272 : Prière au Saint Sacrement.

# CHAPITRE 5

## COMMENT LA SAGESSE ÉTERNELLE DOIT ÊTRE, DE TOUT SON CŒUR ET DE TOUTE SON ÂME, CONSTAMMENT LOUÉE EN TOUT TEMPS

*Écoutez-moi, germes divins, et portez des fruits comme le rosier planté près des eaux courantes. Répandez une odeur suave comme le Liban. Portez des fleurs comme le lis ; exhalez votre parfum, émettez de gracieux rameaux ; chantez un cantique de louange, et bénissez le Seigneur dans ses œuvres. Proclamez la magnificence de son nom, et glorifiez-le par les paroles de vos lèvres, et par les chants de votre bouche, et au son des harpes, et vous le célébrerez en ces termes : Les œuvres du seigneur sont toutes souverainement bonnes (Si 39, 17-20). Bénissez le Seigneur, et exaltez-le autant que vous le pourrez : car il est au-dessus de toute louange (Si 43, 33).*

LE DISCIPLE : Ô mon Aimé, qui donnera à mon cœur languissant de ton amour et altéré du désir de te voir, de pouvoir réaliser en effet l'idéal de cette louange avant la mort prochaine ; à ce feu qui brûle au-dedans, d'éclater au-dehors, de traverser toute l'ampleur de l'univers, d'élever tous les cœurs en ta louange et de les enflammer puissamment de ton amour ? Oh, plaise à Dieu que tous les doux instruments de musique, les harmonies célestes et les mélodies terrestres montent de mon cœur et fassent entendre des louanges dignes si suaves qu'elles deviennent agréables *aux yeux de ta divine majesté*[1] et réjouissent toute la cour céleste d'une nouvelle et ineffable joie !

Mais que dirai-je ? Seigneur, je me reconnais moi-même indigne de ta louange ; c'est pourquoi je prie qu'au moins les autres créatures excellentes en noblesse daignent suppléer *à mon imperfection* (Ps 139 (138), 16). Je souhaite donc et désire de tout mon cœur que les orbites des planètes et le ciel étoilé, radieux d'une lumière très limpide, et les plantes à fleurs, belles de beauté printanière et ornées de magnifiques couleurs, et tous les désirs de charité de feu, jaillissant de cœurs qui t'aiment d'amour fort, te louent et te bénissent dans les siècles ! Au seul souvenir de ta gloire, mon Seigneur, le cœur fond, l'intelligence est stupéfaite, la raison admire, les paroles manquent et, tourné vers moi-même, je soupire plus profondément. Car je trouve en moi un désir ineffable, dépassant toute faculté naturelle, de te louer, toi, souverain Bien. Cependant, je déplore l'impossibilité où je suis de donner corps à ce désir. Car si je veux te comparer aux intelligences ou créatures intellectuelles, je trouve que tu surpasses à l'infini toutes les créatures. Si je considère les choses bonnes et douces, belles ou gracieuses, je te trouve ineffable et gracieux plus que tout, et, qui plus est, je sais en toute vérité que, spirituellement et essentiellement, tu es tout cela.

Il est une chose que je veux dire, et que je sens se répéter fréquemment en moi en l'occurrence que voici : lorsque parfois de belles formes, délectables à voir, aimables, s'offrent aux yeux de l'âme ou même à ceux du corps, elles font subitement entendre ces paroles à mon cœur, d'une voix claire, quoique toute mentale : « Ah, regarde et remarque comme il est beau, celui qui m'a créée toute belle. Quel est celui-là, dis-tu ? Certes, c'est le très Beau lui-même. » Enfin, dans une méditation minutieuse, je parcours le ciel, je fais le tour de la terre, je vois le pôle arctique, je scrute l'abîme de la mer, je considère ce monde avec ses charmes, j'admire les bois feuillus, leur belle verdure, j'embrasse du regard les prés verdoyants et tout ornés de fleurs multicolores, je traverse les champs, gravis les montagnes, franchis les collines, parcours les vallées et, lorsque je considère toutes les choses et les vois une à une, elles enflamment toutes mon cœur par une douce harmonie et un accord parfait, à la louange du Créateur.

1. Voir *Missel* OP, dernière prière à la fin de la messe.

Lorsque, dans une contemplation tranquille, je considère attentivement avec quelle beauté et excellence, ô Sagesse divine, tu ordonnes toutes les choses créées, bonnes et mauvaises, justes et injustes, de telle sorte que, dans ton univers, tu ne laisses rien au désordre, toi qui disposes si bien les opérations de ta créature que, par sa délicatesse, l'œuvre de la nature semble être en quelque sorte l'œuvre d'une intelligence ; *toi qui as enserré toutes choses dans des lois certaines et mis des limites à chacune* (Pv 8, 27-29), *toi qui nous traites avec une grande réserve* (Sg 12, 18), j'ai le désir de tressaillir d'allégresse (Ps 21 (20), 2), et, d'une voix heureuse, je suis forcé de faire éclater ces paroles : *Les œuvres du Seigneur sont toutes souverainement bonnes* (Si 39, 21). Or, quand je commence à dépasser toutes choses et à penser que la Sagesse incréée et éternelle, l'élue de mon cœur avant toutes choses, est mon épouse et amie unique, la stupeur et l'extase m'ôtent le souffle ; tout défaillant en moi, j'exulte en toi puissamment. Ah, mon Seigneur, considère maintenant le sentiment dominant de mon cœur ; apprends-moi à te louer et à glorifier ton nom glorieux, car c'est là ce que, par-dessus toutes les joies de ce monde, je désire et requiers.

LA SAGESSE : Est-ce que le disciple amoureux de la Sagesse ne désire pas louer son amie, la Sagesse éternelle ?

LE DISCIPLE : Ô Dieu éternel, pourquoi affliges-tu gratuitement l'âme de celui qui t'aime ? Pourquoi demandes-tu ce que tu sais ? Pourquoi provoques-tu l'esprit de l'amant angoissé ? *Seigneur, tu sais tout* (Jn 21, 17) ; tu sais que, depuis mon enfance, j'ai désiré cela du tréfonds de mon cœur et l'ai cherché de tous mes vœux.

LA SAGESSE : Mais ignores-tu la parole du prophète, que *c'est aux hommes droits que revient la louange* (Ps 33 (32), 1) et que *la louange n'est pas belle dans la bouche du pécheur* (Si 15, 9).

LE DISCIPLE : Je sais, Seigneur, et c'est pourquoi je suis malheureux, car je n'ai rien à répondre. *Et que me répondra-t-il* (Is 38, 15), puisque c'est moi qui l'ai fait. *Si je veux me justifier, ma bouche me condamnera* (Jb 9, 20). Mais m'abstiendrai-je de te louer parce que je me sais impur ? Est-ce que les vers et les grenouilles immondes, engendrées de la pourriture, coassant dans les marais, ne désirent pas te louer, toi, leur Créateur, comme ils savent le faire et comme ils peuvent ? Ne pouvant chanter doucement comme l'alouette et le rossignol, impuissants à te connaître comme l'homme raisonnable, ils donnent au moins à ceux qui te connaissent sujet de te louer.

Ô *Père des miséricordes* (2 Co 1, 3), je reconnais en vérité qu'il conviendrait mieux au misérable pécheur que je suis d'être étendu prostré et d'implorer son pardon de pécheur avec des pleurs et des gémissements, que de te louer avec une bouche souillée. Cependant, ayant confiance en ta bonté très pieuse, en ta douceur innée et en ta puissance révélée à tous les mortels, je désire te louer du tréfonds de moi-même, suppliant les entrailles de ta miséricorde, Seigneur mon Dieu, de ne pas me mépriser, moi, ver immonde, *chien crevé* (2 S 9, 8) et *cadavre pourri* (Is 14, 19). *Les puissances des cieux* (Mt 24, 29) elles-mêmes ne peuvent te louer dignement ; combien moins l'homme fragile, pourriture et ver ! *Tu n'as pas besoin de mes biens* (Ps 16 (15), 2) ; mais tu nous rends ta bonté surexcellente d'autant plus manifeste que, par pitié, tu condescends davantage à nos infirmités et accordes ta grâce gratuitement, par libéralité pure.

LA SAGESSE : *Il poursuit l'ombre et court après le vent* (Si 34, 2), celui qui croit me louer autant que je le mérite. Il tente l'impossible, celui qui travaille à me louer pleinement. Il ne faut pourtant pas cesser de me louer, mais il convient également à toi et à toute créature de louer leur Créateur, car il n'est pas de créature qui ne loue son auteur ou du moins ne le rende louable. Il faut aussi considérer qu'aux oreilles de la majesté divine sonnent mieux la sainte méditation que les paroles bruyantes proférées sans intelligence, les gémissements du cœur que les vociférations de la bouche, et l'humilité sincère que la voix brisée. Et pour te faire mieux comprendre ce que je dis par un exemple vivant, regarde en moi et vois : toute ma vie sur la terre a été à la gloire du souverain Père ; cependant, en un sens, je le glorifiai plus excellemment quand, le confessant sur la croix et rachetant le genre humain, je souffris par obéissance *les douleurs de la mort* (Ps 18 (17), 5). Il en est qui clament mes louanges, mais qui m'irritent par des actes déplaisants ; *ils m'honorent des lèvres, mais leur cœur est loin de moi* (Mt 15, 8 ; Mc 7, 6). Il en est qui louent Dieu dans les succès, mais qui, dans les adversités, tombent dans l'impatience.

Leur louange n'est pas agréable à Dieu, parce qu'elle n'est pas pure. Mais elle est très agréable et acceptable à Dieu, la louange de ceux qui, dans l'adversité comme dans la prospérité, de tout leur cœur, en tout temps, confessent Dieu, et qui lui rendent grâces, tout en étant flagellés et affligés de multiples façons.

LE DISCIPLE : *Que ton serviteur*, je t'en prie, *dise un mot* (Gn 44, 18) au cœur de son Seigneur. J'avoue vraiment avoir manqué à cet égard jusqu'ici et proclamé plus haut ta gloire dans la prospérité que dans l'adversité. Mais maintenant je m'offre tout entier en holocauste à ta volonté. Mon âme est prête : quelques maux ou adversités qui m'adviennent, je ne voudrais pas moins t'en louer ; bien plus, je voudrais rendre grâces en toutes choses et tout souffrir patiemment pour toi. Et si ma mort faisait plus à ta gloire que ma vie, oh, je voudrais exposer de grand cœur à la mort une vie encore charmante de jeunesse ; et les années qui me resteraient à vivre, si je n'étais ainsi devancé par la mort, je désirerais également les offrir à mon Seigneur. Car je souhaiterais du fond de mon cœur, si *ma jeunesse trop vite consumée* (Sg 4, 16) avait égalé les années de *Mathusalem* (Gn 5, 25), que chaque année d'un si long temps et chaque mois de ces années, et chaque semaine de ces mois, et chaque jour de ces semaines, et chaque heure de ces jours, et chaque minute des heures de ce temps te fissent un concert de louange venant de moi aussi pieusement et affectueusement qu'aucun des esprits bienheureux *dans les splendeurs des saints*[2] a jamais pu te louer dans une aussi longue durée ; je voudrais avoir accompli en ma propre personne toutes ces louanges que t'offrent les bienheureux. Et que la fréquente rénovation de cette louange, par son infinité, dépassât tous les nombres.

En outre, si – ce qu'à toi ne plaise ! – c'était le bon plaisir de ta volonté et la louange de ta gloire que mon âme dépouillée du corps dût recevoir, ou le feu du purgatoire, ou même le supplice de l'enfer en punition de ses crimes : je ne voudrais rien retrancher de la louange de mon Seigneur, mais, d'une âme prompte, je voudrais, si toutefois je le pouvais, suppléer aux négligences de tous les hommes et à tout irrespect commis par le monde contre toi. Et supposé, par impossible, que mon âme, désirant ainsi te louer

2. *Missel*, pour Noël, première messe, communion.

par amour, fût déjà plongée en enfer où il n'est nulle confession de ta gloire, eh bien, des plus basses profondeurs des ténèbres de l'enfer, je voudrais éclater en accents de louange avec une telle force que l'éclat de ma voix, traversant l'épaisseur des enfers, et la machine du monde, et la hauteur de l'air et des cieux, parvînt jusqu'au trône sublime de ta gloire ! Fais de moi ce qui te plaît : tant qu'il y aura un souffle en mes narines, je ne cesserai pas de proclamer ta louange.

Et quand, à l'heure de la mort, la force de parler me manquera et que je serai trop faible pour pouvoir prononcer [le nom de] mon Jésus, je demande qu'au moins le clignement de mes yeux ou l'extension de mes doigts soit le renouvellement et la confirmation de tous les désirables sentiments, paroles et œuvres, passés et futurs, que – jusqu'au jour du jugement dernier, si je pouvais vivre aussi longtemps – je voudrais t'offrir en hommage de piété. En outre, mon Aimé, j'ajoute ce désir d'un cœur affectueux : quand mon cœur sera réduit en une poussière très fine et scellé sous la pierre, je veux que, de chaque grain imperceptible de poussière, se lève la voix agréable de ta louange et de ta gloire, qui perce la pierre très dure, monte au-dessus des cieux et se fasse entendre en hommage de vive louange, jusqu'au jour du jugement dernier, jusqu'au jour de la résurrection bienheureuse, où le corps et l'âme seront rejoints et réunis pour te glorifier et te louer.

D'ailleurs, tandis que je suis encore dans cet ergastule[3] du corps, je demande qu'on m'enseigne le moyen d'arriver à pouvoir te louer *de tout mon cœur, de toute mon âme et de toutes mes forces* (Lc 10, 27), en tout temps, continuellement, sans interruption possible. Un très grand désir de cette grâce me faisait dire souvent en moi-même, d'un cœur fervent : « Ô premier mobile, au mouvement trop rapide, pourquoi te hâtes-tu ? Pourquoi vas-tu si vite ? Pourquoi te presses-tu ainsi ? Je te supplie, rends possible l'impossible et arrête-toi un peu. Va plus lentement : que le soleil ne se meuve pas vers l'occident avant que j'aie loué, à cet instant, dans le présent clin d'œil de cette petite heure, cent mille fois mon Seigneur, mon aimé et l'unique joie de mon cœur, et l'aie glorifié du tréfonds de mon être. » Voici encore une chose qui m'est arrivée

3. *In hoc corporis ergastulo*. L'ergastule est le bâtiment des esclaves condamnés aux travaux les plus durs.

souvent, je l'avoue : lorsque, durant un moment, mon esprit s'était absorbé en des pensées diverses, je disais tout à coup, revenu à moi et tourné vers l'intérieur : « Ô mon Aimé, cela fait mille ans que je n'ai eu de toi un souvenir actuel ! Ah, amour très intime, ouvre-moi donc ton trésor et apprends-moi, je te prie, tant que je vis et subsiste, comment, sans nul empêchement ni interruption, autant du moins qu'il est possible, je pourrai te louer. »

LA SAGESSE : Quiconque tend à Dieu dans tous ses actes, se garde des péchés et ne laisse pas d'exercer les vertus, ne cesse pas de louer Dieu continuellement. Mais, pour satisfaire à ton désir sincère, apprends que, selon les sentences des Pères connues de toi, lorsque l'âme humaine aura été purifiée de ses vices terrestres, purifiée de toutes les souillures des passions et, autant qu'il est accordé à l'humaine fragilité, élevée à la tranquillité immobile et à la pureté parfaite, alors elle parviendra à la persévérance ininterrompue dans ma louange, qui est la fin et la consommation, tu le sais, de toute perfection de l'homme spirituel. Établie dans cette tranquillité, affranchie de tous les liens des passions charnelles, adhérant à ce souverain Bien avec une ténacité très grande, l'âme loue alors Dieu sans interruption. L'esprit de l'âme étant pour ainsi dire absorbé par cette pureté, et réformé de l'état terrestre à la ressemblance de l'état spirituel et angélique, tout ce que l'âme recevra en soi, tout ce qu'elle fera, sera louange de Dieu et prière très pure et très sincère.

LE DISCIPLE : Ô Sagesse très aimante, après ces paroles très douces tirées du cellier de la Sagesse divine par toi et pour moi, il te reste à daigner me délivrer de certains doutes. D'abord, où puis-je trouver le plus puissant motif et le principal sujet de te louer ?

LA SAGESSE : Dans la contemplation de cette majesté souveraine, très divine et surexcellente, en laquelle, comme en leur principe originel, tous les biens sont contenus, de façon très simple et uniforme de toute éternité. Ensuite, dans les ruisseaux des biens particuliers qui s'écoulent de ce souverain Bien, et qui se partagent de différentes façons selon le plus et le moins, suivant ce que la Cause des causes daigne communiquer à chaque être.

LE DISCIPLE : Infirme que je suis, je ne puis absolument pas m'élever à la contemplation de ce sommet de la majesté divine : je laisse cela à de plus forts, comme les cèdres du Liban ; mais je demande, avec le chardon, une place tout en bas, à ma mesure. Et pourtant, je ne cesserai pas de te louer pour cela, pour peu que de la sorte, peut-être par mon impuissance, il apparaisse que j'aie donné l'occasion de le faire, au moins à des puissants. Ainsi, assurément voyons-nous la plupart du temps, avec les plus doux petits oiseaux des bois et les rossignols gazouillants, des corbeaux qui croassent et qui, de ce peu qu'ils ont reçu, servent le Créateur.

Ainsi de moi : pécheur, je n'ai qu'un chant de pécheur et je chante comme je peux. Je loue mon Dieu par lui-même et le glorifie éternellement. Je ne puis chanter de Dieu rien de plus doux que ceci : *Le Seigneur est doux pour tous, et sa miséricorde est au-dessus de toutes ses œuvres* (Ps 145 (144), 9). *Ô mon Dieu, ma miséricorde* (Ps 59 (58), 18) : mon âme se réjouit de cela même, ma conscience est ravie, et tous mes os sont irrigués d'une joie sans mesure. Ce doux cantique, mon âme le chante éternellement, parmi les oiseaux spirituels, d'une voix joyeuse et douce. Chaque fois, en effet, que je repasse en esprit qui j'ai été, à quels dangers j'ai échappé, de quels périls tu m'as protégé et de quels maux tu m'as arraché ; que *tu as rompu mes liens* (Ps 116 (115) 16), guéri mes blessures purulentes, *brisé les dangereux filets* (Ps 123, 7), et [que] tu m'as délivré doucement et paternellement ; quand, dis-je, je considère ces biens et d'autres pareils dont tu m'as gratifié, je m'étonne de ne pas défaillir d'amour en ce souvenir affectueux, car je brûle de feux très ardents d'amour. Ô mon Dieu, que tu as attendu longtemps patiemment un pécheur regimbant contre toi ! Combien de fois, et combien paternellement, tantôt avec douceur, tantôt durement, tu m'as averti ! Tu m'as couvert, moi, ignorant, de bénédictions de douceur. Tu as couru, comme un père, au-devant du fils prodigue[4], surchargé de péchés et dénué de grâces. Je cheminais par des routes mauvaises : tu n'as pas détourné ta face, mais tu as été toujours et partout pieux et miséricordieux.

Et ce qui dépasse tout, alors que, pour tous ces biens si nombreux, j'ai toujours été ingrat, ô souveraine Bonté, tu n'as jamais renoncé

4. Voir Lc 15, 18-20.

jusqu'à ce que qu'enfin tu m'aies attiré à toi, doucement. Ah, souveraine et ineffable Piété, est-ce qu'en toutes ces choses je pourrais me retenir de te louer ? Nullement. *Mon Dieu, ma miséricorde* (Ps 59 (58), 18), pour tous ces bienfaits et d'autres innombrables, je souhaite et désire qu'une louange te vienne de moi, qui soit aussi grande et agréable que le fut la louange des esprits bienheureux, lorsqu'au premier regard porté sur ta majesté divine, ils se réjouissaient d'être confirmés éternellement dans ta louange, tandis que les méchants étaient repoussés éternellement loin de toi. Et que la louange te soit encore aussi grande et agréable que l'est celle des âmes saintes, lorsque, arrachées à la prison du purgatoire, elles sont pour la première fois présentées à l'apparence de ta gloire, pour voir ta face délicieuse ; et aussi grande que sera ta louange dans les places de la Jérusalem céleste, après la résurrection finale universelle, quand les élus, séparés des méchants, te loueront, Dieu, d'un cœur joyeux et te glorifieront de leur salut éternel.

Ô doux et bon Maître, je voudrais encore maintenant savoir de toi comment je puis tourner à ta louange les sentiments s'élevant en moi, dont j'ignore s'ils viennent de la nature ou de la grâce ; et j'ignore, de même, comment je puis tourner en louange de mon Créateur, non seulement les choses bonnes, mais aussi les mauvaises, telles que, par exemple, les suggestions malveillantes des mauvais anges et, en général, tout ce que je vois, et entends, et tout ce que mes sens perçoivent.

LA SAGESSE : Voici, dans l'ordre, les réponses que nous te donnons à ces trois questions. Nous disons, d'abord, qu'il est difficile de discerner entre les sentiments en question à cause de leur très grande ressemblance. C'est pourquoi toutes les affections de ce genre, pures et sincères, de joie et d'exultation par exemple, qui te conduisent à une certaine gaieté ou même qui, comme il arrive parfois, font couler de douces larmes ou suscitent des sentiments analogues, *dont tu ne sais d'où ils viennent ni où ils vont* (Jn 3, 8) : toutes ces affections chargées d'onction et de larmes[5], dès que tu les ressens, élève-les à un hommage zélé de l'Auteur de toutes choses, à l'instar du sacrifice agréable qu'Abel offrit à Dieu, pour qu'elles soient dépensées à la louange de celui qui est l'auteur de

5. *Litt.* : grasses et irriguées.

la nature et le dispensateur de la grâce ; de la sorte, des grâces en soi naturelles et non méritoires pourront, sous quelque rapport, en raison de leur fin, devenir vraiment surnaturelles, c'est-à-dire méritoires.

Mais chaque fois que tu sentiras des suggestions de blasphème de la part de l'esprit malin commencer à siffler au-dedans, lève-toi et dis : « Ô Dieu très haut, pour peu que mon âme prenne, si peu que ce soit, la place et l'office de cet esprit malin, s'il eût persévéré, là où il aurait dû te louer durant toute l'éternité, je souhaite et désire de tous mes vœux, aussi souvent qu'il m'aura insinué ces pensées abominables en l'âme contre mon gré, qu'une louange ineffable et une action de grâce inénarrable soient à toi dans les éternités perpétuelles ; et aussi souvent que je souffre ces affreuses suggestions, aussi souvent je veux t'offrir avec affection de très agréables sacrifices de louanges. » Ainsi donc, tu le vois, *pour ceux qui aiment Dieu, toutes choses coopèrent au bien* (Rm 8, 28), puisque même une telle suggestion pestilentielle peut tourner à leur utilité.

Quant au dernier point sur lequel tu m'as interrogé, voici ce qu'il faut faire. Chaque fois que tu verras ou saisiras, de quelque façon que ce soit, une excellence singulière dans un être quel qu'il soit, par exemple un bois touffu, un pré riant de fleurs, un champ couvert de récolte opulente, un arbre chargé de fruits, et toutes les autres choses du même genre, élève ton cœur, dirige les yeux, tends les mains vers le ciel et exprime les sentiments intimes de ton cœur en disant : « Ô Sagesse généreuse et très belle, pour les belles et excellentes dignités et grâces de cet être, que *les millions* d'esprits des légions célestes *qui te servent* te saluent de ma part, et que *les dix mille fois cent mille qui t'assistent* (Dn 7, 10) te glorifient, et que l'universelle mélodie de toutes les créatures te loue par moi, maintenant et pour l'éternité !

LE DISCIPLE : Ô Dieu éternel, si la louange du voyage est si joyeuse, que sera la louange de la Patrie ! Oh, si le souvenir de cette louange du ciel est si plaisant, qu'en sera-t-il de la présence ! Mais, ô douleur, par cette douceur admirable et ineffable de ta louange, ô Sagesse divine, mon cœur est tout ensemble charmé et pourtant au-dedans comme blessé d'une grave douleur. Quand je pense que je suis en cette vallée de misère, quand je me vois encore à si longue distance de la louange des bienheureux, parmi les accents de louange, jaillissent également des larmes de chagrin. Oh, quand viendra ce jour désiré *qui me délivrera de ce corps de mort* (Rm 7, 24) ? Qui donc, en effet, ne souhaite et ne désire avec force *être dissous et être avec le Christ* (Ph 1, 23) et passer de l'état de misère, du lieu du combat, *à la liberté de gloire des fils de Dieu* (Rm 8, 21) ? Il est temps, Seigneur : *j'ai assez vécu ; enlève mon âme. Car je ne suis pas meilleur que mes pères* (1 R 19, 4). Vois combien l'état de ce monde commence à être périlleux ; vois combien de maux commencent à se glisser et à se répandre partout. *Malheur, malheur à celles qui enfantent et nourrissent en ces jours* (Mt 24, 19). Heureux celui qui attend, bien préparé, la mort prochaine ; mais plus heureux, dirai-je, celui qui, déjà parti du lieu de la mortalité, est *parvenu avec joie à la chambre nuptiale du ciel*[6]. Mais moi qui n'ai ni l'un ni l'autre, comment pourrai-je être consolé ? Ô mon Dieu, en attendant parmi tant de peines et d'angoisses qui me pressent, quelle force pourrait me refaire ou mettre mon âme en liesse ?

LA SAGESSE : En attendant, tu as de quoi te soulager un peu : en relisant fréquemment cette page de joyeuse louange divine, tu pourras te consoler dans tes malheurs. Car la joie spirituelle et l'ardeur de la louange divine sont comme un prélude des joies célestes où tous les élus, à pleine bouche et le cœur joyeux, me loueront et me glorifieront à jamais. Cette louange divine renforce l'esprit dans les malheurs ; elle tire l'âme vers le haut et en chasse la tristesse désordonnée. Elle met en fuite les ennemis spirituels, apaise Dieu, réjouit les anges, délivre les âmes du purgatoire et abreuve toute la cour céleste de joies nouvelles.

LE DISCIPLE : Oh, *lève-toi, lève-toi,* maintenant, mon âme, et *dis un cantique* (Jg 5, 12), oui, un cantique de louange, *d'une voix pleine d'allégresse* (Ps 42 (41), 5) ; que les cymbales éclatent, que les cœurs jubilent à l'unisson, que toute la terre retentisse de la louange du Créateur. Ô très aimante Sagesse, bonté éternelle, quand je me lève chaque matin à l'aurore et ouvre les yeux vers toi, que mon cœur s'ouvre en même temps, je t'en prie, à ta louange et qu'une torche immense de ta gloire en jaillisse ; qu'elle ait la

6. *Bréviaire* OP, Assomption, vêpres, antienne du *Magnificat*.

splendeur de l'étoile du matin et l'ardeur de la flamme ; qu'elle contienne le niveau d'amour le plus intense jamais accordé ici-bas au cœur humain ; qu'elle soit ardente comme l'esprit qui, parmi les phalanges célestes de l'ordre suprême, brûlant en toi et de toi, est le plus ardent de ton amour ; à l'instar néanmoins de cette charité supersubstantielle, suressentielle et ineffable, avec laquelle, ô Père céleste, tu aimes avec une souveraine ferveur ton Fils unique en l'Esprit-Saint. Et je demande que cette louange résonne d'une façon aussi suave et douce en ton cœur paternel que résonne d'habitude à sa manière la douce modulation des harpes et des instruments de musique dans un cœur joyeux à la fleur de la jeunesse. Et de cette torche de louange, que monte une *colonne de fumée* (Ct 3, 6) à ta louange, aussi odorante et gracieuse que si elle était composée de tous les *aromates de myrrhe et d'encens et de toute poudre de parfum (ibid.) ;* aussi belle que les fleurs des herbes pullulant au printemps dans les champs aux belles couleurs, et les fleurs des arbres aux ramures délicieusement parfumées ; que cette colonne de louange soit si amoureuse et délicieuse que tes yeux s'y portent avec délice et que toute la cour céleste en exulte. Et que, sans cesse, dans la chaleur très fervente et l'ardeur très prompte de ton amour, elle monte sans arrêt de mon cœur, par une pieuse méditation, de mes lèvres, avec un langage fervent et toutes mes œuvres, par une vie sainte et céleste ; et que cette torche de louange repousse par sa vertu tous les ennemis, augmente la grâce, obtienne la fin bienheureuse et acquière la gloire de la béatitude éternelle pour que la fin de cette gloire temporelle soit le commencement de la louange éternelle de la patrie céleste. Amen !

# CHAPITRE 6

## INSTRUCTION SUR LA MANIÈRE DE DISPOSER CE QUI PRÉCÈDE EN SERMONS ET CONFÉRENCES

Cette doctrine de toute beauté, qui t'appartient, ô très aimante Sagesse, sera *un trésor désirable* (Pv 21, 20) dans la bouche du sage, si elle est ordonnée de telle sorte que, non seulement elle soit facile à comprendre ou délectable à entendre, mais encore générale, susceptible d'être étendue à l'état de tout un chacun. Son intégrité parfaite requiert aussi cela. Le zèle des âmes appartient au vrai amour et à la digne célébration de ta louange. *Le serviteur fidèle, et prudent* (Mt 24, 45) imitateur de l'ordre apostolique, est tenu, par obligation de charité fraternelle, de penser, non seulement à soi-même, mais encore *au salut des âmes et à l'utilité des prochains*[1]. C'est pourquoi, après les enseignements précédents de cette sagesse salutaire, je demande à être instruit sur la façon de tourner facilement et de développer avec abondance cette même doctrine à l'utilité du prochain. En outre, livre à ton disciple simple une formule abrégée et un savoir-faire efficace pour faire la même chose dans toute autre pareille matière non divisée ni formée[2], pour que je puisse aussi extraire le miel des alvéoles operculées des rayons, rompre le pain aux petits et le distribuer aux foules avec une gracieuse fécondité.

1. *Constitutions* OP, prologue, n. 2. Voir plus haut, Prologue.

2. Où l'on n'a pas distingué les points à prêcher ; qui n'a pas été mis en une forme adaptée à l'instruction du peuple.

LA SAGESSE : Tu pourras avoir, sous une forme belle et abrégée, l'instruction que tu me demandes, si tu ne veux pas rejeter le principe très utile que tu as lu jadis dans les sciences d'invention humaine, et si tu prends un soin assidu de le mettre en action. Tu demandes ce qu'il est ? Eh bien ! C'est celui de l'auteur fameux qui a dit : « Le propre du sage est d'ordonner[3]. » Quoi de meilleur pour lui, quoi de plus utile, quoi de plus noble ? Les choses même qui viennent de Dieu sont ordonnées ; ce qui garde l'ordre sera durable. Afin donc de t'instruire de ce que tu as demandé de la même manière que j'ai fait pour ce qui précède, par un exemple plutôt que par une parole, tu n'auras qu'à suivre en toute matière la manière et l'ordre que je te montre.

Remarque donc, touchant ce qui précède, que celui qui désire, avec sagesse et ferveur, édifier non seulement lui-même mais encore le prochain de cette doctrine de sagesse, trouvera en son sein, s'il cherche avec soin, ce qui profite à l'un et à l'autre, car certains sujets sont traités de telle sorte qu'ils sont applicables à ce but pour ainsi dire par eux-mêmes, pour peu qu'on veuille bien y apporter quelque soin. C'est le cas de tout ce qui concerne la Passion du Christ. Il suffit de noter le nombre et la qualité des souffrances du Sauveur et le moyen pour l'homme de s'y conformer spirituellement. Par exemple le sujet traité plus haut[4] où la Sagesse divine, pour exciter la ferveur du disciple, commence à lui expliquer sa Passion, voici de quelle manière il faut le mettre en ordre pour le peuple :

1) Quand son horrible Passion fut pour lui imminente et que, dans l'angoisse de la mort prochaine, il répandait à terre des gouttes de sueur sanglante, le Christ, Fils de Dieu, n'en remit pas moins, librement, sa volonté à la volonté du Père ; il acheva pieusement ce qu'il avait commencé : ainsi, quand l'adversité nous presse et l'angoisse nous tourmente, malgré la répugnance de la nature, que tout cœur zélé s'en remette à la volonté paternelle et reçoive pieusement ce qui se présente à lui.

3. ARISTOTE, *Métaphysique*, I, 2, 982 a 18 ; ce principe est souvent cité par THOMAS D'AQUIN, voir par ex. *Somme théol.*, p. I, q. 1, a. 6, arg. 1 ; *Somme Gentils*, I, chap. 1.

4. Voir chap. 3 du l. I.

2) Le Christ fut capturé et lié, pour qu'il soit empêché d'aller où il voulait : ainsi l'homme doit se rendre lui-même captif pour ne pas suivre les convoitises de la chair et l'appétit sensuel qui l'attire vers les choses nuisibles.
3) Dans la nuit, le Christ souffrit patiemment toutes les moqueries et outrages que lui firent les méchants : ainsi, toutes les paroles injurieuses et blessantes, tous les opprobres et tous les maux infligés par les hommes mauvais ou importuns, que l'homme les supporte patiemment, pour l'amour de son Rédempteur qui souffre pour lui des choses semblables ou plutôt des bien pires.
4) Ensuite, dans le danger de mort, conduit à Caïphe, il n'abandonna pas la vérité, mais il tint bon devant celui qui le maudissait et le condamnait, et, en toute modestie, il se reconnut comme le Fils de Dieu : ainsi, son vrai disciple ne doit, pour aucun péril temporel, abandonner la vérité, mais rester constant jusque dans la mort.
5) La Mère très douce, voyant son Fils ainsi tourmenté, ressentit une grande douleur et, du fond de ses entrailles, compatit avec lui et pleura très amèrement : qu'ainsi l'ami fidèle ressente de la douleur et compatisse avec son Ami bien-aimé qui souffre des maux.
6) Ensuite devant le procurateur qui présidait la séance, alors qu'il était faussement pressé d'accusations iniques, Jésus ne se départit jamais de la mansuétude et de la patience : qu'ainsi le vrai imitateur du Christ ne murmure ni ne réclame, ni ne contredise, lorsqu'il est injustement lésé ou combattu par ses rivaux.
7) La Sagesse divine fut affublée d'un vêtement blanc, méprisée, et moquée comme un bouffon : que le spirituel souffre ainsi patiemment toutes les moqueries que des hommes vains de ce monde, qui n'ont pas Dieu devant les yeux, ont l'habitude de lui adresser.
8) *Le Roi de gloire* (Ps 24 (23), 7) est couronné d'une couronne d'épines, on se joue de lui en lui donnant un sceptre et un dérisoire manteau de pourpre : ainsi, quand le serviteur du Christ est, en ce monde, vilipendé, rejeté comme indigne de tout honneur, méprisé par les présomptueux, et molesté par ceux qui se jouent de lui, qu'il pense que le serviteur n'est pas

plus grand que son maître, et qu'il ne trouve pas mauvais de souffrir les mêmes outrages que le souverain Roi.

9) Après cela, mis à nu, on le frappe ; des fouets noueux déchirent très cruellement cette chair très sainte et ces membres très délicats ; son beau corps est livide de plaies et de toute part rougi de sang. Ainsi le soldat vaillant doit châtier son corps par des âpretés et duretés, de peur qu'il ne commence à regimber de désobéissance.

10) Enfin, la sentence de mort rendue contre lui, *l'Auteur de la vie* (Ac 3, 15), portant sa croix, est emmené sur-le-champ au lieu du supplice, comme un malfaiteur jugé indigne de la vie de ce monde : qu'ainsi le vrai imitateur de Jésus-Christ renonce à lui-même en portant sa croix, qu'il *sorte avec lui hors du camp, en portant son humiliation* (He 13, 13), *devenu* comme lui *la balayure de ce monde* (1 Co 4, 13) et *portant toujours partout la mort de Jésus dans son corps* (2 Co 4, 10), pour que la vie de Jésus soit elle aussi manifestée enfin dans son corps.

Voilà donc, grâce à ces dix articles, comment il faut faire. Dans toutes les méditations qui suivent qui ont trait à la Passion du Christ, qu'on fasse de même. Quant au sujet, également traité plus haut[5], de l'utilité des tourments temporels, on pourra faire des arrangements et applications semblables, comme on voudra. Qu'on fasse donc généralement ainsi dans les nombreux sujets semblables. Qu'on les propose aux auditeurs en les arrangeant et énumérant avec ordre et, en les développant, qu'on en fasse à son gré un entretien émouvant. Certains sujets ont besoin d'être approfondis avec plus de soin.

C'est ainsi, par exemple, que, dans le premier chapitre qui traite, plus haut, de l'attirance divine, le lecteur attentif y trouvera, entre autres, quels sont les bienfaits des épousailles divines : Ainsi fiancés à Dieu, ils en retireront une pureté de conscience, une sécurité d'âme, une renommée glorieuse, un nom immortel, une abondance débordante de délectation spirituelle et de joie divine, un sommeil tranquille, parce qu'ils auront un sûr protecteur, la gloire et l'honneur, et une éternelle félicité. Qui *prend* la Sagesse *pour amie* (Sg 8, 1) sera orné de *la beauté de la vie* (Sg 8, 18), vêtu de *la robe de gloire* (Si 6, 31 ; 6, 30), couronné de *la couronne d'allégresse*

5. Voir chap. 13 du l. I.

(Si 6, 32). Pour un petit labeur, il jouira d'un grand repos, et il sera rendu heureux de la béatitude vraie et parfaite, qui consiste dans la contemplation du souverain et vrai Bien. De même il sera honorable et gracieux, pacifique et fortuné, sage et expérimenté, spirituel et divin, aimable et sûr possesseur de tout bien.

De même, touchant le sujet de la fervente pénitence, note au même endroit[6] que le péché a entre autres conséquences les maux suivants : un cruel regret, des gémissements et des larmes, du chagrin et de la tristesse, et des misères de cœur. Dieu est perdu, et l'âme misérable est séparée du souverain Bien. Elle est dénuée de grâce et dépouillée des dons célestes, elle est couverte de confusion et remplie d'ignominie, elle est déçue, abandonnée et en quelque sorte privée de tout bien. Elle est torturée par le remords de la conscience ; vivante, elle meurt, et, de saine, devient languissante. Elle perd le nom d'épouse, offense Dieu, se perd, déshonore le Sauveur, met en joie ses ennemis, mais contriste les saints anges. Elle sera remplie de honte, d'effroi et d'angoisse. Le péché circonvient astucieusement l'homme, ôte l'intelligence, transperce le cœur et perd l'homme par un doux poison. Il arrache les yeux spirituels, met en fuite le Saint-Esprit et enlève toute force.

Le pécheur est exposé, désarmé, à l'épée des ennemis ; il se dessèche et *devient à charge à lui-même* (Jb 7, 20). Voyant les biens des autres, il est davantage confondu et troublé de ses [maux].

Le péché est comparable au plomb et au lion, au tonnerre et à l'absinthe. Il prive aussi du repos intérieur et a coutume de troubler d'horreur même durant le sommeil. Par lui l'âme est livrée à l'amertume, et enfin, toute *créature* devient *son tourment* (Sg 16, 24). Parfois il persuade l'homme de *maudire le jour de sa naissance* (Si 23, 19) et de se précipiter dans la fosse misérable du désespoir.

Au sujet des mauvais religieux en qui s'est éteinte la ferveur de la dévotion, note le sort lamentable du religieux tiède ou vain : il est plus misérable en quelque sorte que toute créature, puisque Dieu et le monde lui manquent à la fois. Il est semblable à une cité en ruines qui s'écroule d'un coup ou se délabre peu à peu, jusqu'à ce qu'enfin elle périsse entièrement. Il ressemble aussi à un monstre marin, par sa laideur extérieure et intérieure. Quant au vrai et parfait religieux, il doit avoir ces caractéristiques : mépriser toutes les choses du

6. Voir chap. 4.

monde, brûler du seul amour du Créateur, être toujours dans une sainte méditation et dans les bonnes actions, édifier soi-même et le prochain, *ne circonvenir ni ne léser personne* (2 Co 7, 2), mais, en tout simplicité et sincérité, mener une vie bienheureuse. De même il doit *crucifier sa chair avec ses vices et ses convoitises* (Ga 5, 24), faire de grands exercices et des observances pleines de piété, combattre très courageusement et très vaillamment contre les malices de l'ennemi et se livrer lui-même pour la défense de la vérité et de la justice, jusqu'à la mort.

Et voici les traits du mauvais religieux : effronterie contre ses supérieurs, manie de geindre - j'appelle geignard celui qui ne veut rien souffrir, mais veut vivre à sa volonté –, cupidité désordonnée des biens temporels et trop libre relâchement du frein à l'approche du péché charnel ; de même, défaut de charité divine et envie de la réussite des autres frères, ambition désordonnée des honneurs et négligence des saintes coutumes. Dans le service de Dieu, ces mauvais religieux sont paresseux ; ils ont le souci de la conquête des biens temporels, et sont trop attentifs en tout temps aux soins du corps. Ils sont aussi enclins à imiter les mauvais exemples plutôt que les bons et à défendre leur négligence par la tiédeur des autres. Ils font des discours inutiles et *corrompent les bonnes mœurs par de mauvaises conversations* (1 Co 15, 33). Ils ont à l'occasion, pour une heure, des paroles spirituelles ; mais des actes charnels se glissent parfois, car ils ne craignent que les yeux des hommes au lieu de craindre ceux de Dieu. Ils ont le cœur rempli de désirs mondains. Et, s'ils ont quelques petits biens, ces biens sont mêlés de beaucoup de maux.

C'est de cette façon, par conséquent, que tout homme studieux et consciencieux, dans tous les autres chapitres de ce livre, jusqu'à la fin, pourra extraire de petites fleurs, au moyen desquelles il pourra attirer le prochain vers le chemin du salut et l'exciter à la piété. Nous le laissons faire lui-même, pour que, de cette étude, croisse pour lui le fruit du salut et la récompense de la rétribution éternelle.

# CHAPITRE 7

## COMMENT BEAUCOUP DE FIDÈLES PEUVENT SE FIANCER À LA SAGESSE DIVINE, ET COMMENT, PAR CERTAINS EXERCICES QUOTIDIENS LÉGERS, ILS DOIVENT CONTINUELLEMENT SE RENOUVELER EN SON AMOUR

*Venez, mes fils, écoutez-moi* (Ps 34 (33), 12) ! *Venez, écoutez,* et je *vous raconterai, à vous tous qui craignez Dieu, quelles grandes choses* le Seigneur *a faites à mon âme* (Ps 66 (65), 16). *Car il m'a fait de grandes choses,* parce qu'il *est puissant et son nom est saint* (Lc 1, 49). Certes, ce sont des choses remarquables et merveilleuses, des grâces insignes, et il n'est que juste que tout homme admire, magnifie Dieu en disant : *parce qu'il est bon, et que sa miséricorde est éternelle* (Ps 106 (105), 1). C'est pourquoi si, sous l'effet de ces grâces, je parais sortir des bornes par quelque sobre ivresse de l'âme, il le faut attribuer à Dieu. *Car la charité du Christ nous presse* (2 Co 5, 13-14), et désormais *notre bouche est ouverte et notre cœur a été dilaté* (2 Co 6, 11). Le cœur plein d'un grand désir, je veux, j'ai hâte de vous transmettre ces paroles pleines de charme et d'exultation qui m'ont été adressées pour le salut de beaucoup. *Il est bon en effet de tenir caché le secret du roi, mais il est honorable de révéler et publier les œuvres de Dieu* (Tb 12, 7). Écoutez donc maintenant, tous les peuples : je reviens des noces royales, abreuvé du vin céleste, j'en suis imbibé, je me réjouis d'avoir pris possession de la chambre nuptiale. En outre, je porte un bon message et j'apporte à tous de nouvelles joies. Et c'est pourquoi je ne me tiens pas de joie, mais, tout rempli d'allégresse, j'exulte dans le Seigneur. Tu demandes d'où vient qu'un sujet de joie si rare et si insolite s'est levé *en notre terre* (Ct 2, 2). La raison en est assurément que, en ces joies pascales, je veux dire ces noces royales et spirituelles, le souverain roi et divin empereur lui-même m'a donné pour épouse son unique aimée, la Sagesse éternelle. Il a fait le contrat de mariage et m'a fait en quelque sorte son gendre. Oh, *qui suis-je pour être le gendre du roi* (1 S 18, 18) ? Qui ose aspirer à une si grande dignité ? Ah, que c'est une grande chose qu'un être si pauvre et si petit, si vil et indigne, sans aucun mérite précédent, ait dû être élevé à une si grande dignité ! Qui peut estimer ces dons très précieux et très dignes de toute action de grâces ?

Mais, non content de cela, le roi magnifique a augmenté les présents, accumulé les bienfaits, amplifié les dons et copieusement dilaté la grâce. L'humble disciple de cette Sagesse, appelé par elle-même, en cette grâce de vision, du nom nouveau et mystique de Frère Amand, quand son épouse toute divine eut gagné le silence secret de la chambre nuptiale de son cœur, reposait doucement, endormi dans les bras de son amour, mais il veillait très parfaitement par le sentiment fervent de son cœur et méditait en lui-même sur le salut du prochain. Cette épouse, prononçant des sortes de paroles très douces, intellectuelles, surnaturelles, sans rien de commun avec le timbre des voix mortelles, lui disait : « De toi sortira celui en qui toutes les nations seront bénies. »

Charmé et étonné à l'excès par ces paroles proférées du ciel, mû surtout par la reconnaissance, il disait, tourné vers elle : « Ô *lumière de mes yeux* (Gn 22, 18 ; 26, 4), ô désir de mon âme et joie ineffable de mon esprit, mon amie très douce et trop belle, et plus que toutes incomparablement généreuse et tout entière magnifiquement ornée de toutes les grâces, tu sais que c'est le caractère et le propre de l'amour intense de désirer que ce qu'il aime ardemment plaise aux autres et, sans préjudice pour lui-même, soit aimé et loué de tous. C'est désormais la condition de mon cœur amoureux, qui mêle aux paroles tant de soupirs de feu. Tu es cette seule et unique amie, surabondamment comblée de tous les biens souhaitables, et telle est, tu me l'as dit toi-même, ta prérogative singulière : plus un de tes amants t'*aura communiquée sans envie* (Sg 7, 13) à un plus grand nombre, et plus parfaitement il te possédera lui-même.

C'est pourquoi, ô bienveillante, soucieuse du salut de tous, donne-nous quelque moyen, invente une méthode convenable pour multiplier cet amour de toi et ces épousailles spirituelles, ou même, puisqu'en quelques indolents cet amour a vieilli, de le rénover. La nature même, que tu as instituée au mieux, a pourvu aux remèdes nécessaires, à la restauration continuelle des déchets inévitables pour tout ce qui est soumis à la loi du temps. De même, en vérité, pour ne pas se perdre ni diminuer, les dons de la grâce ont besoin d'une fréquente rénovation. Ô mon Dieu, si beaucoup savaient par expérience combien tes fiançailles sont exquises ! Oh, s'ils savaient combien la peine en est petite et la récompense grande ! Je suis tout brûlant quand je pense que des biens si grands et si proches sont négligés de beaucoup, que *la moisson* est si *abondante* et qu'on trouve si *peu d'ouvriers* (Mt 9, 37 ; Lc 10, 2).

Oh, comme il brûlait du désir de ce bien, ce docteur éminent, l'apôtre Paul, qui, mû par la charité éternelle, désirait *être anathème pour ses frères* (Rm 9, 3), afin de leur procurer ces épousailles spirituelles ! Que dit-il enfin ? *Je vous ai,* dit-il, *fiancés à un seul homme* (2 Co 11, 2). Et ce divin Dominique, notre illustre Père, comme un céleste paranymphe[1] de ces fiançailles, désirait se vendre, afin de pouvoir se dépenser et se prodiguer tout entier pour le salut des âmes et l'instauration de cet amour divin ! Ainsi, son incomparable compagnon, cet évangélique François, *estima toutes choses comme du fumier* (Ph 3, 8), pour tirer tous les hommes à cet amour précieux et gagner au Christ beaucoup d'amants. Bien d'autres amis de Dieu, depuis le commencement du monde, se sont exposés pour ce motif à d'innombrables tourments et périls, s'estimant être des participants d'autant plus heureux de ces épousailles qu'ils avaient pu s'attirer plus d'associés et de compagnons.

Maintenant donc, mon Seigneur, m'attachant pieusement aux traces paternelles, moi aussi, blessé du trait de cet amour, et touché dans les moelles du zèle de charité fraternelle, *je fléchis* devant toi *les genoux* de mon cœur (Eph 3, 14) : ne permets pas qu'en nos jours périssent ainsi ces épousailles spirituelles avec toi, mais verse au cœur de plusieurs quelque grâce qui les rénove. Agis avec nous, Seigneur, non selon la petitesse de nos mérites, mais selon ce qui

1. Un paranymphe est un ami de la fiancée, chargé de la conduire à son époux ; voir BERNARD DE CLAIRVAUX, *Sermons sur le Cantique,* XXXI, 2, 5.

convient à ta bonté aimable et très pieuse : c'est de ta clémence que dépend tout notre salut. Tu es si ineffablement aimable avec les misérables ; pour les indignes mêmes, si bon, si clément. Donc, pour ne pas trop prolonger ce discours, me voici, misérable pécheur, accablé de mes propres fautes, mais confiant en ton immense pitié ; je suis étendu, prosterné devant toi et j'y resterai sans me lever de terre jusqu'à ce que sorte de tes lèvres une parole gracieuse, jusqu'à ce que tu te lèves et deviennes propice, jusqu'à ce que tu donnes ton consentement et permettes, maintenant comme jadis, que l'on se fiance à toi. »

LA SAGESSE : Pour moi, je serais prête en tout temps à accomplir ce que tu as demandé, à consentir à ces mariages spirituels, s'il y avait des cœurs qui voulussent donner un soin loyal à ces épousailles. Mais c'est étonnant combien désirent avoir ce gage sans vouloir travailler pour l'obtenir. Il est vrai, si ces fiançailles bienheureuses avec moi pouvaient s'obtenir sans labeur, des hommes sans nombre m'éliraient pour leur amie. Qui d'autre, en effet, qu'un fou, si on lui porte gratuitement un immense poids d'or, ne le prend et ne s'en va ? Or, il se trouve que *la sagesse est tirée des choses cachées* (Jb 28, 18) ; qui veut la posséder devra nécessairement la chercher avec labeur et agitation *comme l'argent, et creuser comme* [celui qui cherche] *des trésors* (Pv 2, 4), car *elle ne se trouve pas* au *pays de ceux qui vivent dans les douceurs* (Jb 28, 13) ; il a été décrété au conseil divin que nul ne reçoit cette épouse très digne avant d'avoir combattu très vaillamment pour elle dans le rang et soutenu de nombreuses adversités ; et que quiconque, en ces tourments, aura virilement persévéré jusqu'au bout en ce monde à son service, celui-là enfin lui sera uni sans fin dans ce royaume glorieux. Il n'est pas étonnant que le labeur précède ordinairement le salaire : qui donc en ce temps bref obtient ce qu'il veut, rien qu'à le souhaiter, sans agir ? C'est pourquoi ils ne sont pas dignes de ces épousailles parfaites, ceux qui ne daignent pas souffrir l'adversité pour l'amour de lui.

LE DISCIPLE : *Oui, Seigneur. Mais les petits chiens aussi mangent des miettes qui tombent de la table de leur maître* (Mt 15, 27). Que ceci donc au moins s'accomplisse : en donnant de participer à ces parfaites épousailles divines accordées par privilège à certains, daigne pourvoir aussi à tes [amis] infirmes et fragiles, selon que *ta main les trouve* (Is 10, 10). Condescends, je te prie, à nos infirmités et à la malice de ce temps menaçant, et donne-nous quelque moyen d'avoir part à cette grâce à divers degrés. Tu as aussi des degrés divers dans les êtres, ou bien *n'as-tu qu'une seule bénédiction, Père* (Gn 27, 38) ? Donne donc quelque manière facile et si générale que tous ceux qui désirent te rendre un culte de cette façon – qu'ils te soient joints par charité parfaite au point de n'en être retirés par aucun empêchement de l'agilité humaine, ou même qu'ensuite ils soient justement purifiés par le feu du purgatoire – méritent d'avoir part à cette bénédiction. À ce sujet, ne propose pas, comme de coutume, des enseignements universels, mais descends aux cas singuliers et particuliers, à des choses faciles et communes, *comme une nourrice donne du lait à ses petits, non de la nourriture solide* (1 Th 2, 7). Car ces choses ont un goût plus suave pour tous les faibles et les simples, et ils les remplissent plus facilement.

LA SAGESSE : Ayant décidé, par une promesse évangélique, d'être avec les fidèles *jusqu'à la consommation des siècles* (Mt 28, 20) et de ne jamais abandonner, bien qu'elle soit fréquemment secouée, la barque de Pierre, j'ai prévu pour les divers temps des ouvriers qui cultivent ma vigne et je leur ai apporté les remèdes du salut éternel, sans oublier, une fois donnés, de les renouveler souvent. Mais depuis le commencement, *je me répands à travers les nations dans les âmes saintes, et j'établis des amis de Dieu et des prophètes* (Sg 7, 27). Je t'indiquerai donc aussi à présent certaines œuvres de piété et des exercices assez habituels de dilection par lesquels beaucoup d'hommes, de différents niveaux et états, peuvent avoir part au salut éternel de ces épousailles, et en même temps je te montrerai comment mon amour peut être continuellement renouvelé. Ajoutant néanmoins que ceux qui auront été les imitateurs zélés de cette même doctrine de sagesse, fondée sur la pierre ferme de la vérité catholique et apostolique, seront, du fait de cette même bénédiction promise par le rejeton du fidèle Abraham, éternellement héritiers dans le Christ Jésus.

Donc, quiconque désire devenir un aimable disciple de la Sagesse éternelle, de quelque condition, état, sexe, ordre, ou religion qu'il soit, doit observer avec soin les points qui suivent. Ils sont d'ailleurs si tempérés qu'ils ne comportent aucune difficulté et que chacun peut les faire sans aucun préjudice pour ses engagements et son état. La Sagesse divine en effet n'entend établir en cela aucune obligation, engagement ou assujettissement quelconque, elle n'a en vue qu'un réveil spontané de la dévotion somnolente : qui veut ainsi se réveiller fait une chose bonne et louable ; qui ne le fait pas, ne commet, pour autant, ni péché ni faute.

Avant toute chose donc, tout disciple de la Sagesse, s'il a un amour charnel, doit le quitter[2] et *prendre pour son épouse* (Sg 8, 2) et amie la Sagesse très belle et éternelle. Et si peut-être quelqu'un est lié à tel point par un amour particulier qu'il jugerait âpre et trop dur de se faire si subitement violence, qu'il ait au moins la bonne intention de vouloir s'arracher à cet amour nocif, lorsque, l'occasion venue, il sentira le secours divin efficacement lui sourire.

Quant à ceux qui ne sont pas liés par un amour terrestre, mais qui, pour d'autres raisons, ont été jusqu'ici indolents, tièdes et négligents dans l'amour de la Sagesse, ils doivent pour ainsi dire épouser de nouveau cette épouse spirituelle et se rénover encore par quelques pieux sentiments de dévotion. Et voici comment cela doit se faire : celle qu'ils avaient accoutumé de servir par crainte comme un seigneur, qu'ils s'efforcent maintenant de lui plaire et d'adhérer à elle comme à une épouse très douce, par un amour spirituel et intense, pensant toujours à l'excellence et la piété de cette épouse très divine, et combien sont heureux ceux qui, en cette vie, auront mérité d'être parés de son amitié. Ces épousailles ou ce renouvellement d'anciennes épousailles, pour éveiller une dévotion plus fervente, il faut les faire non seulement au-dedans de l'âme, mais aussi au-dehors, quoique de manière cachée, par quelque signe, par exemple par trois prostrations où on se donne, s'offre et se présente à cette épouse si grande en lui demandant le gage des épousailles, c'est-à-dire quelque nouvelle grâce en signe d'amour mutuel et de fidélité, que ni la mort, ni la vie, ni aucune créature ne doivent jamais violer.

2. Il s'agit évidemment, d'après ce qui précède, non pas seulement d'un amour coupable, dont la conservation serait un péché grave, mais de toutes les attaches désordonnées.

Et comme la plupart du temps les actes émeuvent plus que les paroles, je te révélerai à ce propos un fait très notable et rare, et très émouvant. Il y avait un jeune homme[3], amoureux fervent, qui, ayant quitté l'amour terrestre, se choisit pour amie cette céleste épouse, la Sagesse divine. Désirant avec force incorporer cette bien-aimée aux entrailles profondes de son cœur, il se rendit à sa place secrète, et, se levant avec une violence stupéfiante d'amour, se découvrit le haut du corps, prit un fer aigu et le piqua dans la chair nue de sa poitrine, à l'endroit où le battement du cœur se sent le mieux ; il piqua de telle sorte qu'à chaque coup le sang sortit et coula sur lui, goutte à goutte. Il fit aussi dans tous les sens autant de piqûres et de marques qu'il fallut pour dessiner le nom de son épouse [la Sagesse], Jésus (I H C), en grandes lettres capitales *sur la table de son cœur* (Jr 17, 1 ; 1 R 4, 29). Il porta quelque temps, dans sa chair pâle, ces blessures d'amour, fraîches et sanglantes, pour lui trop douces, avec un grand embrasement d'amour ; puis, après plusieurs jours, il guérit. Sa chair conserva au même endroit ce nom clairement et parfaitement tracé.

Par la suite, cet amoureux divin, voyant les amants terrestres porter sur leur vêtement le vain nom de leur fiancée, comme certains ont coutume de faire, se tournait du fond du cœur vers son épouse divine, et, se rappelant les prérogatives surexcellentes de son amour, il se réjouissait de porter son nom, indélébile, écrit, non point *sur des tables de pierre* ou sur les vêtements, en rouge ou en noir, mais *sur les tables de chair de son cœur* (2 Co 3, 3), gravé sur son cœur en lettres de sang, de la couleur des roses du printemps.

Sentant croître en lui de façon remarquable le fruit salutaire de l'amour divin, qui se rappelait constamment à son souvenir par la présence du nom si grand, et désirant le progrès des dévots dans l'amour divin, il les persuada de mieux honorer ce nom : ils ne devaient pas faire comme lui ni s'exposer inconsidérément au danger, en imitant le geste qu'il avait reçu de la vertu divine le don singulier d'accomplir, mais porter toujours sur eux, secret et caché, sur un vêtement ou d'autre façon, à son gré, le nom salutaire brodé ou écrit, pour réveiller l'amour divin. Cet adolescent, Amand, fit cette action d'amour pour que, chaque fois qu'il lui arriverait de

3. Henri Suso lui-même.

voir ce nom, connu de lui seul et de Dieu, il lui advînt à chaque fois, en ravivant le souvenir, de renouveler l'ancienne amitié dans son cœur.

Semblablement, nous lisons, concernant l'intention de l'action, que le grand prêtre Simon, voulant renouveler, comme déjà ancienne, l'amitié avec les Romains, récemment établie par Judas Macchabée, son frère, leur envoya *un bouclier d'or* en signe et renouvela l'amitié ancienne (1 M 14, 24). C'est ainsi que le Seigneur lui-même donna aux hommes en *signe d'alliance un arc-en-ciel dans les nuages* (Gn 9, 13). Comme les fils d'Israël, ayant conclu alliance avec le Seigneur, *versèrent de l'eau* (1 S 7, 6) et, édifiant des autels ou posant des *pierres* (Jos 4, 4-9), établirent des signes matériels pour aider la fragile mémoire humaine, de nombreux saints du Nouveau Testament des temps passés se firent, pour exciter leur zèle, diverses peintures ; certains eurent près d'eux des images ou des croix ; quelques-uns même, lisons-nous, portèrent sur eux, pour ce motif, des reliques ou autres objets semblables. Que celui qui en aura la grâce fasse donc comme il a été dit à propos du nom de Jésus. L'esprit humain abandonne très facilement ses entreprises, à moins de les renouveler fréquemment.

De même, les adorateurs et disciples zélés de la Sagesse divine qui le veulent peuvent lire chaque jour les Heures, c'est-à-dire le *Cours* bref à l'honneur de la même Sagesse[4]. Ceux qui ne savent pas lire ou qui sont pris par une occupation légitime ou qui désirent changer, qu'ils disent à la place sept *Notre Père* pour les sept heures habituelles, un *Notre Père* pour chaque heure. En disant ces heures, leur intention doit être que la Sagesse divine garde leurs cœurs et leurs corps, pour qu'ils ne soient pas pris dans les filets de ce monde insensé, plein de vanités à la mode et de malignités, mais pour que, vivant avec précaution et sagesse, ils soient préservés de tous les maux et périls.

De même, à table, après la bénédiction et avant de commencer à manger, qu'ils disent un *Notre Père* en aumône spirituelle aux âmes qui en ont le plus besoin au purgatoire, tout en considérant combien il est périlleux de manger le fruit d'aumônes gratuites et de ne pas le mériter par de continuels suffrages, et combien

4. Voir le *Cours de la Sagesse éternelle*, dans cet ouvrage juste après le texte de l'*Horologium*.

il est pieux d'aider ceux qui ne peuvent s'aider en rien, et avec quelle gratitude néanmoins en une si grande misère ceux-ci se réjouissent de recevoir le rafraîchissement même de la plus petite goutte d'eau ou *une* seule *miette tombée de la table de leurs maîtres* (Mt 15, 27).

Et pour que cet exercice de piété devienne plus agréable et qu'on puisse le persuader aux âmes zélées, sache qu'une personne pieuse, menant une vie religieuse excellente, ayant entrepris avec quelques autres de faire ces prières, brûlait surtout d'une grande dévotion au *De Profundis*[5] qu'on dit avant le repas pour les âmes désolées. Plusieurs âmes, envoyées au purgatoire, lui apparurent alors en vision qui, par leur état vil, leur contenance misérable, leurs larmes, montraient qu'elles avaient besoin du bienfait des suffrages. L'une d'elles en particulier s'approcha de cette personne et lui demanda la permission d'être son mendiant, à qui chaque jour, à table, elle ferait l'aumône de ce *De Profundis*. À la suite de cette vision, elle faisait avec plus de ferveur cette aumône spirituelle.

De même, [dis] un *Notre Père* au nom très doux et salutaire de la Sagesse éternelle, qui est Jésus, pour que notre Seigneur et Sauveur sauve tous ces disciples de la Sagesse éternelle, ainsi que la sainte Mère Église, et les garde de toute adversité et les protège de toutes les embûches tendues par leurs ennemis. Qu'en révérence d'un si haut nom, ils fassent précéder ou suivre ce *Notre Père* de l'invocation : « Béni soit le nom de Notre Seigneur Jésus-Christ et [celui] de la glorieuse Vierge Marie, sa mère, dans l'éternité et au-delà. Amen ! » Des indulgences y sont attachées. Voici la raison de cette prière à ce nom. En ces derniers temps, ô douleur, ce doux Jésus est effacé et éteint dans les cœurs de beaucoup quant à la ferveur de dévotion ; il en est déjà banni d'une manière si damnable, car ils sont tellement innombrables *ceux qui cherchent leur intérêt, et non celui de Jésus-Christ* (Ph 2, 21) ! Pour que ce nom de miel, dis-je, revive en quelque façon et soit inculqué et renouvelé dans les cœurs des fidèles, qu'on fasse cet exercice de piété. Ce rejet de Jésus par des hommes autrefois ses bien-aimés, la Sagesse divine elle-même, apparaissant en vision à certains, l'a déploré d'une voix plaintive.

5. Ce cantique correspond au Psaume 130 (129), souvent appelé par ses premiers mots en latin : « *Du fond de l'abîme (De profundis), je t'invoque, ô Éternel.* »

**Devenir disciple de la Sagesse éternelle**
*L'Horloge de la Sagesse*, Ms IV 111, Fol. 17, Bruxelles, Bibliothèque Royale.

De même, le premier jour institué par l'Église pour chanter l'histoire de la Sagesse[6], c'est-à-dire le premier dimanche d'août et, avant Noël, quand on entonne, à Vêpres, l'antienne *Ô Sagesse*[7], et les jours suivants jusqu'à cette nuit glorieuse où le Fils du Père, la Sagesse éternelle, daigna entrer dans ce monde : qu'on se souvienne spécialement d'elle dans les oraisons privées, par antienne, collecte[8], ou oraison dominicale. Si même quelqu'un à ce moment en avait le loisir et célébrait la messe privée de la Sagesse éternelle, elle l'aurait pour agréable.

De même, il y a, pour les disciples et amoureux de la Sagesse, principalement trois jours dans l'année où il convient qu'ils offrent quelque hommage spécial à cette épouse spirituelle. Le premier est le jour de la Circoncision du Seigneur. C'est le premier jour de l'an et, selon la coutume invétérée de certains pays, les personnes unies entre elles par une amitié singulière ont coutume de se donner des étrennes et de se souhaiter bonne année. De même donc, pour réveiller l'âme somnolente à l'amour divin, que tout disciple zélé et tout amoureux de la Sagesse divine s'approche en ce jour de son unique et très aimée épouse divine et lui demande fidèlement pour étrennes une bonne année pour soi et tous ses autres disciples et la sainte mère Église. En faisant quelque prière spéciale ou même, si cela leur convient, en offrant ou faisant offrir à l'autel ou devant le crucifix un cierge allumé en l'honneur de celui qui est la lumière éternelle, pour témoigner que le fidèle disciple reconnaît [en lui] tout son salut en ce temps instable, veut être possédé par la seule épouse divine, et que l'amour d'elle seule doit brûler et luire dans son cœur ; et si peut-être, par quelque occasion, cet amour s'est éteint, le disciple demandera qu'il soit miséricordieusement rallumé, et de façon qu'il ne s'éteigne plus jamais à l'avenir.

Le deuxième jour est le dimanche avant le carême, appelé par la plupart carnaval. Les amoureux insensés de ce monde le célèbrent et

6. Pour lire à l'office le *Livre de la Sagesse*, ou les *Livres sapientiaux*.

7. Première des grandes Antiennes au Magnificat de la semaine précédant Noël : « *Ô Sagesse, qui es sortie de la bouche du Très-Haut, qui t'étends sur l'univers d'une extrémité à l'autre et le disposes avec force et douceur, viens nous enseigner la voie de la prudence.* »

8. C'est-à-dire prière collective d'ouverture de la messe.

le passent en vanités superflues. Ce jour-là, les amis et compagnons ont coutume de se réunir et de s'offrir mutuellement une consolation mondaine et périssable. Pour signifier que cette épouse très divine doit être à son disciple toute joie, toute consolation et amour en ce monde et dans le monde futur, et afin d'exciter la dévotion de son cœur tiède, qu'il fasse comme précédemment.

Le troisième jour est le premier mai, lorsque le beau temps printanier agréable et désirable à tous, commence à paraître bellement dans les plantes de la terre. Car alors c'est la coutume et surtout dans les contrées de la Souabe, une région d'Allemagne, que les jeunes gens aillent dans les bois, la nuit, couper de beaux arbres au vert feuillage et les placent, chargés de fleurs, devant les portes [des maisons] où ils croient avoir des amies, en signe d'amitié et de fidélité. Ainsi donc, pour tirer d'un principe inique une saine dévotion, comme on sait que l'Église a fait du premier août, ce que d'autres font très vainement à la créature mortelle, qu'ils le fassent pieusement au Créateur de toutes choses et avec d'autant plus de sollicitude que cette amie très divine, sans nul doute, l'emporte en grâces sur toutes les mortelles. Ce jour-là donc, pour exciter leur piété, qu'ils offrent un cierge à leur très chère épouse divine, ou qu'ils disent quelque pieuse oraison, se recommandant à elle avec plus d'affection.

Il faut aussi que les disciples de la Sagesse honorent avec une souveraine tendresse de cœur cette mère du souverain roi, de la Sagesse éternelle, qui veut les prendre en qualité d'amis intimes de son propre Fils, pour s'en faire des fils de prédilection et avoir soin d'eux avec une tendresse maternelle. Tout disciple zélé de la Sagesse doit donc l'honorer chaque jour en disant neuf fois la salutation angélique. Qu'il dise un *Je vous salue Marie,* à genoux, de grand matin, en se levant, pour remettre pieusement dans les mains de la Reine du ciel toutes les bonnes œuvres qu'il fera ce jour-là, ; et c'est ainsi que, présentées par une mère si vénérable et si aimée à son Fils le souverain Roi, par égard pour une si grande médiatrice, ces œuvres lui seront agréables et acceptables, qui peut-être seraient petites et viles et moins agréables, présentées immédiatement par la main du pécheur ; qu'il fasse de même le soir, après toutes ses prières, immédiatement avant d'aller au lit et, pour avoir ainsi un sommeil plus sûr, qu'il la prie de suppléer à tout ce qu'il a omis ce jour-là, de lui obtenir le pardon de tout ce qu'il a fait de mal, de lui conserver et de faire agréer à Dieu tout ce qu'il a fait de bien.

Qu'il dise de même sept *Je vous salue Marie* au cœur très doux de la génitrice de Dieu, refuge très miséricordieux de tous les pécheurs, pour qu'elle ouvre elle-même miséricordieusement cette salle du très doux festin de la Sagesse éternelle et le trésor surabondant *des miséricordes du Seigneur* (Is 63, 7), et l'incline vers tous les disciples de cette Sagesse, son Fils, à leur dernier souffle ; pour qu'elle daigne alors pieusement les défendre et les accompagner dans les palais du ciel.

Enfin, chaque année, à la première férie libre après le jour des âmes[9], s'ils sont prêtres, qu'ils disent la messe pour eux, c'est-à-dire pour tous les défunts qui faisaient ces prières et pour leurs chers amis ; s'ils ne sont pas prêtres, qu'ils disent cent *Notre Père,* ajoutant pieusement à ces prières la supplication : « Que Dieu, Notre Seigneur, par son éternelle Sagesse, secoure miséricordieusement son Église jusqu'ici éprouvée et l'établisse dans la paix et la tranquillité. »

Et maintenant, récapitulons plus brièvement ce qui précède : Il faut savoir que les amoureux et les adorateurs de la Sagesse éternelle doivent quitter l'amour charnel ou terrestre, qui est l'occasion de beaucoup de maux, et prendre la Sagesse éternelle pour épouse spirituelle ou renouveler ces épousailles contractées depuis longtemps par un nouveau sentiment de dévotion, et pour mieux réveiller la piété faire secrètement trois prosternations là où ils font leur prière, lorsque, la première fois, ils s'offrent ainsi [à la Sagesse]. De même ils peuvent faire ce qui suit : dire chaque jour sept *Notre Père* pour les sept heures de la Sagesse, un pour chaque heure. De même à table avant de prendre leur nourriture, qu'ils en disent un en aumône spirituelle à ces âmes qui en ont le plus besoin au Purgatoire. De même, un au nom très doux de Jésus contre tout mal et toute infortune d'âme et de corps, le faisant précéder ou suivre de ces mots : « Bénis soient les noms de notre Seigneur Jésus-Christ, Dieu, et de la glorieuse Vierge Marie, sa mère, pour l'éternité et au-delà. » Cela fera en tout neuf *Notre Père.* Ceux qui en ont la grâce peuvent, comme éveil et signe d'amour divin, porter sur eux, caché, le nom de Jésus. Ceux qui

9. 2 novembre, commémoration de tous les fidèles défunts.

savent lire doivent dire, pour plus grande dévotion, le *Cours de la Sagesse*[10] et intercaler les sept *Notre Père.* De même, qu'ils disent à la Vierge Marie un *Je vous salue Marie,* dès leur lever, pour qu'elle présente [à Dieu] les bonnes œuvres qu'ils feront ce jour-là, et un autre, le soir, après toutes les prières, avant de se coucher, pour qu'elle leur obtienne le pardon du mal qu'ils ont commis. De même, qu'ils disent à son cœur très miséricordieux sept *Je vous salue* pour qu'à l'article de la mort, elle vienne en aide à tous ces disciples. Cela fera également neuf *Je vous salue Marie.* De même, le premier dimanche d'août, quand commence l'histoire de la Sagesse et, avant la Nativité du Seigneur, les jours où l'on dit les solennelles antiennes *Ô Sagesse, etc.*, ils doivent faire quelque prière de leur choix en mémoire de la Sagesse. De même, ils doivent honorer spécialement le jour de la Circoncision, le dimanche de la Quinquagésime et le premier mai, par une prière ou, s'il leur convient, en offrant ou faisant offrir un cierge allumé. Enfin, la première férie libre après le jour des âmes, pour tous les défunts disciples de la Sagesse et ceux qui leur sont chers, qu'ils célèbrent ou fassent célébrer la messe, ou disent cent *Notre Père,* selon qu'il convient à l'état de chacun.

Ceux qui seraient, par faiblesse ou infirmité, ou par des occupations légitimes, temporairement empêchés de faire ce qu'on vient de dire, ou ceux qui seraient de cœur trop dur et d'âme trop mondaine, trop indolents, pour pouvoir appliquer chaque prière aux dites intentions, qu'ils disent neuf *Notre Père* et autant de *Je vous salue Marie,* ainsi que le suffrage cité et qu'ils fassent cela implicitement aux intentions qui, chez les autres, sont explicites. Cela suffit. Si même quelques-uns voulaient changer les *Je vous salue Marie* en autant de *Salve Regina,* et le *Notre Père* que l'on récite pour les âmes avant de se mettre à table, dans le Psaume (130 (129)) *Des profondeurs,* ils feraient bien, [ce serait] à l'honneur de la Sagesse éternelle, qui est bénie dans les siècles.

Or, pour revenir maintenant un peu à notre propos, il plaît, dit la Sagesse divine, de considérer que cette mienne doctrine très utile, inculte par la simplicité du discours, mais en vérité efficacement féconde en tous fruits spirituels, doit être reçue par toi avec une

10. *Cursus de aeterna sapientia*. On trouve le texte de ce livre d'Heures ici-même, dans cet ouvrage, juste après celui de l'*Horloge de la Sagesse*.

piété souveraine. Car, comme tu le vois et peux en faire l'expérience, elle allume la ferveur de la dévotion, étend le culte divin, édifie utilement le prochain et apporte une aide pieuse aux âmes qui séjournent dans les lieux de purification. Ces choses, approuvées par un juste examen, ne pourront déplaire à personne, sinon peut-être à un détracteur jaloux ou à un esprit impie et chagrin, d'intelligence aveuglée et de sentiment endurci. Il te faut donc puiser dans la soumission, dûment observée, à l'ordre de la charité, tout d'abord un recueillement pieux pour toi, et ensuite de quoi pourvoir au salut des prochains.

# CHAPITRE 8

## FRUITS MULTIPLES DE LA BÉNÉDICTION DIVINE QUE LES DISCIPLES DE LA SAGESSE MÉRITENT DE RECEVOIR DE LEURS FIANÇAILLES AVEC ELLE

Pendant que l'aurore touchait alors à sa fin[1] et que s'achevait le temps délicieux passé en joies exquises et louanges de fête, à de joyeux entretiens avec cette très douce épouse divine, le disciple, qui avait jusqu'alors vaqué à la contemplation divine, était appelé, d'ores et déjà, aux travaux des œuvres extérieures. Les aiguillons de l'obéissance le pressaient d'interrompre le sommeil de profonde quiétude de cette contemplation et de cette suavité intérieure. Tout tourné vers l'Aimée et fondant en larmes d'amour, se livrant à de saints baisers, il dit adieu très intimement à celle qu'il aimait et, en de fréquentes et très affectueuses étreintes de son épouse spirituelle, dans les bras de son amour, il attendit environ une demi-heure. Alors, parmi les paroles plaintives d'adieu, il ajouta d'une voix pleine de larmes : « Et maintenant, ma parole s'adresse à toi, ô amour intime de mon cœur, à qui seul je me livre tout entier, désirant que cela soit perpétué dans l'éternité. Je te rends grâce, Aimée, pour ces bienfaits et d'autres innombrables dont tu m'as comblé, par ta seule grâce ; louange à toi et gloire dans les siècles.

Je te supplie, dans le désir intime et enflammé de mon cœur, *par les entrailles de tes miséricordes* (Ps 25 (24), 6) et la vertu

1. *Bréviaire* OP, Fête de S. Cécile, 3$^{e}$ noct., 9$^{e}$ rép.

du sang vermeil que tu as abondamment versé dans ta Passion pour la rédemption du genre humain : tous ceux qui ont décidé de t'épouser de la manière susdite, toi, la Sagesse éternelle, et qui veulent te rendre un culte par lesdits pieux exercices de prières, ou qui s'efforceront de communiquer cela aux fidèles, je te supplie, dis-je, *mon Roi et mon Dieu* (Ps 44 (43), 5), de les bénir tous de bénédiction salutaire, car tu es ce fruit béni autrefois promis au monde. C'est ton privilège singulier que tous ceux que tu bénis soient bénis.

Bénis donc, mon Père, ces enfants, tes amoureux et tes disciples, de la bénédiction de tous les patriarches et de tous tes élus qui t'ont plu depuis le commencement du monde, pour qu'ils soient enfin agrégés avec joie à leur nombre heureux. Je t'en prie, que ton nom aimable et glorieux soit invoqué sur eux pour qu'il leur soit une protection salutaire dans tous les périls variés du monde en cette vie ; que ta Sagesse éternelle les dirige dans l'action, que l'ange de la paix les garde et que la prospérité de l'âme et du corps leur sourie et leur soit salutaire.

Donne-leur, Seigneur, *du temps pour faire pénitence* (Jb 24, 23) : ce faisant, par une vraie contrition, une pure confession et une satisfaction parfaite avant leur mort, ils se convertiront à toi, leur Créateur, et seront parfaitement réconciliés avec toi, et seront fortifiés dans le labeur des derniers moments, en recevant en viatique ton corps sacro-saint, de telle sorte qu'ils ne soient jamais surpris par la mort subite, imprévue et non préparée.

Fais-leur, Seigneur, *pour ton nom* (Ps 25 (24), 11), cette grâce : comme maintenant ils te servent par ces hommages dévoués, qu'ainsi, à la dernière heure, quand ils expireront, ils soient bénis par Dieu et que ta mère très douce, la mère de miséricorde, les conduise au royaume glorieux où, dans la patrie céleste, après le séjour de la misère présente, ces saintes légions d'esprits bienheureux sont délicieusement *enivrés de l'abondance de la maison* (Ps 36 (35) 9) de Dieu, te voyant, *dans ta beauté,* toi, *le Roi de gloire et le Seigneur des vertus* (Ps 24 (23), 10 ; Is 33, 17), Jésus-Christ Notre-Seigneur, qui, avec le Père et l'Esprit-Saint, vis et règnes dans tous les siècles des siècles. *Amen !* »

Ici finit l'*Horloge de la Sagesse* du Frère A. (Amand), de l'ordre des Prêcheurs, de la maison de C. (Constance).

# COURS DE LA SAGESSE ÉTERNELLE[1]

***Quiconque désire avoir pour épouse familière la Sagesse éternelle, doit chaque jour lui dire avec ferveur les Heures que voici :***

## À MATINES[2]

INTRODUCTION :

Que Jésus, Sagesse du Père, nous donne la santé de l'âme et du corps.

Seigneur, ouvre mes lèvres, et ma bouche annoncera ta louange.

Dieu, viens à mon aide ; Seigneur, hâte-toi de me secourir.

INVITATOIRE :

Adorons la source de la Sagesse éternelle,
Et pour la gloire de son Nom crions notre joie.

*On ne dit de l'invitatoire que le premier verset* avec Gloire au Père :

[*Venez, réjouissons-nous devant le Seigneur ;*
*Poussons des cris de joie vers Dieu, notre Sauveur :*

1. *Cursus de aeterna sapientia*. On donnait anciennement le nom de *Cours* (*cursus*) à la liturgie des Heures (et donc également au *Livre des Heures*, qui consigne cette série de cantiques et de prières). Cela désigne, dit autrement, la série des offices observée dans les monastères et parfois aussi dans les églises en plus de la messe. On peut dire aussi « Horloge » (*horologium*). Ce livre d'Heures est cité et recommandé au chap. 7 de la 2e partie de l'*Horloge de la Sagesse*.

2. L'office du matin est appelé aussi « office des lectures ».

*Allons au-devant de lui, et chantons des cantiques à sa gloire.*
(Ps 95 (94), 1-2)

Gloire soit au Père, au Fils et au Saint-Esprit ;
Gloire à Dieu, qui est tel aujourd'hui qu'il était au commencement,
Et qu'il sera toujours et pour les siècles des siècles. Amen.]

HYMNE :
De Jésus le doux souvenir
Donne au cœur les vraies joies,
Mais plus que le miel et que tout
Est de lui la douce présence.

Rien n'est chanté de plus suave,
Rien ne s'entend de plus agréable,
Rien n'est pensé qui soit plus doux
Que Jésus, le Fils de Dieu.

Jésus, espoir des pénitents,
Que tu es patient envers ceux qui te sollicitent !
Que tu es bon pour celui qui te cherche !
Mais qu'es-tu pour ceux qui te trouvent ?

Éternelle Sagesse,
Gloire à toi et au Père,
Ainsi qu'à l'Esprit Paraclet,
Pour les siècles des siècles. Amen.

PSAUME (66 (65), 1-4) :
Acclamez Dieu, terre entière ;
Chantez un hymne à son nom ;
Rendez glorieuse sa louange.

Dites à Dieu : que tes œuvres sont terribles, Seigneur !
À cause de la grandeur de ta puissance,
Tes ennemis t'adressent des éloges menteurs.

La terre entière t'adorera ;
Et elle te chantera,
Elle chantera ton nom.

Gloire soit au Père, au Fils et au Saint-Esprit ;
[Gloire à Dieu, qui est tel aujourd'hui qu'il était au commencement,
Et qu'il sera toujours et pour les siècles des siècles. Amen[3].]

ANTIENNE :

*La Sagesse s'est bâti une maison, et elle a taillé sept colonnes* (Pv 9, 1).

*Elle a soumis les nations* (Sg 8, 14).

Elle a, dans sa puissance, foulé les nuques des orgueilleux et des superbes sous son talon.

Quant à moi, c'est dans le Seigneur que je me réjouirai. Et je tressaillirai de joie en mon Dieu Jésus.

Notre Père… Et ne nous soumettez pas…

Mon Père, demandez au Seigneur de nous bénir. Que la Sagesse du Père repousse tous les maux qui nous assiègent. Amen.

PREMIÈRE LECTURE :

Ô Sagesse éternelle, rayonnement de la gloire et empreinte de la substance du Père, qui as créé toutes choses du néant et qui, pour ramener l'homme aux joies du paradis, es descendu dans cette vallée de misère et lui as montré, par ta vie très douce, la voie du retour, et qui, afin de satisfaire pour tous, comme un agneau innocent, as voulu être immolé au Père sur la croix : par ta précieuse mort, ouvre mon cœur pour que je te regarde toujours des yeux de la foi intègre, toi, le Roi des rois et le Seigneur des seigneurs. Mets ma philosophie dans tes blessures, ma sagesse dans tes stigmates, pour que je profite davantage en toi seul, livre d'amour, et dans ta mort, et que je meure à tout ce qui change, en sorte que je ne sois plus moi, mais que, par un indissoluble lien d'amour, nous demeurions éternellement, toi en moi et moi en toi. Et toi, Seigneur, aie pitié de nous.

Envoie, Seigneur, la Sagesse, du trône de ta grandeur, pour qu'elle soit avec moi et travaille avec moi, pour que je sache en tout temps ce qui est agréable à tes yeux. Donne-moi, Seigneur, la Sagesse qui siège avec toi sur ton trône. Pour qu'elle soit avec moi et travaille avec moi…

Mon Père, demandez à Dieu de nous bénir. Que la Sagesse éternelle garde nos cœurs et nos corps.

3. Ce verset a été ajouté jadis pour lutter contre les ariens.

DEUXIÈME LECTURE :

Ô mon Jésus, très douce, bienheureuse Sagesse, Verbe du Père, fin et principe de tous les êtres, considère, je t'en prie, de tes yeux compatissants, que je suis cendre et chair, et que [le salut] n'est pas [l'œuvre] de celui qui court ni de celui qui veut, mais de toi qui fais miséricorde. Rappelle-toi, je t'en supplie, la très amère Passion que tu enduras pour moi, indigne pécheur, jusqu'au bout ; et garde moi la bonne volonté dont tu m'as donné le commencement. Ô mon refuge, ne t'éloigne pas de moi. Ô mon libérateur, viens à mon aide. Et, mort à ce monde, ensevelis-moi dans ton sépulcre avec toi. À toutes les embûches des ennemis soustrais-moi, pour que ni la vie ni la mort, ni aucun accident de fortune ne me séparent de toi, mais que notre amour demeure plus fort que la mort pour l'éternité. Amen. Et toi, Seigneur, aie pitié de nous.

Donne-moi, Seigneur, la Sagesse qui siège avec toi sur ton trône, et veuille ne pas me rejeter [du nombre] de tes enfants. Car je suis ton serviteur et le fils de ta servante. Envoie la Sagesse du trône de ta majesté, pour qu'elle soit avec moi et travaille avec moi. *Car je suis ton serviteur* [*et le fils de ta servante*] (Ps 116 (115), 16).

Mon Père, demandez à Dieu de nous bénir. Que l'Esprit Saint nous remplisse du don de sagesse et d'intelligence.

TROISIÈME LECTURE :

Ô mon refuge et mon libérateur, par l'immense amour qui t'a forcé à subir pour moi la mort la plus amère au gibet de la croix, daigne, dans ta miséricorde, pardonner les péchés que moi, immonde pécheur, j'ai commis ; daigne, dans la blessure de ton côté, me prémunir avec clémence contre de nouveaux péchés et de tous périls ; daigne diriger mes pas sur les flots de cette vie vers une sainte fin, et m'accorder de parvenir à la vue de ta gloire. Et toi, Seigneur, aie pitié de nous.

Plus que la santé et que toute beauté, j'ai aimé la Sagesse et me suis proposé de l'avoir pour lumière. *Tous les biens ensemble me sont venus par elle* (Sg 7, 11).

J'ai dit à la Sagesse : « Tu es ma sœur, et j'ai appelé la prudence mon amie. » *Tous les biens ensemble me sont venus par elle.*

Gloire soit au Père… *Tous les biens…*

**La chapelle d'Henri Suso au Couvent de Constance (le chemin de Croix)**

## À LAUDES

Introduction :

Que Jésus, Sagesse du Père, nous donne la santé de l'âme et du corps.

Dieu, viens à mon aide ; Seigneur, hâte-toi de me secourir.

[Gloire soit au Père…]

Psaume (117 (116)) :

Nations, louez toutes le Seigneur ;
[Peuples, louez-le tous.

Car sa miséricorde a été sur nous puissante,
Et la vérité du Seigneur demeure éternellement.

Gloire soit au Père, [au Fils et au Saint-Esprit,
À Dieu, qui est tel aujourd'hui qu'il était au commencement,
Et qu'il sera toujours et pour les siècles des siècles. Amen.]

Antienne :

*La Sagesse crie sur les places publiques* (Pv 1, 20) :

« Si quelqu'un aime la Sagesse, qu'il vienne à moi, et il la trouvera ;
Et, quand il l'aura trouvée, il sera bienheureux, s'il la garde. »

CAPITULE[4] :

*Je l'ai aimée, et je l'ai cherchée dès ma jeunesse.*

*J'ai tâché de l'avoir pour épouse, et je me suis épris de sa beauté* (Sg 8, 2).

HYMNE :

Jésus est un roi admirable
Et un noble triomphateur,
Il est une douceur ineffable
Et désirable tout entier.

Ni la langue ne peut dire
Ni l'écriture exprimer :
De qui l'éprouve tu peux croire
Ce que c'est qu'aimer Jésus.

Jésus, ton amour continue
Est pour moi langueur assidue.
Pour moi Jésus est flux de miel,
Fruit de vie perpétuel.

Sagesse éternelle,
Gloire soit à toi et au Père,
Ainsi qu'à l'Esprit Paraclet,
Durant les siècles infinis. Amen.

La Sagesse repose en son cœur.
Et la prudence *à un mot de sa bouche* (Si 39, 22).

ANTIENNE POUR LE *BENEDICTUS*[5] :

4. Lecture d'un passage ou d'un petit chapitre (*capitula*) de la Bible.

5. Le *Cantique de Zacharie*, ou « *Benedictus* », chanté par l'Église chaque matin à la prière des Laudes, est le poème par lequel Zacharie, le grand-prêtre, salue la naissance providentielle de son fils, Jean-Baptiste, et prophétise sa mission de Précurseur ((Lc 1, 67-79) :

Béni soit le Seigneur, le Dieu d'Israël, qui visite et rachète son peuple,
Il a fait surgir la force qui nous sauve dans la maison de David, son serviteur,

Ô Sagesse, qui procède de la bouche du Très-Haut,
*Qui t'étends avec force d'une extrémité du monde à l'autre,*
*Et disposes toutes les choses avec douceur* (Sg 8, 1),
Viens nous enseigner la voie de la prudence.

ORAISON :

Dieu qui, par la Sagesse à toi coéternelle, as créé l'homme du néant et, perdu, l'as miséricordieusement reformé, accorde-nous, nous t'en prions, par cette même Sagesse inspirant nos cœurs, de t'aimer de toute notre âme et de courir vers toi de tout notre cœur. Par le même Christ Notre-Seigneur.

## À PRIME

INTRODUCTION :

Que Jésus, Sagesse du Père, nous donne la santé de l'âme et du corps.

Dieu, viens à mon aide ; Seigneur, hâte-toi de me secourir.
Gloire soit au Père, au Fils et au Saint-Esprit,
[Gloire à Dieu, qui est tel aujourd'hui qu'il était au commencement,
Et qu'il sera toujours et pour les siècles des siècles. Amen.]

HYMNE :

L'amour de Jésus est très doux
Et vraiment très suave,
Très charmant, mille fois plus

Comme il l'avait dit par la bouche des saints, par ses prophètes, depuis les temps anciens :
Salut qui nous arrache à l'ennemi, à la main de tous nos oppresseurs,
Amour qu'il montre envers nos pères, mémoire de son alliance sainte,
Serment juré à notre père Abraham de nous rendre sans crainte,
Afin que, délivrés de la main des ennemis, nous le servions
Dans la justice et la sainteté, en sa présence, tout au long de nos jours.
Et toi, petit enfant, tu seras appelé prophète du Très-Haut,
Tu marcheras devant, à la face du Seigneur, et tu prépareras ses chemins,
Pour donner à son peuple de connaître le salut par la rémission de ses péchés ;
Grâce à la tendresse, à l'amour de notre Dieu quand nous visite l'astre d'en haut,
Pour illuminer ceux qui sont assis dans les ténèbres et l'ombre de la mort,
Pour guider nos pas au chemin de la paix.

Que nous ne suffisons à le dire.

Jésus, gloire des esprits angéliques,
À l'oreille doux cantique,
En la bouche miel merveilleux,
Au cœur nectar des cieux.

Mon bon Jésus, que je sente
De ton amour l'abondance,
Donne-moi par présence
De voir ta gloire.

Sagesse éternelle,
Gloire soit à toi et au Père,
Ainsi qu'à l'Esprit Paraclet,
Durant les siècles infinis. Amen.

Psaume (143 (142), 8-10) :
Fais-moi sentir, dès le matin, ta miséricorde,
Parce que j'ai espéré en toi.

Fais-moi connaître la voie où je dois marcher,
Parce que j'ai élevé mon âme vers toi.

Délivre-moi de mes ennemis, Seigneur ;
Je me réfugie auprès de toi.

Enseigne-moi à faire ta volonté,
Parce que tu es mon Dieu.

Gloire au Père…

Antienne :
Ceux qui m'aiment, je les aime ;
Et celui qui s'éveillera le matin pour moi[6], me trouvera.

Capitule :
*La malignité ne peut prévaloir contre la Sagesse* (Sg 7, 30).

6. Celui qui me cherche avec empressement.

*C'est avec force qu'elle s'étend d'une extrémité du monde à l'autre,*
*Mais c'est avec douceur qu'elle dispose toutes les choses* (Sg 8, 1).

Jésus-Christ, Fils du Dieu vivant, aie pitié de nous.
Toi qui sièges à la droite du Père. Aie pitié de nous.

Gloire au Père, au Fils et au Saint-Esprit.
Jésus-Christ, Fils du Dieu vivant, aie pitié de nous.

Réveille-toi, Seigneur, aide-nous.
Et délivre-nous pour [l'honneur de] ton saint nom.

Seigneur, exauce ma prière.
Et que mon cri arrive jusqu'à toi.

ORAISON :

Nous vous prions, Seigneur, d'illuminer nos cœurs des splendeurs de la Sagesse éternelle. Puissions-nous par elle être délivrés des ténèbres de ce monde, et parvenir à la patrie de la clarté éternelle. Par le même Jésus-Christ…

## À TIERCE

INTRODUCTION :

Que Jésus, Sagesse du Père, nous donne la santé de l'âme et du corps.
Dieu, viens à mon aide…
Gloire…

HYMNE :

Jésus, de l'âme ton amour
Est le festin délicieux,
Qui remplit sans causer de dégoût,
Donnant encor faim au désir.

Ceux qui te goûtent ont faim,
Ceux qui boivent ont soif encore,

Ils ne savent désirer
Que Jésus, qu'ils aiment.

Je te désire mille fois,
Mon Jésus, quand viendras-tu ?
Joyeux quand me feras-tu ?
Quand de toi me combleras-tu ?

Sagesse éternelle,
Gloire à toi et au Père,
Ainsi qu'à l'Esprit Paraclet,
Durant les siècles infinis. Amen.

Psaume 143 (142), 10-12) :

Que ton bon esprit me conduise par un sentier uni :
À cause de ton nom, Seigneur, fais-moi vivre en ta justice.

Tire mon âme du tourment :
Et dans ta miséricorde détruis mes ennemis.

Fais périr tous ceux qui oppriment mon âme :
Car je suis ton serviteur.

Gloire au Père…

Antienne :

Mon fils, tu désires la sagesse, conserve la justice, et le Seigneur te la donnera.

Capitule :

*Je l'ai aimée* [*et je l'ai cherchée dès ma jeunesse.*

*J'ai tâché de l'avoir pour épouse, et je me suis épris de sa beauté*] (Sg 8, 2).

Pour moi, c'est dans le Seigneur que je me réjouirai. Et j'exulterai en mon Dieu Jésus.

Pour moi, c'est dans le Seigneur que je me réjouirai. Gloire au Père…

Pour moi, c'est… Que le nom du Seigneur soit béni. Dès maintenant et jusque dans le siècle éternel.

ORAISON :

Dieu qui, par la Sagesse coéternelle à toi, [as créé l'homme du néant et, perdu, l'as miséricordieusement reformé, accorde-nous, nous t'en prions, par cette même Sagesse inspirant nos cœurs, de t'aimer de toute notre âme et de courir vers toi de tout notre cœur. Par le même Christ Notre-Seigneur.]

## À SEXTE

INTRODUCTION :

Que Jésus, Sagesse du Père, nous donne la santé de l'âme et du corps.

Dieu, viens à mon aide ; Seigneur, hâte-toi de me secourir.

Gloire au Père…

HYMNE :

Jésus, bénignité suprême,
Du cœur agrément merveilleux,
Incompréhensible bonté,
Que m'étreigne ta charité.

Il est bon pour moi de chérir
Jésus sans plus rien chercher,
De mourir complètement à moi-même,
Afin de pouvoir vivre à lui.

Jésus, mon très aimé,
Espoir de l'âme soupirante,
Mes pieuses larmes te cherchent
Et le cri du cœur au tréfonds.

Sagesse éternelle,
Gloire à toi et au Père,
Avec l'Esprit Paraclet,
Durant les siècles infinis. Amen.

PSAUME (33 (32), 20-22) :

Notre âme attend le Seigneur ;
Car il est notre aide et notre protecteur.

Car c'est en lui que notre cœur se réjouira,
Et c'est en son saint nom que nous avons espéré.

Fais paraître ta miséricorde sur nous, Seigneur,
Selon l'espérance que nous avons eue en toi.

Gloire au Père…

ANTIENNE :

Le Seigneur m'a possédée au commencement de ses voies, avant de faire quoi que ce fût, dès le principe, dit le Seigneur.

CAPITULE :

*Elle est le resplendissement de la lumière éternelle, le miroir sans tache de la majesté de Dieu et l'image de sa bonté* (Sg 7, 26).

Que le nom du Seigneur soit béni. Dès maintenant et à jamais.
Que le nom du Seigneur soit béni. Gloire au Père…
Que le Nom… Du lever du soleil jusqu'à son coucher.
Loué soit le Nom du Seigneur.

ORAISON :

Exauce-nous, Dieu miséricordieux, et montre à nos âmes la lumière de ta Sagesse. Par notre Seigneur…

**La chapelle de Suso à Constance, aujourd'hui**

## À NONE

Introduction :

Que Jésus, Sagesse du Père, nous donne la santé d'âme et de corps.

Dieu, viens à mon aide ; Seigneur, hâte-toi de me secourir.

Gloire au Père…

Hymne :

En quelque lieu que je sois,
Je désire mon Jésus.
Oh, joie, quand je le trouverai !
Quel bonheur, quand je le tiendrai !

Alors embrassements, baisers,
Plus doux que des coupes de miel,
Alors union heureuse au Christ,
Mais que ces faveurs sont brèves !

Déjà, je vois ce que j'ai cherché.
Je tiens ce que j'ai désiré !
Je languis de l'amour du Christ,
Et je suis, du cœur, tout en feu.

Sagesse éternelle,
Gloire à toi et au Père
Avec l'Esprit Paraclet
Durant les siècles infinis. Amen.

Psaume (51 (50), 12-14) :

Ô Dieu, crée en moi un cœur pur,
Et renouvelle en mon sein un esprit droit.

Ne me rejette pas de devant ta face,
Et ne me retire pas ton Esprit Saint.

Rends-moi la joie de ton salut,
Et qu'un esprit généreux me soutienne.

Gloire au Père…

Antienne :

*Les abîmes n'étaient pas encore* (Pv 8, 24) ;
*Et moi j'étais enfantée* (Pv 8, 25).
*Quand il disposait les cieux,*
*J'étais là avec lui* (Pv 8, 27),
*Réglant toutes choses* (Pv 8, 30).

Capitule :

*La Sagesse est plus belle que le soleil et que l'arrangement des étoiles ;*

*Comparée à la lumière, elle l'emporte sur elle* (Sg 7, 29).

Du lever du soleil jusqu'au coucher. Loué soit le Nom du Seigneur. Jusqu'au coucher.

Gloire au Père… Du lever…

La Sagesse repose en son cœur, et la prudence dans les discours de sa bouche.

Oraison :

Nous t'en prions, Seigneur Dieu, répands en nos cœurs la lumière de ta Sagesse, pour que nous te connaissions dans la vérité et te chérissions fidèlement. Par Jésus-Christ notre Seigneur…

## À VÊPRES

Introduction :

Que Jésus, Sagesse du Père, nous donne la santé de l'âme et du corps.

Dieu, viens à mon aide…

Gloire au Père…

Psaume (111 (110), 9-10) :

Le Seigneur a envoyé la délivrance à son peuple.
Il a établi pour toujours son alliance.

Son nom est saint et terrible.
La crainte du Seigneur est le commencement de la sagesse.

La vraie intelligence est en tous ceux qui agissent selon cette crainte.
Sa louange subsiste dans les siècles des siècles.

Gloire au Père…

ANTIENNE :
Toute sagesse est du Seigneur Dieu,
Et elle fut toujours avec Lui,
Et elle est avant la durée.

CAPITULE :
*Je l'ai aimée, et je l'ai cherchée* [*dès ma jeunesse.*
*J'ai tâché de l'avoir pour épouse, et je me suis épris de sa beauté* (Sg 8, 2).
Gloire au Père…]

HYMNE :
Jésus, plus pur que le soleil
Et plus suave que le baume,
Plus doux que toute douceur,
Plus aimable que tout.

Toi de l'âme délectation,
De l'amour consommation ;
Toi, ma glorification,
Jésus, salut du monde.

Jésus, créateur tout clément,
Espérance de toute joie,
Source de douceur et de grâce,
Et de vrai délice du cœur.

Sagesse éternelle,
Gloire à toi et au Père
Avec l'Esprit [Paraclet
Durant les siècles infinis. Amen.]

Quant à moi, c'est dans le Seigneur que je me réjouirai.
Et je tressaillirai de joie en mon Dieu Jésus.

ANTIENNE POUR LE *MAGNIFICAT*[7] :

Orient, splendeur de la lumière éternelle, et Soleil de justice,
Viens et illumine ceux qui sont assis dans les ténèbres et l'ombre de la mort.

ORAISON :

Dieu qui, par la Sagesse coéternelle à toi, [as créé l'homme du néant et, perdu, l'as miséricordieusement reformé, accorde-nous, nous t'en prions, par cette même Sagesse inspirant nos cœurs, de t'aimer de toute notre âme et de courir vers toi de tout notre cœur. Par le même Christ Notre-Seigneur.]

## À COMPLIES

Que Jésus, Sagesse du Père, nous donne la santé de l'âme et du corps. Rétablis-nous, Dieu de notre salut. [Mets fin à ton ressentiment contre nous.]
Dieu, viens à mon aide…
Gloire au Père…

PSAUME (13 (12), 4) :

Eclairez mes yeux, afin que je ne m'endorme jamais dans la mort,
De peur que mon ennemi ne dise : J'ai eu l'avantage contre lui.

7. Le *Magnificat* désigne le *Cantique de la Vierge Marie*, chanté par Église le soir dans la prière des Vêpres, reprend le récit de la visitation faite par Marie à sa cousine Elisabeth (Lc 1, 46-56) :
Mon âme exalte le Seigneur,
Mon esprit exulte en Dieu, mon Sauveur !
Car il a jeté les yeux sur l'humilité de sa servante,
Et voici que désormais on me dira bienheureuse de génération en génération.
Le Puissant fit pour moi des merveilles ;
Saint est son nom !
Son amour s'étend d'âge en âge sur ceux qui le craignent.
Déployant la force de son bras, il disperse les superbes.
Il renverse les puissants de leurs trônes, il élève les humbles.
Il comble de biens les affamés, et renvoie les riches les mains vides.
Il a secouru Israël, son enfant, il s'est souvenu du pardon qu'il avait promis.
Ainsi avait-il parlé à nos pères, à Abraham et à sa descendance, pour les siècles des siècles.

Ceux qui me persécutent seront dans l'allégresse si je suis ébranlé ;
Mais j'ai espéré en ta miséricorde.

Mon cœur sera transporté de joie à cause de votre salut ;
Je chanterai le Seigneur qui m'a comblé de biens,
Et je célébrerai le nom du Seigneur Très-Haut.

Gloire au Père…

ANTIENNE :
*J'ai habité dans les hauteurs,*
*Et mon trône était sur une colonne de nuée* (Si 24, 7).

CAPITULE :
*C'est elle qui enseigne la tempérance et la prudence, la justice et la force, qui sont les choses les plus utiles à l'homme en cette vie* (Sg 8, 7).
*En paix, sitôt couché, je m'endors* (Ps 4, 9).
*J'accorderai du sommeil à mes yeux, et de l'assoupissement à mes paupières* (Ps 132 (131), 4)[8].
En paix, sitôt couché, je m'endors.
Gloire au Père… En paix…

HYMNE :
Jésus commande dans la paix
Qui passe toute intelligence ;
C'est elle que mon cœur désire,
Et d'en jouir il se hâte.

Le chœur des cieux te proclame
Et répète tes louanges ;
Jésus met en joie l'univers
Et nous met en paix avec Dieu.

Jésus au Père est revenu,
Au céleste royaume est monté ;
Mon cœur de moi s'en est allé,

8. L'hébreu dit le contraire : *Je n'accorderai point de sommeil à mes yeux, ni d'assoupissement à mes paupières.*

Suivant Jésus il est parti.

Sagesse éternelle,
Gloire à toi et au Père,
Avec l'Esprit Paraclet,
Durant les siècles infinis. Amen.

*Son séjour a été établi dans la paix.*
*Et son habitation en Sion.*

ANTIENNE POUR LE *NUNC DIMITTIS*[9] :

Ô Roi glorieux parmi tes saints, toi qui mérites toujours la louange et pourtant ne saurais être assez loué, tu es en nous, Seigneur, et ton saint nom a été invoqué sur nous.

Ne nous abandonne pas, notre Dieu, pour qu'au jour du jugement tu daignes nous placer ensemble parmi tes saints et tes élus, ô Roi béni.

ORAISON :

Regarde avec bienveillance, Seigneur, notre faiblesse, nous t'en prions, et dans ta bonté, répands en nous le goût de la Sagesse éternelle, de sorte qu'ayant perçu l'avant-goût de sa douceur de miel, nous sachions mépriser toutes choses terrestres et, d'un ardent désir, nous attacher constamment à toi, le souverain Bien, par le Christ, notre Seigneur. Amen.

Bénissons le Seigneur. Grâces à Dieu. Puisse la Sagesse éternelle bénir et garder nos cœurs et nos corps. Amen.

9. Il est d'usage que l'on récite à Complies le *Cantique de Syméon* (d'après Lc 2, 29), ou « *Nunc dimittis* » :

Maintenant (*nunc*), ô Maître souverain,
Tu peux laisser ton serviteur s'en aller (*dimittis*)
En paix, selon ta parole.
Car mes yeux ont vu le salut
Que tu préparais à la face des peuples :
La lumière qui se révèle aux nations
Et donne gloire à ton peuple Israël.

Le cloître du Couvent de Constance

# TABLE DES ILLUSTRATIONS

# TABLE DES MATIÈRES

*Composition et mise en pages*
*Nord Compo à Villeneuve-d'Ascq*

*Ce volume,*
*le dix-neuvième*
*de la collection « Sagesses médiévales »*
*publié aux éditions Les Belles Lettres,*
*a été achevé d'imprimer*
*en septembre 2017*
*sur les presses*
*sur les presses de l'imprimerie SEPEC*
*01960 Péronnas, France*

N° d'éditeur : 8736
N° d'imprimeur : 05425170803
Dépôt légal : octobre 2017

IMPRIM'VERT®